圖書文獻叢刊

李清志著

古書版本鑑定研究

文史哲出版社印行

古書版本鑑定研究 / 李清志著. -- 初版. --
臺北市：文史哲, 民 95 刷
頁： 公分.（圖書文獻叢刊；4）
參考書目：頁
ISBN 957-547-460-0 (平裝)

1.古籍版本 － 鑑別法
011.51

圖書文獻叢刊 4

古書版本鑑定研究

著　者：李　清　志
出版者：文　史　哲　出　版　社
http://www.lapen.com.tw
登記證字號：行政院新聞局版臺業字五三三七號
發行人：彭　正　雄
發行所：文　史　哲　出　版　社
印刷者：文　史　哲　出　版　社
臺北市羅斯福路一段七十二巷四號
郵政劃撥帳號：一六一八〇一七五
電話886-2-23511028・傳真886-2-23965656

平裝實價碼新臺幣四二〇元

中華民國七十五年（1986）九月初版
中華民國九十五年（2006）四月初版 BOD 再刷

ISBN 957-547-460-0

自序

我於十八年前，到植物園內的國立中央圖書館特藏組服務。初睹千百箱古老的琳琅秘册，方知中華文化之精深博大，信而有徵，遂矢志終生與書為伍。然欲作為一個古書之典藏員，除了應善盡守護之責外，亦必須具備分類編目與版本鑑定之能力，否則豈能將館中珍藏，查其篇卷，考其版本，歸之於類，著之於目，以便讀者即目求書，因書究學之用？於是每當工作餘暇，凡對版本鑑定有益之資料，即盡力搜集；或考訂時心有所得，亦隨加筆記；十數年來遂積卷盈尺矣。

然歷年所累積的衆多資料，若未加選擇、組織，且作進一步的研究、審定，並無大用。遂在去年大地回春之日，着手加以整理，删繁就簡；乘便利用中央圖書館收藏豐富的歷代版本，以為例證，再作較深入的探討、補充；費時一載，終告完稿。

斯編之作，旨在採用較為科學的態度，以探討古書版本之鑑定方法。全書凡分六章：首章「鑑定法總論」，歸納版本之鑑定為直觀法與理攻法，兩者須相輔相成，才能使鑑定較為準確。次章「歷代版刻字體之研究」，嘗試將歷代各地版刻之書風與特徵，作較細密的分析。第三章「歷代版刻版式之研究」，從統計數據，指陳歷代版式之演變與特徵，以作爲鑑定的基準。第四章「歷代古書紙墨之研究」，結合文獻資料與實物調查，對歷代古書用紙之種類及其鑑別，作較科學的敍述。第五章「歷代寫刻書籍之避諱研究」，則從各代避諱法令，與歷代版刻之實際避諱情形，作綜合研究，企圖使避諱學能成爲版本鑑定上的輔助科學。末章「其他版本類型之鑑定法」，主要從活字、石印製作之材料、方法、過程、墨色等加以察考，而理出活字、石印本之特徵，作爲鑑別之依據。寫本書籍之鑑定，則按朝代分別予以論述。書後並附以歷代各地版本之代表性書影七十餘幅，以便研究。

由於諸如造紙、雕版、印刷等文獻之不足；歷代各地版刻初印本之網羅不易；紙墨不克進行顯微分析與化學檢驗；以及筆者之才識有限等，均使本項版本鑑定之研究工作，仍嫌不盡完備，且難免疏誤。總之，版本鑑定學目前仍處於有待努力鑽研的階段，除了仰賴於海內外目錄版本學家的携手合作外，亦須造紙、化學等專家的協助，才能突破紙墨等鑑定上的難題，而後版本鑑定學始可成爲一門嚴謹的專門學科。本書之作，但期拋磚引玉而已。

民國七十五年仲春月李清志識

古書版本鑑定研究　目次

自　序
第一章　鑑定法總論……一
第一節　直觀法（目鑑）……三
一、字體……五
二、刀法……六
三、版式……八
四、紙墨……九
五、裝訂……一一
六、初印與後印……一二
七、原版與修版……一三
八、原刻與覆刻……一四
九、辨僞……一六
第二節　理攻法（考訂）……一九

一、刊記……一九
二、封面……二〇
三、序跋……二〇
四、避諱……二一
五、刻工……二三
六、書內資料……二四
七、諸家著錄……二六
八、藏印……二七
第二章　歷代版刻字體之研究……三五
第一節　宋代版刻字體……三六
壹、北宋版刻字體……四〇
貳、南宋版刻字體……四五
一、兩浙地區刻本……四六
二、福建地區刻本……四九
三、四川地區刻本……五二
四、江淮湖廣地區刻本……五四

第二節　金元版刻字體……五八
壹、金代版刻字體……五八
貳、元代版刻字體……六〇
一、趙松雪體……六一
二、非趙松雪體……六四
第三節　明代版刻字體……六七
一、明代初期刻本……六八
二、明代中期末期刻本……七二
第四節　清代版刻字體……七八
第三章　歷代版刻版式之研究……八九
第一節　歷代版刻版式之統計與分析……九一
表一　宋代刻本……九二
表二　金元刻本……九八
表三　明代刻本……一〇一
表四　清代刻本……一〇五
表五　活字版……一〇六

第二節　歷代版刻版式之特徵……一〇七
一、宋版版式……一〇七
二、金元版版式……一〇九
三、明版版式……一一〇
四、清版版式……一一二
第四章　歷代印書紙墨之研究……一一七
第一節　歷代寫刻用紙之文獻……一一七
第二節　歷代寫刻用紙之種類及其鑑別……一二三
第三節　歷代寫刻用紙之調查研究……一二六
一、據潘氏「中國造紙技術史稿」之調查研究……一二六
二、據「粹芬閣珍藏善本書目」之著錄……一二九
三、諸家散記……一三〇
四、國立中央圖書館藏歷代古書用紙之調查……一三七
表一　南北朝隋唐五代寫本……一三九
表二　宋代刻本……一四二
表三　金元刻本……一四六

表四　明清刻本……一四九
第四節　論紙色與墨色……一五四
一、紙色……一五四
二、墨色……一五六
第五章　歷代寫刻書籍之避諱研究……一六五
第一節　宋代寫刻書籍之避諱……一六七
一、宋代避諱法令剖析……一六七
二、宋代版刻避諱之調查……一八五
表一　北宋刻本之避諱調查……一八六
表二　南宋初期刻本之避諱調查……一八八
表三　南宋中期刻本之避諱調查……一九三
表四　南宋末期刻本之避諱調查……一九五
三、結論（附淳熙重修文書式）……一九八
第二節　金元明三朝之避諱……二〇三
一、金代刻書之避諱……二〇三
二、元代刻書之不避諱……二〇五

三、明天啓後刻書之避諱……………………二〇六
第三節　清代寫刻書籍之避諱……………………二一〇
一、清代避諱法令剖析……………………二一一
二、清代刻本寫本之避諱調查表……………………二二二
三、結論……………………二二九
第六章　其他版本類型之鑑定法……………………二三七
第一節　活字印本之鑑定……………………二三七
一、活字印書之文獻……………………二三八
二、活字印本之鑑別法……………………二四三
第二節　套印石印影印本之鑑定……………………二四八
一、套印本……………………二四八
二、石印本　影印本……………………二五二
第三節　寫本書籍之鑑定……………………二五七
附　明清著名鈔書家表……………………二六五
主要徵引書目……………………二七五

圖版目次

無垢淨光大陀羅尼經　西元七五一年前刊刻，爲世界現存最古印刷品。一九六六年在韓國佛國寺三層石塔補修時發現。　圖版一
歐體顏體柳體字對照表（字帖）　圖版二
宋徽宗的瘦金體「千字文」（字帖）　圖版三

◀北宋版

御注孝經　北宋天聖明道間刊本　圖版四
通典　北宋仁宗時刊本　圖版五
姓解　北宋仁宗時刊本　圖版六
攝大乘論釋　北宋紹聖元年福州東禪等覺院刊大藏經本　圖版七

◀南宋浙版

冥樞會要　宋紹興十五年湖州報恩光孝禪寺刊本　圖版八
六臣注文選　宋紹興間明州刊本　圖版九
南史　南宋初期杭州刊本　圖版一〇
十一家註孫子　宋紹熙間刊本　圖版一一

南宋羣賢小集　宋嘉定至景定間臨安府陳解元宅書籍鋪刊本　圖版一二

昌黎先生集　宋咸淳廖氏世綵堂刊本　圖版一三

▲南宋建版

後漢書注　宋王叔邊刊本　圖版一四

文選　宋紹興三十一年建陽陳八郎崇化書坊刊本　圖版一五

北史　南宋中期建安刊本　圖版一六

唐書　南宋中期建安魏仲立宅刊本　圖版一七

禹貢論　宋淳熙八年泉州州學刊本　圖版一八

漢書　宋慶元元年建安劉元起之敬室刊本　圖版一九

大易粹言　南宋建安劉叔剛刊本　圖版二〇

▲南宋蜀版

禮記注　宋蜀刊大字本　圖版二一

東都事略　宋紹熙間眉山程舍人宅刊本　圖版二二

新刊國朝二百家名賢文粹　宋慶元三年咸陽書隱齋眉山刊本　圖版二三

張承吉集　南宋蜀刊本　圖版二四

册府元龜　南宋蜀刊小字本　圖版二五

新刊增廣百家詳補註唐柳先生文　南宋蜀刊本　圖版二六

◀南宋江淮湖廣版

重廣眉山三蘇先生文集　宋紹興末饒州董氏集古堂刊本　圖版二七
資治通鑑　南宋初期鄂州覆北宋刊龍爪本　圖版二八
歐陽文忠公集　宋慶元二年周必大刊本　圖版二九

◀金版

重校正地理新書　金明昌三年張謙刊本　圖版三〇
雲齋廣錄　金刊本　圖版三一
大般若波羅蜜多經　金皇統至大定間刊大藏經本　圖版三二

◀元版（趙體字）

趙松雪「湖州妙嚴寺記」（字帖）　圖版三三之一
趙松雪小楷「洛神賦」（字帖）　圖版三三之二
國朝名臣事略　元元統三年建安余氏勤有堂刊本　圖版三四
註陸宣公奏議　元至正十四年建安翠嚴精舍刊本　圖版三五
道德寶章　明摹刊元趙孟頫寫本　圖版三六

◀元版（非趙體字）

元豐類藁　元大德八年南豐丁思敬刊本　圖版三七
汲冢周書　元至正十四年嘉興路儒學刊本　圖版三八
大元大一統志　元至正七年杭州刊本　圖版三九
金史　元至正五年江浙等處行中書省刊本　圖版四〇
金陵新志　元至正四年集慶路刊本　圖版四一
▲明初期版
宋學士文粹　明洪武八年刊本　圖版四二
元史節要　明洪武三十年建安書堂刊本　圖版四三
十七史詳節　明正德十一年建陽劉洪慎獨齋刊本　圖版四四
象山先生文集　明正德十六年建陽劉宗器安正書堂刊本　圖版四五
皇明祖訓　明洪武間內府刊本　圖版四六
大方廣佛華嚴經　明正統五年內府刊北藏本　圖版四七
大明一統志　明天順五年內府刊本　圖版四八
佛說大乘菩薩藏正法經　明洪武間刊南藏本　圖版四九
▲明中期後期版
匏翁家藏集　明正德三年長洲吳奭刊本　圖版五〇

樊川詩集　明正德十六年江陰朱承爵文房刊本　圖版五一
論衡　明嘉靖十四年吳郡蘇獻可通津草堂刊本　圖版五二
新刻臨川王介甫先生詩集　明萬曆四十年金陵王氏光啓堂刊本　圖版五三
古今考　明崇禎九年刊本　圖版五四
容臺集　民國三十三年福建陳氏閣樓寫樣待刊本　圖版五五之一
宋體字基本筆畫　圖版五五之二

▲清版

全唐詩　清康熙四十六年揚州詩局刊本　圖版五六
西江志　清康熙五十九年刊本　圖版五七
觀妙齋藏金石文攷略　清雍正刊本　圖版五八
集千家註杜工部詩集　清乾隆七年怡府明善堂刊本　圖版五九
醫宗金鑑　清乾隆間內府刊本　圖版六〇
淡水廳志　清同治十年刊本　圖版六一

▲活字本

會通館印正宋諸臣奏議　明弘治三年錫山華燧會通館銅活字印小字本　圖版六二
石湖居士集　明弘治十六年金蘭館銅活字印本　圖版六三

蔡中郎文集　明正德十年錫山華堅蘭雪堂銅活字印本　圖版六四
太平御覽　明隆慶間閩人饒氏等銅活字印本　圖版六五
辯惑續編　明萬曆二年益藩木活字印本　圖版六六
山谷詩註　清乾隆四十七年武英殿聚珍本　圖版六七
音學五書　清道光間侯官林氏福田書海銅活字印本　圖版六八

▲套印本

金剛般若波羅蜜經　元至正元年湖北資福寺刊朱墨套印本　圖版六九
世說新語　明萬曆間凌瀛初朱墨黃藍四色套印本　圖版七〇

▲石印本

皇朝輿地通考　清光緒二十九年上海通文書局石印本　圖版七一

▲寫本

十地論　六朝人寫卷子本　圖版七二
大般涅槃經　隋大業四年釋慧休寫卷子本　圖版七三
大般若波羅蜜多經　唐人寫卷子本　圖版七四
宋太宗皇帝實錄　宋理宗時館閣寫本　圖版七五
敦交集　元人寫本　圖版七六

稽康集　明長洲吳氏叢書堂鈔本　圖版七七
百正集　清乾隆間寫文瀾閣四庫全書本　圖版七八

▲附常用書名簡稱表

天目（天祿琳琅書目）
四庫（四庫全書總目提要）
瞿目（清瞿鏞撰「鐵琴銅劍樓書目」）
陸志（清陸心源撰「皕宋樓藏書志」）
傅記（傅增湘撰「藏園羣書題記」）
傅續記（傅增湘撰「藏園羣書題記續記」）
潘錄（潘宗周撰「寶禮堂宋本書錄」）
中版錄（中國版刻圖錄）
國立中央圖書館（簡稱「央館」）
國立故宮博物院（簡稱「故宮」）

（註：凡引用書之卷頁數，在卷與頁數之間用一斜線（／）間隔之。

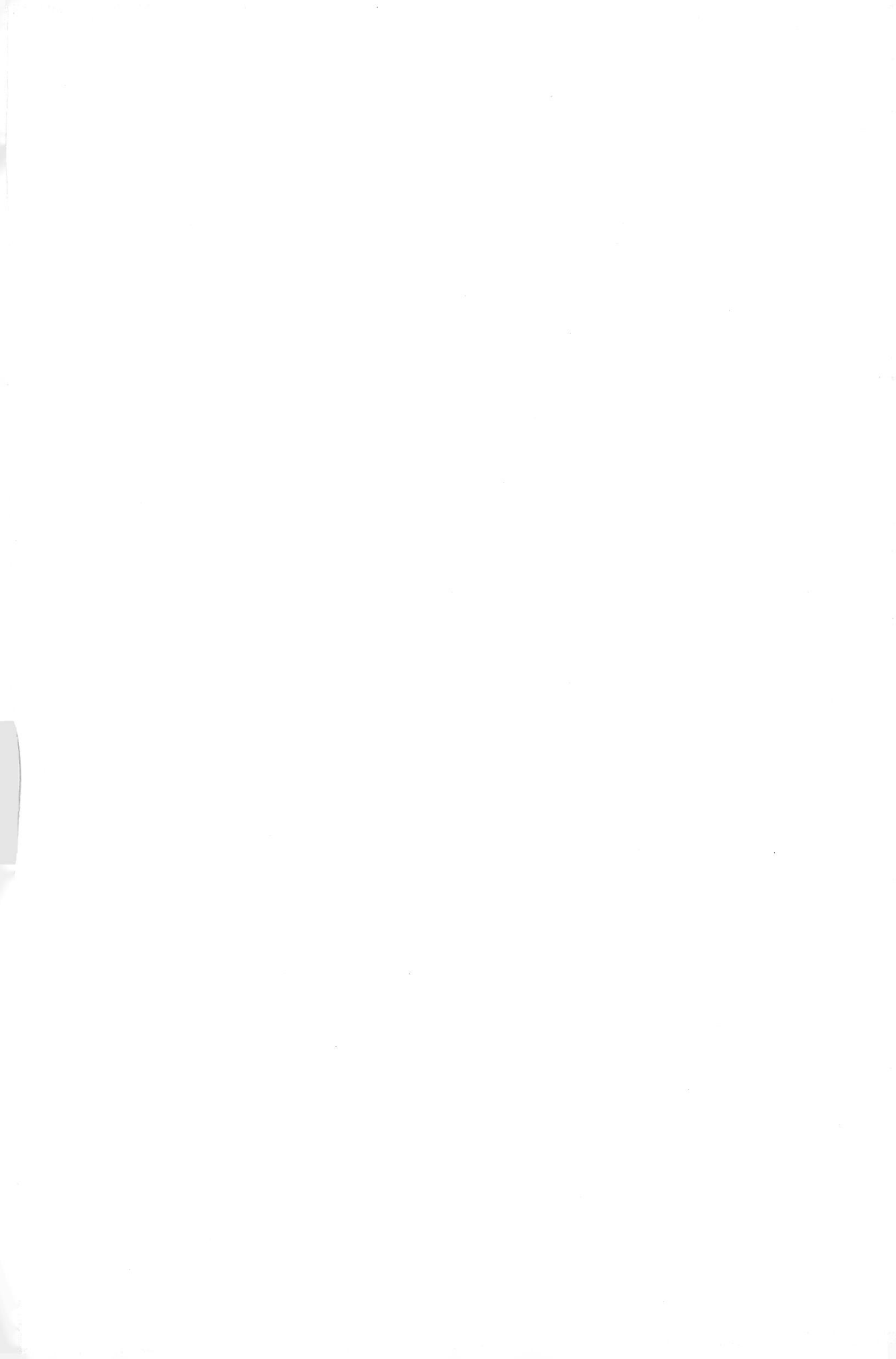

第一章　鑑定法總論

版者，雕版也（註一）；本者，書本也（註二）。自雕版盛行後（註三），版本二字乃合爲一名。宋米芾（一〇五一—一一〇七）「海岳題跋」唐僧懷素自序條云：「右（指眞蹟）在朝奉郎蘇液處，杭州沈氏嘗刻『版本』。」（註四）宋葉夢得（一〇七七—一一四八）「石林燕語」卷八云：「唐以前凡書籍皆寫本，未有模印之法。人以藏書爲貴，不多有，而藏者精於讎對，故往往皆有『善本』。學者以傳錄之艱，故其誦讀亦精詳。五代時馮道奏請，始官鏤六經板印行。國朝淳化中，復以史記、前後漢付有司摹印。自是書籍刊鏤者益多，士大夫不復以藏書爲意，學者易於得書，其誦讀亦因滅裂。然『板本』初不是正，不無訛誤。世既一以『板本』爲正，而藏本日亡，其訛謬者遂不可正，甚可惜也。」（註五）

由此可知，宋人所謂「版（板）本」，原專指雕印之書本，藉以區別「寫本」而已。其後各類書籍的刻印日多，同一書又產生許多不同的「版本」，而寫本亦爲一種不同的本子，藏書家著錄其所藏時，自然寫刻並列；歷經若干歲月的演變，版本的含義，遂由單一變爲複雜，不再單指雕版而言；學凡歷代寫本、刻本、活字本、批校本、稿本，以及近代用西洋印刷術所印成的鉛印本、石印本、影印本等全成爲版本之一種。

歷代書目中，首創一書兼載數種版本之例者，就今世所傳觀之，以南宋尤袤（一一二七——一一九四）「遂初堂書目」爲最早。書林清話卷一「古今藏書家紀板本」篇云：

古人私家藏書，必自撰目錄，今世所傳，宋晁公武郡齋讀書志、陳振孫直齋書錄解題是也。其時，有李淑邯鄲圖書志十卷，……諸家所藏，多者三萬卷，少者一二萬卷，無所謂異本重本也。自鏤板興，於是兼言板本，其例創於宋尤袤遂初堂書目。目中所錄，一書多至數本，有成都石經本、祕閣本、舊監本、京本、江西本、吉州本、杭本、舊杭本、嚴州本、越州本、湖北本、川本、川大字本、川小字本、高麗本。

據此可知辨別版本，宋末藏書家已開其風，但直至清乾嘉以後，版本之學，方足以名家。清宣統三年葉德輝完成「書林清話」十卷，爲我國第一部研究版本的專著，對我國歷代公私刻書情形、書林掌故等皆有詳細的考述。民國以來，又經中外學者陸續的研究探討，才奠定了版本學的基礎，成爲一門專門學科。

至於書目中載明版本之重要，余嘉錫「目錄學發微」所論最精。余氏曰：

蓋書籍由竹木而帛而紙；由簡篇而卷，而册，而手抄，而刻版，而活字；其經過不知其若干歲，繕校不知其幾何人。有出于通儒者，有出于俗士者。於是有斷爛而部不完，有刪削而篇不完，有節鈔而文不完，有脫誤而字不同，有增補而書不同，有校勘而本不同。使不載明爲何本，則著者與讀者所見迥異。敍錄中之論說，不能不根據原書。吾所學爲足本，而彼所讀爲殘本，則求之而無有矣。吾所據爲善本，而彼所讀爲誤本，則考之而不符矣。吾所引爲原本，而彼所書爲別本，則篇卷之分合，先後之次序，皆相刺謬矣。目錄本欲示人以門徑，而彼此所見非一書，則治絲而棼，轉令學者瞀亂而無所從，此其所關至不細也。反是，則先未見原書，而執殘本誤本別本以爲之說，所言是非得失，皆與事實大相逕庭，是不惟厚誣古人，抑且貽誤後學。顧廣圻所謂「某書之爲某書，且或未確，烏從論其精觕美惡」也。然善本不易得，且或不之知，況人之所見不同，善與不善，亦正未易論定。以四庫館聚天下之書，而提要所據，尚不能無誤。著書之人，類多寒素，豈能辦此。惟有明載其爲何本，則雖所論不確，讀者猶得據以考其致誤之由，學者忠實之態度，固應如此也。（註六）

唯版本之鑑別並非易事，昔之學者多憑其豐富的收藏，細心觀賞之，比勘考校之，久而心領神會，於是本其經驗之所得來鑒別及著述。至其所以然之故，大抵默喻諸己，未嘗舉以示人。版本之鑑別，經驗固甚重要，但若缺乏科學的方法爲之佐證，往往會有妄斷之虞。

第一節　直觀法（目鑑）

版本之鑑定法，可歸納爲直觀法與理攷法兩種。直觀法即對古書之紙質、墨色、字體、裝訂、刀法、版式等，先憑視覺觀察，以獲取第一印象，亦即書畫鑑定上所謂的「目鑑」。目鑑的先決條件，是某朝某地的版本見得較多，有實物可供反覆比較研究，而能釐清某朝某地版本的風格與特徵，在心目中樹立起樣板，以此作爲以後鑑定某朝某地刻本之基準。理攷法可分爲二：一就古書本身所留下的線索，如刊記、序跋、避諱、刻工、以及書中之記年、記事、記人等加以推斷。一從各種文獻上的記載，加以考訂；尤以諸藏書家的目錄、書影，爲鑑別版本時最重要的輔助資料。

直觀法與理攷法是相輔相成，缺一不可。清孫從添「藏書記要」著有「鑑別」專篇，云：

夫藏書而不知鑑別，猶瞽之辨色，聾之聽音。雖其心未嘗不好，而才不足以濟之，徒爲有識者所笑，甚無謂也。如某書係何朝何地著作？刻於何時？何人翻刻？何人鈔錄？何人底本？何人收藏？如何爲宋元刻本？刻於南北朝何時何地？如何爲宋元精舊鈔本？必須眼力精熟，攷究確切。再於各家收藏目錄、歷朝書目類書、總目、讀書志、敏求記、經籍攷誌書、文苑誌、書籍誌、二十一史書籍志、名人詩文集書序跋文內，查攷明白；然後四方之善本、祕本、或可致也。

所謂「必須眼力精熟」，意謂鑑定版本須具備敏銳的鑑定眼，及豐富的經驗，才能攷究確切；然後再於各家著錄內，查攷明白。由此可知孫氏的鑑別之法，即目鑑與考訂相互爲用。

葉德輝「書林清話」宋元刻僞本始於前明篇云：

按高氏說書估作僞之弊，至爲透闢。然究之宋刻眞本，刻手、紙料、墨印，迥然與元不同。元人補修宋版，明人補修宋元，多見古本書之人，可以望氣而定。如宋元舊板，明時盡貯於國子監，自元迄明，遞有補修，其板至國朝嘉慶時，始燬於江寧藩庫之火；明初印本流傳尚多，試取其紙料、墨色、印工驗之，斷乎不能混入天水。南宋末年刻印之書，轉瞬入元，其氣味便有清濁之異；宋清而元濁，究亦不解其所以然。惟元末明初之書，稍難分別；正統以後，則又判然。南監修板最後印者，板式參差不齊，字迹漫漶難辨，即令工於作僞，無如開卷了然。至所稱扣墳姓名，非獨墨色濃淡各殊，而字行泱不能聯貫。且新紙染舊，燥氣未除；初印新雕，鋒鋩未斂。種種無形之流露，可以神悟得之。吾沉溺於此者三十餘年，所見所藏，頗有考驗，高氏之言，但明其迹，吾所論則純取之於神理也。

據此知葉氏鑑別之法，是就古書之紙料、墨色、印工、字跡、版式等，作細密的觀察比較。當累積多年的經驗以後，就「可以望氣而定」。然望氣之法，除靠敏銳的眼力外，必須採用科學方法，對字體、刀法加以研究，對版式加以統計，對紙墨加以檢驗，然後按朝代、地區等分別記錄之，作爲以後鑑定此一朝代地區版刻的依據。

一、字體

字體爲版本鑑定上最重要的基準，蓋各代各地的刻版字體，皆有其獨特的書風；黃丕烈所謂「字之氣息，隨時而異」是也（註七）。根據筆者的研究（詳見第二章），刻版字體可分軟體字（指書寫體）與硬體字（指宋體字）兩大系統。明正德年以前，歷代版刻皆屬軟體字系統。如宋版多用歐、顏、柳諸體，或兼採諸體筆法書寫上版；間亦用褚體、虞體，或當代之坡公體、瘦金體等。元版現存者以建陽版最多，其字體多用圓潤俊美的趙松雪體。明初葉之版刻字體，建陽一地仍繼承元建本遺風，故難以區別。約自正德初年始，刻書字體突然作極明顯的改變，即採用流行迄今的所謂「宋體字」。以字體鑑別版刻，除注意時代的差異外，亦須兼顧地區特徵，否則將有妄斷之虞。如前人有將非屬趙體字者，皆斷爲非元版，而不知建陽以外地區之刻版，採用趙體字者甚少也。

二、刀法

文字是由筆畫（或稱點畫）組織而成，「筆法」即是有方法，有規律的利用筆鋒劃、頓而成的線與點之具體表現法。每一個人執筆的方法，執筆的高低、豎立、側斜、懸臂、懸肘、懸腕或手腕着紙，以及下筆時之輕重緩急等，各有其不同的習慣，這些不同的習慣，在筆鋒落紙時必然會有不同的表現，而顯出各人的筆法特點。

雕版印書，通常先請書法名家將原稿手書在薄紙上，再反貼於版上，然後分由許多刻工依樣雕刻之；故所謂「刀法」，實質上祇是將手寫的字體如何用刀忠實地表現在版上的方法。而一書之成係由衆刻工合力完成，故並無像筆法般有個人的筆法特點；但由於師徒之相傳，在雕版上亦有一時一地之刀法特徵，釐清此特徵亦有助於版刻斷代斷地之用。

「雕版者極爲重視刀法，五代已經非常注意。馮道創刻九經時，老藝人教學徒，要求便很嚴格，所謂『刀頭具眼』，這是說刀法應該精煉。也如古人所謂刻刀必須做到如老馬識途，良馬之奔于平原，又如蝙蝠之夜游也」（註八）。蓋用刀之疾遲轉換，皆應掌握純熟，才能將手筆的點畫起伏，轉折頓挫，逼眞的表現在版上也。

有關各代各地刻版之刀法特徵，必須搜集各代各地刻版之初印本，作精密的對比研究，方能理出頭緒。略而言之，宋版不論官私刻本，大多用好手寫，好手刻。故孫從添評曰：「字畫刻手，古勁而雅」（見孫氏藏書紀要）；張元濟謂「審別宋版，祇看刀法」（引自古書版本學頁三二）；傅增湘亦云：「刻工明湛，點畫圍擲，悉臻精妙，……且以刀法精勁觀之，與元版圓渾者迥異，其爲宋刊固無可疑也」（註九）。以地區而論，宋浙本字體方整，刀法圓潤，此從轉折彎角處筆畫之圓滑，最明顯可見。宋建本字體雋麗，鋒稜峭厲，刀味十足。宋蜀本字體刀法別具一格，多作比較，自能神悟。

金版刀法亦尙遒勁，但直畫從左橫彎切直，及橫畫起筆近三角之刻法，與中土迥異。

元建陽版多用秀媚圓活之趙字，故其刀法圓渾而軟弱無力，與宋版刀法之精勁，恰成對比。

明初鐫刻尙古雅，刀法圓滑軟弱，仍帶元風。自中葉以降，刻書多用硬體宋字，刀法逐漸變得不靈活而僵硬，使人有板滯之感。

清代乾隆初以前之寫刻本，刀法相當巧麗。至咸豐以後，能刻軟體字之刻工已甚少；刻工左按尺，右持刀，依技術能力，分刻點横直撇捺與行格線，雕版至此，已無刀法可言也。

以上大致而言，不可拘泥，蓋古今刻版甚繁，豈可一概而論。以刀法鑑別版本，必須善用比較法；若此本紙墨、字體、刀法、版式等與彼本如出一轍，則爲同一時地刻本之可能性必大，否則其可能性必小；若爲原刻本，則刀法應較靈活自如；若爲覆刻本，則其刀法凝滯，有欲行不行之狀。此外，大致自元代以後，書坊刻本之刀法，一般而言，較官刻本、私刻本顯得草率不工整，此亦爲應知之常識。

三、版式

版式與字體同樣因時代、地域而變化，統計出各代各地版式之特徵，即有助於刻書時地之鑑別。根據筆者之研究（詳見第三章），各代版式特徵簡述於下：宋版之版式，就邊欄而言，無論何地所刻，大部分爲左右雙邊，四周雙邊者尚有少部分（宋建本略多），四周單邊者除極少數例外，難得一見，足見前人宋版多單邊之說，乃以訛傳訛之論。就版心而言，無論何地刻版，多記大小字數及刻工姓名；建陽地區雕版者，大部分爲線黑口，雙魚尾，有耳格者較其他地區爲多；浙、蜀等地刻本，則大部分爲白口、單魚尾。

元版版式，四周雙邊漸多，與左右雙邊並行，四周單邊者亦罕見。黑口本廣泛流行於全國各地，不限于建陽地區；但白口本亦流行於建陽以外的部分地區。就魚尾言，元版不論何地，以雙魚尾居大多數。就版心記字數、刻工而言，因地域而不同，江浙等地雕版一如宋風，多記字數、刻工；元建陽刻本，陰覆刻本外，不記者居多數。

明版版式，初葉與中葉以後，有極大差異。自洪武至成化弘治止，幾乎全爲黑口本，大部分爲四周雙邊（洪武版則承襲元風，四周雙邊與左右雙邊並行）；弘治正德間爲過渡時期，逐漸恢復白口本；至嘉靖年間，黑口本幾乎突然絕跡，盡成白口本天下；萬曆之後迄明末，仍以白口本居絕大多數，黑口本僅佔極小部分。就邊欄而言，中葉以後之刻本，除左右雙邊與四周雙邊外，自正德嘉靖間又驟然流行起四周單邊之風，迄明末而不輟；與明初葉之四周雙邊，亦形成鮮明的對比。就魚尾而言，明初葉大多爲雙魚尾，中葉之後單雙並行，並出現獨特的白魚尾，而以嘉靖一朝爲多。就版心上方刻出版者之齋號或商號的風氣而言，亦以嘉靖朝最多見；至於將齋號刻在版心下方者，自明中葉迄清代，皆有不少；明中葉之前雖間有刻齋號者，但祗能視爲例外，而非一時風氣。此外，版心上方刻書名的風氣，亦從明中葉以後，方逐漸流行起來。

清版版式之最大特徵，爲大部分刊本多將書名刻在版心上方，而下方記齋號者，亦較歷代爲多。至於邊欄雖以左右雙邊居多數，但其他各式皆有不少；白口雖亦居大多數，但黑口亦隨處可見，故清代刊本以版式定版本，較爲困難。

四、紙墨

刻書用紙之原料、品種及其簾紋、色澤，皆因時因地而變。用墨之清濁，品質之優劣，各代亦有差異。若能釐清各代各地印書紙墨之特色，自有助於版本之鑑別。

根據筆者的調查（詳見第四章），就紙類而言：敦煌寫經中南北朝寫本多用麻紙；唐朝皮紙（楮皮、桑皮）爲多，麻紙次之；五代用較粗的麻紙。宋版用紙因地域而異，建安刻本幾乎全用黃色竹紙；其他地區刻本用皮紙爲多，麻紙次之，竹紙較少。皮紙中厚實者較多，薄如翅者較少，但皆柔軟、堅韌，色白。宋代竹紙製作之精，遠較後代爲佳，歷經七百年以上而不壞，而明萬曆後所造竹紙爲時不過四百年，觸手便損者不少。元版現存者建安刻本居多，故多竹紙；其他地區刻本存者少，用紙仍以皮紙爲多。明版用紙迄嘉靖止，大部分爲白棉紙類（以楮皮所造爲多，顏色潔白，質韌如棉，故稱之）；自萬曆後，盛行竹紙。清版用紙，名目繁多，但主要原料亦多爲竹料；康雍乾三朝精刻本使用的開化紙，顏色潔白，質佳，最爲著名；棉紙印本甚少，僅見於清初印書偶而採用。

就紙之簾紋而言：敦煌寫經紙之絲紋間距，約在四公分至七公分間；宋元竹紙約在二・三至三・八公分間；至萬曆後之竹紙，則降爲一・一公分左右；有清一代之竹紙亦多如此。皮紙類之絲紋間距，宋元約在二公分至三公分間；明清約在一・五至二・六公分間，而以二・一公分以上者居多。此外，部分絲紋間距亦有不均等者。

就紙色而言：在通常的情況下，紙齡愈老，色澤愈深，由白而至淺黃，以至褐黃。但紙之品種不同，顏色之變化亦不同。宋代白色皮紙，歷經七百年以上，前人仍形容之爲「瑩潔如玉」者，細觀之，但略泛淺黃而已；宋代竹紙迄今多變成淡茶黃，元竹紙反較宋竹紙爲暗，多變成深茶黃。明初中葉之白棉紙，顏色潔白程度在宋代皮紙之上，但較薄，韌性較差，唯楚滇所造，則可匹宋元；明末葉之竹紙，除少數精製者外，迄今大多變爲茶黃色，甚至暗褐黃，硬而脆者不少。清紙之褪色程度，因紙齡尙淺，變化較小，但極其潔白之開化紙，紙之邊緣，仍有變成茶黃色者。總之，在通常的情況下，紙色愈古，紙齡愈老；反之，紙齡愈少，但須視紙之品種而定。

就墨色而言：宋版用墨質料精良，色澤較黑，略帶有光彩，又喜加入香劑，故前人有墨氣香淡、墨光煥發、墨色如漆之美譽。元版用墨，精者少見，略濁而不純，了無香味者居多。明版以內府及治墨名家所刊印之書，最佳，餘則乏善可陳。清版以康雍乾三朝之寫刻本，用墨極精，墨色之美，超元明而匹宋，惜印紙不如宋之堅韌耐用也。

五、裝訂

中國古書裝訂型式之演變，是由卷軸裝、經摺裝（含旋風裝，註一〇）、蝴蝶裝、包背裝、線裝之順序演變而來。其流行時期並無明確的界限，大致而言：六朝隋唐五代之敦煌寫本，多爲卷軸裝。經摺裝似與起於唐代，入宋以後方逐漸盛行於佛經書籍之裝訂，而有梵夾裝之名；此從著名的開寶藏仍爲卷子本，直到元豐三年刻的崇寧萬壽大藏經，始改爲梵夾本，可爲之佐證；此後約至明萬曆間開刻的嘉興藏，始改梵夾爲方册（線裝）（註一一）。蝴蝶裝之興，當在刻本盛行之後，就現存實物觀之，凡宋刊宋印者，多屬蝶裝；另據「五雜組」云：「明代內府藏書，宋人諸集，十之八九皆爲蝶裝宋板。」亦可證宋時書籍除佛經外，殆全爲蝴蝶裝。包背裝起於何時，文獻無徵，有謂出現於南宋時，但其流行當在入元以後。貯在臺灣的原北平圖書館舊藏元版作蝶裝者十餘部，作包背裝者近五十部，雖大多經後代裝修過，但所改似有所本。足見元代書籍之裝訂，以包背裝爲主，蝴蝶裝較少，佛經仍用經摺裝。明代書籍，約至嘉靖間仍承元風，多作包背裝，如著名的永樂大典，即爲黃綾包背裝；中央圖書館所藏嘉靖十四年閩人邦正姑蘇刊公牘紙印本「陽明先生文錄」、嘉靖十五年海陵徐嵩重刊本「潛溪集」八卷八册（袁氏贈書）仍作包背原式，可爲之佐證。線裝之起源，衆說紛紜，但就現存大量實物觀之，約至明中葉之後，才逐漸流行，以迄清末民初。線裝裝訂時將書面一齊訂上，有四針眼裝、六針眼裝、八針眼裝，而以四針眼裝最多；日本朝鮮之古籍，則有五針眼裝者。

從書籍之裝訂式樣，可大致推斷其印刷時代，進而有助於刊刻年代之鑑定。例如裝訂爲蝴蝶裝原式者，則其印刷年代最遲亦在明初之前；若爲宋刻宋印者，除佛經外，其裝訂必多爲蝶裝。此外，從裝訂式樣及書面用紙之差異，最便於中日韓三國書籍之辨認。例如朝鮮本之線裝，常用頗粗紅線（間有白線）一條釘之，而中日則多用雙線；朝鮮本之書面多用深紅褐色皮紙，且有各種特殊花紋，一望可辨。又各針孔之距，日韓均等者爲多，我國則以中間兩針之距較窄者爲多，均等者似清代之後才有流行，俟考。

六、初印與後印

無論直觀法或理攻法，在作鑑別時，皆應先考慮印刷在後時所帶來的變易。由於我國雕版印刷術之特性，版片可保存數百年之久，因此有原版初印與原版後印之分；前者雕版年與印刷年同時，後者印刷年在雕版年之後，從若干年至數百年不等。例如紙張之斷代是推斷印刷成書時用紙之年代，而非雕版年代，因此鑑別紙張時，首先須區分版刻印刷之先後，若爲早印之本，則紙張之年代接近雕版年代；若爲後印之本，則其時間差距從數年至數百年不等矣。通常審視版本時，若邊匡完整，字畫極清晰，鋒芒畢露，墨色鮮明者，多屬原版原印或早印本。反之，若邊匡斷裂、缺口，字畫漫漶、模糊，墨色暗淡無光，則多屬後印本。其後印之時間，與版面磨損程度成正比，即磨損愈厲害者愈晚印。唯須注意者，版面之磨損與版材及保管環境有關，須視版刻地區而斟酌之。此外，後印本之版匡尺寸常較早印本略小，此乃版木因年久乾燥而縮小也。

七、原版與修版

使用同一版，未經修改原版，祇是印刷有先後者謂之初印與後印；若部分原版散失、損傷，經修補後再印刷，就造成同一本書中，有原刻葉與修補葉之分。作避諱字及刻工調查時，必須先予區分；否則以修版之諱字、刻工，誤作原版之諱字、刻工，所推斷的年代爲修版年，而非原刻年。原版與修版之辨，除了有修補之記年外，大抵先就各版面之印刷情狀，四周邊欄及行格線之完缺，字畫之清晰程度等加以觀察；次就各葉之字體、刀法、版式、墨色、諱字、刻工等綜合判斷之。例如宋刊元明遞修之所謂三朝版，就字畫之清晰程度分，明修版最清晰，元修版次之，宋刻之原版則漫漶模糊，一望可辨；就字體分，宋版較方整，元修版較圓活，明修版若在中葉之後則已採用硬宋體字，極易分辨；就諱字分，宋原版與宋修版皆避諱，元明修版除覆刻外，不避諱；就版式分，各代版式有別，而同一次刻版之版式大致相同，尤其細觀版心，反覆比較，最易分辨原與修之別。但若修補年與原刻年相距不大，則較難以分辨也。

八、原刻與覆刻

書版因年久或天災人禍而毀滅，必須重新雕版，以應需求。重刻的方式有三：一取原刻之書葉（磨之使薄，較難）或據原刻之書葉影寫在透明的薄紙上，然後據以上板開雕，所印成之書本，稱之爲「覆刻本」或「影刻本」；其行款、字數、版式、幅徑，以及點畫起伏，字形大小，皆與原刻本一模一樣。一爲重新設計版式、行款、字數，並重新抄寫上板，所印成之書本，稱之爲「翻刻本」或「重刻本」；其內容雖同原本，但板式、行款、字數等已變動，其字體之點畫大小與原本亦完全不同也。一爲版式、行款、字數仍同原本，但非影摹上版，仍爲重新抄寫，故點畫大小與原本非一；此種重刻方式，諸家或作覆刻本，或作翻刻本，嚴格言之，仍應稱爲翻刻本，不能列入覆刻本中。蓋影摹上版之覆刻本，近似今之影印本，不用校勘；而抄寫上版，不免魯魚亥豕之訛，必須校勘，兩者之製作過程不同，不能混而爲一。

覆刻本若未添入覆刻者之刊記或序跋等記錄，且又極其忠實的覆刻，連原刻的刊記、缺筆、甚至刻工名氏等，皆依樣刻之；字體亦一點一畫，摹刻逼眞，在鑑別上就較爲困難。或者雖有覆刻之新記錄，但因年久而散失，或爲作僞者除去，種種情況，在鑑別時皆應考慮在內。其鑑別之法分述如下：

㈠先就紙墨細觀之。若覆刻年與原刻年相距甚遠，兩者之紙墨截然有別，一望可知；但若相距甚近，且爲同地區刻本，則憑紙墨難以爲定。前者如明清覆宋本，祇要具備各代版刻之紙墨知識，即不難區分原刻本與覆刻本。

㈡次就字體、刀法詳研之。蓋「古書形式易得，氣韻難具。諸家刻意求工，所謂精美有餘，古拙終有不及。由于書法一朝有一朝之風氣，刻匠一時有一時之習尙。」（註一二）貌雖近似，神則離矣。大抵覆刻之本，字畫、刀法皆顯得較爲遲滯、粗笨，此從書前序跋若用行草書寫者，最易察之。

㈢次取各本比勘之。蓋有比較才能鑑別，若有衆本（影印本、書影亦可）可比，應並置几案，先作邊欄及行界線之比對；次作字體、刀法等的比較；若仍無法鑑別，須作詳細的校勘。則年代先後，原刻覆刻，與夫修補重刊，初開晚印之異，大半皆可區分之。例如元末明初之建陽刻本，因屢經多次覆刻，且明代初期之字樣亦見元風，孰先孰後？識別頗困難。祇有以衆多的類似之本，相互比較，細加校勘，其微妙差異處，方能領悟而鑑別之。

㈣次就諱字考之。元明清覆刻宋本之缺筆、改字，祇是照樣以求眞，並非避宋諱，細審之，漏而不缺者可見，與原本避諱較嚴有別。且清覆宋本，亦避清諱，則立可辨非宋元明三代之舊槧。若元明覆宋本，亦有不缺宋諱者，可推知其非宋本。

㈤次就刻工考之。元明之覆宋本者，或全除去刻手名氏；或一卷之中存二三處；或全改記覆刻時之刻工姓名。例如通行所謂「宋版明修十行本十三經註疏」，經詳考其刻工、字體，並比對有原刻存世之毛詩，可斷爲全是元代覆刻或翻刻本無疑（註一三）。又如南宋初覆刻北宋版，因祇避至北宋帝諱，不避南宋諱，前人多誤作北宋版，經從刻工考之，可知爲南宋覆刻北宋本。

㈥其他一般刊本之鑑定法，亦可參考。

九、辨僞

宋元刻書，雕印精美，校勘仔細，爲古今士人所重；但因傳本日稀，售價高昂，書估遂加僞造，以求暴利。作僞之風，自明已然。明高濂在萬曆間所著「遵生八箋」中之「燕閒清賞箋」論藏書篇云：「……近日作假宋版書者，神妙莫測，將新刻模宋版書，特抄微黃厚實竹紙，或用川中繭紙，或用糊褙方簾綿紙，或用孩兒白鹿紙，筒捲、用槌細細敲過，名之曰刮，以墨浸去嗅味印成。或將新刻板中，殘缺一二要處；或濕黴三五張，破碎重補；或改刻開卷一二序文、年號；或貼過今人註刻名氏，留空，另刻小印，將宋人姓氏扣填；兩頭角處或粧茅損，用砂石磨去一角；或作一二缺痕，以燈火燎去紙毛，仍用草烟薰黃，儼然古人傷殘舊跡；或置蛀米櫃中，令蟲蝕作透漏蛀孔；或以鐵線燒紅，虔（按：虔者虎行貌，見說文，書林清話改作「鎚」），失其原意。）書本子，委曲成眼，一二轉折，種種與新不同。（用）紙裝襯，綾錦套殼，入手重實，光膩可觀。初非今書彷彿，以惑售者。或札夥囤，令人先聲，指

為故家某姓所遺。百計瞽人，莫可窺測，多混名家，收藏者當具眞眼辨證。」（註一四）

據此可知明人僞造宋本之術，不但在已印成之新刊本上百般作假，並有利用所取得之覆宋本之雕版，印刷在特製的仿古紙上，以假亂眞，僞造宋本。到了清代，佞宋之風尤盛，僞宋本者更多，而且亦僞元，僞明。察其方法雖千奇百怪，但大致不出下列幾種：⑴抽去新刊序跋。⑵剜補或切除刻書牌記。其方法有先在板木上挖改而後印者，有在已印出之書本上僞造者。⑶改補校刊者之姓名或朝代。此類以書板易主，在板木上挖改者較多，但亦有在紙上割補者。⑷剜去或補印版心年號。⑸挖改序文之年號、作者。⑹僞造名家的印記，或用取得的眞印章，鈐滿卷中。⑺僞造名家題跋，或移綴眞本之跋尾題識，掩其贋跡。⑻將新覆（或翻）宋刻本，去其年月，染紙色僞作宋刻；或剜去宋諱字末筆，僞作避宋諱。⑼若收得殘本或節本，每每挖改目錄，移綴卷次，以冒充全本。

僞造之實例，就天祿琳琅所辨出者，已有十餘種之多（註一五）：如明板春秋經傳集解，僞作「咸平辛丑刊」五字補印於板心；宋楊甲六經圖，割去序文并校刊姓氏，以希僞充宋槧；明板史記集解，目錄後第三行四行有割去重補之痕；當是明人所記刻書年月，書估以其形似宋板，故爲割去；晉書一百三十卷，從宋版翻出，目錄後仍存「淳熙丁未季春弘文館校刊」一行，蓋刻是書者竟欲作宋槧爲賈利之資耳；明板戰國策鮑彪注，卷末有「嘉定五年夏月世綵堂刊」木記，其左右邊闌墨線，俱就板中分行線痕，湊成木記之式，其爲僞造，固已顯然；又明板東坡全集，序後原署姓名，爲書估割去，補刊一行，則云「乾道九年閏正月望選德殿書賜蘇嶠夫」，賜書但賜其書耳，即以年月姓名標識卷中，宜出手書，不應刊印，書估無知妄作，眞不值一噱矣。

此外，中央圖書館藏有明覆宋本「山谷老人刀筆」，於書本上之板心中逐幅加印「政和元年刊」五字；並將書中宋諱字，割去末筆，然後補綴其洞，以冒充北宋本；然其紙墨刀法固不相侔，且「敦」字爲南宋光宗廟諱，政和時不應預避，而竟去其缺筆，自顯其跡，作僞之術，亦云陋矣。其他中央圖書館藏本，書估作僞之例，屈昌二氏合著之「圖書板本學要略」（頁八五）亦舉出多種，可供參考。

辨僞之法，除了熟識各種鑑定法則，明瞭僞造過程外，多看眞本，養成鑑識眼，亦極重要。察書估之作僞，大抵在序跋及刻有刊刻者之木記處，如序文末、目錄末、全書末、各卷末，以及正文卷首或版心等處所動手脚；故對此等處所，須格外細心審察。如序跋所記述之刊書年代，與書的字體、版式等所顯示的時代不相符合，則原有的新刊序跋，或有被抽除者；如序、目及各卷末葉若有殘缺，則原有之刻書木記可能被割去；此時即應存疑，先用各種鑑別法以斷代，再查別本及諸家著錄。若書中有刊書牌記，則須查此牌記是否原刻或移綴補入者？其字體、墨色與全書是否一致？蓋僞造牌記若就已印刷出之書本，剜補僞造，則必有割補之痕，迎光察看即可辨之；因補綴處之周圍必有兩層紙，透光處之顏色必較暗；但須注意高明之僞造者，其補綴處往往多在行界線及邊欄之墨線上，最好以放大鏡觀察，較易辨認也。若牌記之僞造，係在板木上挖改而後印出者，則其字體刀法及墨色之濃淡，與全書多會有差異，且往往會有挖除不淨，而露出破綻之處，祇要在此等處所細心檢查，則僞造之迹即無所遁形也。

第二節　理攻法（考訂）

利用直觀法以鑑別版本，祇能斷代而不能斷年；欲詳考刻書年、刻書地及刻書者，非賴理攻法不可。理攻法即通常所謂的「考訂」，考訂必須翻檢文獻，包括此書本身的記載，及後人閱讀此本書之記載，均為理攻法所應查考的文獻。

一、刊記

歷代刻本多在序目末、全書末或某卷末，以及正文卷首或版心中，刻有刊刻者之牌記，或為鐘式、爐式，或為爵形、鬲形，或為蓮牌（明萬曆間有不少）；或無任何圖案，僅作長方墨圍，甚至無邊匡而隨行刊刻者。刊記之文字，自一行至數行不等。此等牌記大多刻有雕版年月、刻家室名，為鑑別刻版年代之最佳證據。但由於覆刻或翻刻時往往將原牌記依樣刻入，而刊刻者又不加入重刊之記錄，或雖有重刊之序跋等，但已佚去，或被作偽者抽掉，故利用牌記以鑑別版本時，首先須鑑定其是否為原版，或為後出之覆刻或翻刻版。若刻有刊者牌記而無年代資料者，就明刻而言，可查「明代版刻綜錄」一書，該書錄有刻者堂號數千種，可資參考。

此外，書版有因讓售而易主，購得書版者，每挖去原版木記，改塡以己堂牌名之例不少；故遇有刊記之處所，必須詳審其字蹟、墨色等是否與全書一致，及多比對他本，以免誤舊版為新刻。

二、封面

「封面」又稱爲「扉葉」，印書人稱爲「頭版」，與今日圖書之封面定義不同。扉葉上大多刻有書名、刻書年月，刻書者或藏板者等三行，多以黑或藍的大宋體字印出。所題之雕版年、刻書堂名，亦爲鑑定版本之好資料。但須特別注意者，當書版易主，後人重印時，往往僅換了新扉葉，正文仍用原版刷印，此時刻書年及刻書者即不能照扉葉所題著錄，而須考證原版之刊刻者。通常若扉葉的雕版者堂號或年月，與序跋、刊記所著錄之堂號或年月相符時，即可作爲依據。至於扉葉上所題之藏板者，如「本衙藏板」等，若無其他旁證，是不能當作雕板者，而祇是書版之保存者。有封面之形式，明初葉少見，中葉漸有之，盛行於末葉及清代之坊間刻本。如明嘉靖四十五年周文奎書鋪刊之「書法規範」，已有封面，題「嘉靖丙寅歲撫州東邑周文奎書鋪梓」篆書大字三行。明萬曆三十九年汪氏環翠堂刊本「坐隱先生精訂草堂餘意」，封面題「環翠堂精訂陳大聲草堂餘意高士里藏板」大宋體字三行。明金陵書林世德堂刊本「新刊重訂出相附釋標註千金記」，封面題「鍥重訂出像註釋韓信千金記題評金陵書林唐氏世德堂梓」廿四。清版有封面者，隨處可見，茲不贅舉。

三、序跋

歷代刻本通常在書前皆刻有序文，書後又刻跋文（明版書之序跋特多）。版本之著錄所以能詳記其刻書年、刻書者、刻書地，除依據刊記外，大多據序跋而來。序跋可分著者自序、他人序跋、刻書者序跋三類。版刻年代之著錄，大多取自刻書者序跋末之署年。刻書者之序跋，大多在序跋之標題上有一「刻」（刊、鐫）字。若無刻書者序跋，則就其他序跋中署年最晚者，且其序跋中有言及刻書之事者，如「付之剞劂」、「鋟之以傳」云云，因其序跋署年與刻印時間或相同，或僅差一、二年，在無其他刊記時，可作爲刻書年著錄之。但若序跋中未提及刻書之事，又無其他資料可資參稽，則僅能著錄爲某年某者序刊本，通常有將「序」字括弧之，以示區別者。

然後人翻刻時亦有將原序跋照樣刻入，而未加入新刻者之序跋或刊記，或者重刊之序跋、刊記，因年久而佚去，或被作僞者抽去者等情形頗多。故版本之鑑定，除參照上述諸法外，尚須查考其他書目記載，若有其他藏本，則應將衆本逐一比對之，此佚彼存，可互相參稽。比對之秘訣，應優先核對兩版之邊欄及行界線，若彼此之缺口、裂縫悉吻合，連翻數葉，皆相符，則不但可斷爲同版，且其印刷時期亦同時或相距不遠。其次再逐字一點一畫比對之，包括起筆、收筆，及各筆畫之角度等皆對之，則即使最精密之覆刻，亦不難辨明之。若鑑定爲同版，則依據序跋完備者之藏本，考訂其版本。

此外，序跋有後代印刷時加入者，此謂之「增刊序跋本」，在版本之著錄上應予標明。

四、避諱

歷代刻書之避諱，以宋清兩朝最嚴。金朝受宋人影響，亦行避諱。元朝採用蒙古文命名，即使譯成漢字，因譯音無定準，亦不避諱；就實際調查，亦未見有元版書避諱者（覆宋本之宋諱照樣缺筆不算）。明代刻書除覆宋本外，天啓以前未見有避諱者，自天啓元年避「校」字作「較」，此後刻書始有避諱，但爲時未久，而明已亡矣。

各朝避諱法令，實嚴不一，規定有別，若未能釐清各朝之避諱規則，將難以有效利用避諱學來推定刻書年代，詳細的研究見本書第五章。

大致而言：宋諱所辨在音，「音同者雖形製迥殊，亦避；音異者雖點畫全同，不避。」故宋諱最繁，宋高宗之「構」字諱，因音同者甚多，竟廣避至五十餘字。但法令規定，與實際執行之間，並非完全一致；刻書之避諱與文書上之避諱規定，又不盡相同，種種情況，請見專章之研究，此不贅述。

清諱所重在偏旁，與宋諱所辨在音不同，且須兼顧音義相同者才避；同光之後，則規定祇避本字，連偏旁皆毋須改避。故清諱雖嚴，但所避之字並不多。此外，清諱之一大特徵，是雍正三年規定應避孔子諱「丘」字，或改作「邱」字，或缺筆作「乒」字。就筆者抽查歷代刻本之結果，發現「丘」字，自雍正後絕大部分都確實改作「邱」字，連左丘明之「丘」，都改作「邱」字；但雍正以前之歷代刻本，全不避孔子諱「丘」字。故單憑一「丘」字之改避與否，即可作爲推斷雍正以前或以後刻本之依據。不過須注意者，「丘」字使用於「丘壇」、「圜丘」時，依規定可以不避。

從實際調查中可知，刻書之避諱方法，以缺末筆最多，改字法次之，間有加墨圍者，或兼用兩種以上之避諱法。避諱之對象，除了當今皇帝之御名外，亦須避今上以前之本朝各皇帝，即所謂「廟諱」。甚至當太后臨朝時，亦須避其父之諱，是所謂外戚之諱。又宋代仍有「已祧不諱」之規定，但或七世爲祧？九世爲祧！宋代諱令不一，執行亦不一，莫衷一是。此外，用避諱字以推定版刻，須注意是原版之諱字，修版之諱字，或是印刷時刮除末筆之諱字。如明末刻版書，若將清聖祖之「玄」字諱缺末筆，可推知此本印於清代初期，印刷時刮去末筆之故。唯清代皇帝亦有頒令毋須將舊版挖改以避諱者，種種情況甚爲繁雜。通常若能確定避至某皇帝之諱止，則其刊刻年代可推爲某皇帝時也。

五、刻工

在版心中之下方附記刻工姓名，以宋版最多，元版次之，明（洪武朝及自中葉之後）清版亦間有之。記刻工名之目的，大概爲了便於計算工資；間亦有爲劃分責任及刻工私記以留名之動機。避諱字與刻工名之調查統計，同爲版本鑑定法中最科學的方法。民國以來，版本之鑑定所以能日趨精確，糾正清朝學者版本鑑定之誤，端賴從刻工的徹底調查者尤多。

蓋就刻工姓名，相互參證；若知甲本之刻年刻地，則乙本亦可從而推知也。刻工一生之工作年限，最多約在三十年左右，因此甲乙本雕刻年之最大差距，通常不會超過三十年；若有避諱字、序跋年等資料互相印證，則能推斷較準確之刻書年。

以刻工推定版刻年代，須先區分原版與修版；修版又經多次修補者不少—如所謂「三朝板」者是也。否則以修版之刻工，誤作原版之刻工，藉以推斷原刻年代，豈不大謬。其次應先鑑別刻工姓名是否爲覆刻時之照錄，蓋元明清覆刻本，亦有將原刻工姓名依樣照錄之例。此外，刻工之簽名方式，間有作省寫之例，如趙字常省寫作走字，范字省作氾字等是，亦爲必知的常識。

日本長澤規矩也於民國二十幾年間首先編製「宋元版刻工表稿」（註一六），對利用刻工以鑑別版本，極爲方便，但草創之作，難免有取樣之版本有年代誤斷者，不能悉以爲據。一九七五年日本阿部隆一的「中國訪書志」完成，糾正了自清以來諸家宋元版鑑定之誤者不少；大半賴於對海內外所藏宋元版刻工之嚴密調查與統計。阿部氏之刻工姓名表，係在每調查一書後即將刻工名加上去的筆記，現尚未發表，聞正由尾崎康君等人整理阿部遺書時，計劃一齊出版。此外，尾崎康君謂（註一七）「對鑑定北宋末、南宋初最有效的是：福州東禪寺之『萬壽大藏』（元豐三年至政和二年），福州開元寺之『毗盧大藏』（政和二年至紹興二十一年）及湖州『思溪圓覺大藏』（北宋末年至紹興二年）三大藏經。福州的二大藏經幾乎每一帖都有刊記，並明白記載其刻工名。此二藏雖未全部具備，但有相當數量在鎌倉時代（一一八五—一三三三）時每每以數部爲單位被運往日本，書仍存世。」中央圖書館所藏「嘉興楞嚴寺方册藏經」（明萬曆至清康熙間遞刊），於各卷後大致多有施貲人名、校對人、書寫人、刻工名、及刊行者之題識與署年。對明末清初刊本之鑑定，亦有助益。

六、書內資料

以上所述，皆爲主要之鑑別法。餘如書中之紀年、紀事、紀人，以及地名之更易，官制之演變，引用之書名等，皆可作爲考訂之資料。考訂時必須善於利用各種工具書，如各種人名大辭典、傳記資料索引、地名大辭典、歷代地理沿革表、歷代職官表等。總之，若學識愈淵博，則書中諸事諸物，甚至用字遣詞，無不可作爲考訂之資。茲舉數例略述之：

四庫提要「元豐九域志」條云：「案張淏雲谷雜記，稱南渡後，閩中刊書不精，如睦州宣和中始改嚴州，而新刊九域志，直改爲嚴州；今檢此本內，睦州之名，尚未竄改，則其出於北宋刻本可知。」

中國版刻圖錄圖版一「陀羅尼經咒」條云：「一九四四年出成都市內一唐墓人骨架臂上銀鐲內。四周雙邊。匡外鐫成都府（此三字已泐去大半）成都縣龍池坊（下有五字模糊）近卞（下有數字已模糊）印賣咒本一行。唐肅宗至德二年成都改稱府，因推知經咒板行，當在是年以後。……現時國內所存古刻本，當以此咒爲首。」

孫星衍平津館鑒藏書籍記「羣書備數」條云：「此書地名官制俱至元止，是元時刻本也。黑口板。」「集千家注分類杜工部詩」條云：「有廣勤書堂新刊六字長木印。……據集註姓氏，韓愈、元稹，題唐賢；王禹偁至謝枋得，題宋賢；劉會孟，題時賢；則元時刻本也。」

四庫提要「山谷詞」條云：「陸游老學庵筆記，辨其念奴嬌詞，老子平生江南江北愛聽臨風笛句，俗本不知其用蜀中方音，改笛爲曲以叶韻。今考此本仍作笛字，則猶舊本之未經竄亂者矣。」

屈、昌二氏合著之圖書板本學要略「以官制辨板本例」條云：「國立中央圖書館藏有明劉氏愼獨齋刻本山堂先生羣書考索一書。劉氏刻書，多在正德年間；板式字體，猶略似元本。書賈遂將此本劉氏愼獨齋之木記挖去，以充元本。然卷中有『敎諭譚璋校正』等題署。而敎諭之官，始於明初；據此，即不識板本者，亦必能斷其非元刻也。」

又從書中朝代名之題署，亦可推版刻朝代，如題宋紹興某年云云，則必非宋代刻本。蓋古人通常不稱當代朝代名，而稱作「國朝」；若欲稱之，多加一「大」字，如大宋、大元云云。對於前朝則常稱之爲「勝國」。諸如此類，細心考察，再與各種鑑別法互相印證，則所考訂之結果，必愈確實可信也。

七、諸家著錄

一書自誕生後，若有學術價值，或爲人所喜愛，便能廣泛流行；歷經各代，或刻或寫，遂產生各種不同的版本，不但字體、行款、版式、紙墨等形式上有別，即在內容、卷數等亦有增刪；諸家就其所藏所見，分別予以著錄，此種藏書的書目，爲考訂版本時所必須查檢之輔助資料。

葉德輝「藏書十約」鑒別篇云：「四部備矣，當知鑒別之道，必先自通知目錄始。目錄以欽定四庫全書總目提要，阮文達元揅經室外集（原註：即四庫未收書目，茲從全集原名。）爲途徑，不通目錄，不知古書之存亡；不知古書之存亡，一切僞撰抄撮，張冠李載之書，雜然濫收，淆亂耳目，此目錄之學，所以必時時勤考也。」

書目專記版刻者，以元西湖書院重整書目爲嚆矢；所列書目百二十二種，皆南宋監板也。次爲明「南雍志經籍考二卷」，上篇題官書本末，紀天順年間監中所貯官書；下篇題梓刻始末，備載南監前後板刻書籍，凡三百零一種，其書有板若干面，或全或缺，其板或完好或破損或模糊，具列焉。以上二書爲考宋元版及明南監板者所必查檢。又次爲「內版經書紀略一卷」（載於明宦官劉若愚所著酌中志卷十八），專記明代司禮監經廠庫內所藏書板，凡一百六十一種，每種詳記幾本幾葉。又其次爲明周弘祖「古今書刻二卷」，上編紀書板，下編紀石刻，皆以直省分載。

其他有關版本考訂所必須參考之書目，可參考梁起超「圖書大辭典簿錄之部」及書林清話「古今藏書家紀板本」篇所列書目。此等目錄，大半已收入於台北廣文書局出版之「書目叢編」，及成文書局「書目類編」中。此外，如清邵懿辰「四庫簡明目錄標注」、近人孫殿起「販書偶記」（及續記）、楊家駱「叢書大辭典」、王重民「中國善本書提要」、中國版刻圖錄、明代版刻綜錄、以及國內外圖書館所編的善本書目、宋元版圖錄，日本阿部隆一撰的「中國訪書志」等，皆可供參考。唯諸目於版本之考訂，正確者固多，訛謬處亦在所難免；況諸家目若未附書影，則彼本與此本雖行格板式皆相同，仍不得據以視爲同版，蓋有原刻與覆刻或翻刻之異，前已論之。總之，諸家著錄僅能作爲佐證之資，版本之鑑定仍應以上述諸法爲主也。

八、藏印

古書上大多鈐蓋有諸藏書者之印記，據印記之姓名，及印章之篆法、款式，印章之材質，印泥之用料，印色之新舊等時代變遷，約可推得收藏者之時代，因而有助於版刻之斷代。而收藏者若有目錄之著述，更可據目查考，以為鑑別之佐證。

就印文之書體言，唐宋元人大多喜用小篆體；明清人則又追復秦漢之古典，兼用大篆體。就印材言，唐宋元人多用銅，間用牙、玉等印，材質堅硬，印文筆畫較為凝重、光滑、板拙；至元末明初間王冕始以竹木及石材為印（註一八）。由於石質軟硬適中，便於施刀，能表現出極為優美之藝術風格，故為文人所喜愛，而大行於世，以迄於今。而銅、玉等印材，自石印盛行後，幾乎廢棄不用。印材質地若不同，則印文筆畫的質感亦不同。此有助於辨認以不同質地的印材摹刻之偽跡。如元趙孟頫時絕無石質印章，若古書上鈐有趙氏之石印，則可推知為偽印，意圖假冒宋版也。

就印泥之製法言，有水印、蜜印、油印之分。鄧散木「篆刻學」云：「北宋印蹟多為水印，水印者以水和硃，代油之用，乍見鮮明，日久水性退盡，硃浮紙上，極易脫落。南宋以後，改用蜜印，以蜜調硃為之，較水印為耐久，然蜜性退亦必脫落。至元代始有油硃之製；油硃之泥，品質優劣，萬有不齊，古法失傳，佳製日尠。」（註一九）。

就印泥之色澤言，徐邦達「古書畫鑒定概論」（頁四十）云：「印色可見新舊，舊色無火爆氣，新的則往往油光四射，朱色耀眼（當然，油光也可以用燒酒浸濕燃火滅去），不過還要看此件書畫保存得如何而定。大凡紙墨如新的東西，印色也必然比較火爆一些，同時，印泥過淡的就較差些。」昌彼得先生謂（註二〇）：「明中葉以前的印色比較暗，清乾隆以後的印泥，朱色多比較鮮明，故即是用古人遺留下來的眞印章來鈐蓋，從印色也可區辨鈐蓋的約略時代。」此外，若古書中所鈐各代藏書家的印色皆相等，則必多爲書估同時僞造所鈐；蓋時代有遠近，諸家印泥之調配有差異，不同時代之印色不應相等也。

從印文之篆法、章法，及刀法之精工與否，亦可辨眞僞。蓋名家之印，多請篆刻之能手雕刻；坊估之僞印，多出庸俗之手。能手雕刻不但講究篆法與章法，且極注意刀法。「刀法者，運刀之法，宜心手相應，自各得其妙。然文有朱白，印有大小，字有稀密，畫有曲直，不可一概率意；當審去住浮沉，宛轉高下，則運刀之利純，如大則肘力宜重，小則指力宜輕，粗則宜沉，細則宜浮，曲則委轉而有筋脈，直則剛健而有精神。勿涉死板軟俗，墨意宜兩盡，失墨而任意，雖更加修飾，如失刀法乎哉！」（錄自明甘暘「印章集說」。註二一）。庸手雕刻不但篆法多不合小學，而率意施刀，亦毫無刀法可言，祇要細心審查，當能發現其僞。

若能從其他藏本或古今人所編印譜中，查得眞印跡以供比對，最爲可靠。比對時尤應注意印文之問題：同一印鑑鈐蓋後所得之印文，本應完全一樣，但事實却不盡然。如在鈐印時，所施壓力輕重，印泥有濃淡，紙張有厚薄，質料有差異，墊板有軟硬，甚至印泥之乾濕不同等等，皆可影響印文之明暗粗細。比對時應多方比較，着重於特徵比對。蓋每個印章經使用後，皆有磨損短缺與肥瘦不勻之特徵，以放大鏡觀之更加明顯。若特徵相同，必爲同一印；若部分不同，尙須注意是否因鈐印時間不同，所帶來的差異。此外，從鈐印部位可推知印章鈐蓋的先後。通常每卷卷首第一行最下端，多爲第一位收藏者鈐印之處，若在其上方却鈐有遠較其朝代爲早之收藏印，則必有可疑，細心審査，亦可辨別眞僞。

其他印記常識，如清（騰）稿本必以印記爲憑，才可靠。若每卷首末鈐有「禮部官書」朱文大方印者，則可能爲明永樂間禮部尚書鄭賜所採遺書之一（註二二）。若鈐有「廣運之寶」大方印者，多著錄於明正統六年楊士奇等編「文淵閣書目」中，爲明文淵閣原藏本（註二三）。若鈐有元代「翰林國史院官書」朱文狹長方印者，現存多屬南宋蜀刻本（註二四）。若開卷鈐有「翰林院印」漢滿文大方印，及書面有戳記云某年某人採進者，則多爲四庫全書著錄之底本（註二五）。此外，明毛晉所藏宋本，除鈐其印記外，亦鈐有「宋本」楕圓印，並分「甲」「乙」字印，以分善本之等級。清季振宜藏書亦仿其例，鈐有「宋本」楕圓印，以誌善本。諸如此類，勤加搜集，對於版本鑑定之工作，亦頗有助益也。

【附註】

註一　「周禮」天官冢宰篇，言及「版」字者多處，如「聽閭里以版圖」、「凡在書契版圖者之貳」等。說文解字云：「牘，書版也。」段注曰：「牘專謂用於書者，然則周禮之版，禮經之方，皆牘也。」王國維「簡牘檢署攷」（圖書印刷發展史論文集載入）云：「書契之用自刻畫始，金石也，甲骨也，竹木也。用竹者曰冊，……曰簡，……。

用木書者曰方，……曰版，……曰牘，……。」錢存訓「中國古代書史」（頁一〇一）說：「木牘原用於公文，不作長篇文籍之用。如『方』主要用於政府檔案或其他公文，可書寫五行至九行，字數不過百。『版』形長方，表面寬廣光滑。『牒』薄而短，用途皆與『方』相似，惟大小不一。」從古籍的記載，及近代在中國出土的數萬枚簡牘實物，可證竹簡與木牘，皆爲我國最早的書寫材料；而「版」亦爲木牘之一，或許「唐代發明印刷術後，因刻書之版與之相似，故借用其辭以專指雕版。」（見昌彼得「中國目錄學講義」頁七三）

註 二 說文解字曰：「木下曰本，從丅」。原指草木之根，引申爲事物之根原。劉向別錄云：「讎校，一人讀書，校其上下，得謬誤爲校；一人持『本』，一人讀書，若怨家相對曰讎。」余嘉錫「目錄學發微」云：「本之命名，由於校讎之時，一人持本，一人讀書。所謂本者，謂殺青治竹所書，改治已定，略無訛字，上素之時，即就竹簡繕寫，以其爲書之原本，故稱曰『本』；其後竹簡既廢，人但就書卷互相傳錄，於是本之名遂由竹移之紙，而一切書皆可稱本矣。」

註 三 書籍之有雕版，綜合古今文獻之記載，諸家之研究，以及近代考古之發現，如一九〇〇年在敦煌石室中發現的唐咸通九年（八六八）王玠出資雕刻的卷子本「金剛般若波羅蜜經」；在日本發現的百萬塔陀羅尼經，其刊刻年代約在西元七七〇前後（百萬塔之造，始於西元七六四年，畢功於西元七七〇年，每塔露盤之下，各置印本陀羅尼經一卷）；一九六七年在韓國佛國寺三層石塔補修時發現的「無垢淨光大陀羅尼經」（圖版一），其刊刻年代不會晚於西元七五一年。這些發現，足證印刷術在八世紀時，已極精巧，則其發明當在初唐，最遲不能晚於盛唐時期。從現存不少宋版以觀，雕版之盛行時期，當自北宋時。

註 四 據明崇禎三年毛晉汲古閣刊津逮祕書本「海岳題跋」，藝文書局百部叢書收入。

註 五 據明正德元年河南官刊本「石林燕語十卷」。中央圖書館藏。

註 六 見「目錄學發微」板本序跋篇，華聯出版社印本頁七一。

註 七 蕘圃藏書題識卷五頁七「書經補遺」條。

註 八 見王伯敏著「中國版畫史」頁四六。

註 九 藏園羣書題記卷八頁一三「宋本新刊諸儒批點古文集成跋」條。

註一〇 關於旋風裝，有兩種說法，一爲就經摺裝予以改良，用一張大紙對折起來，一半黏在書的最前葉，另一半從書的右邊包到背面，黏在書的末葉，如此卽不致有散開扯斷書葉之缺點。若從第一葉翻起，直翻到最後，仍可接連翻到第一頁，往復翻閱，不會間斷，故稱之。另一種說法認爲旋風裝是對卷子裝的改良，卽在卷軸式的底紙上，將書葉鱗次相錯地黏貼。除首葉外，各葉均可翻檢，其外形仍是卷軸裝。打開時，形式魚鱗，故稱爲魚鱗裝，收卷時，書葉鱗次朝一個方向旋轉，宛如旋風，故稱爲旋風裝，或旋風葉卷子。有關旋風葉之得名，或出自宋張邦基「墨莊漫錄」（明刊稗海本）卷三：「裴鉶傳奇，載成都古仙人吳彩鸞善書小字，嘗書唐韻鬻之。……今世間所傳唐韻，猶有，皆旋風葉，字畫清勁，人家往往有之。」現今僅見之旋風裝，是故宮博物院藏唐吳彩鸞書之「刊謬補缺切韻」。其詳考見李致忠「古書旋風裝考辨」一文，載於「文物」第二期，一九八一年。

註一一 「三十一種藏經目錄對照表解初稿」云：「按紫栢老人全集載刻藏緣起及疏文，明嘉隆間，袁汾湖倡議刻藏，易梵筴爲方冊。萬曆七年，紫栢復理此議，弟子道開（字密藏）法本募緣開雕。……相傳徑山爲方冊藏經之始，紫栢緣起謂宋版藏經亦有書刻，其言當有所本。明武林藏亦方冊本，惟久已散佚，徑山當爲今日現存方冊藏之最古版本矣。」（徑山藏卽嘉興藏，因版藏徑山寂照庵，故名，中央圖書館有庋藏。）

註一二　此錄自葉氏書林餘話卷下頁三七。世界書局版。

註一三　詳見筆者「修訂本館善本書目芻說」一文，國立中央圖書館館刊新十六卷第二期。

註一四　據美術叢書本，三集第十輯，頁一六七。

註一五　此摘錄自書林淸話卷十「坊估宋元刻之作僞」篇之文。

註一六　原稿載在書誌學第二卷第二第四兩期。鄧衍林譯錄於民國二十三年，載於圖書館學季刊第八卷第三期。

註一七　載於「古籍鑑定與維護研習會專集」，民國七十四年中國圖書館協會印行。

註一八　美術叢書三集第八輯淸戴啓偉「嘯月樓印賞」印質條云：「古制官印私印，率用銅質；間有玉者，取君子佩玉之意；有用金銀鐵者，以分品級；其水晶、寶石、牙、角、磁窰之類，皆宋元以降之物；至用竹木暨青田、壽山、昌化等石，自元人王冕始用之。」

註一九　見鄧散木篆刻學下編第四章第三節印泥篇。有關印泥之製法，言人人殊，載籍所記，無慮十百，但多憑空臆說者爲多。鄧氏據其經驗所得，分別詳闡之，可供參考。

註二〇　載於「古籍鑑定與維護研習會專集」，古書作僞學例及如何鑒別篇。

註二一　收錄於美術叢書初集第八輯中。

註二二　天祿琳琅書目「通鑑紀事本末」條云：「按此亦寶祐刊本，而刷印稍後。每卷首末有禮部官書朱文長印。考明史藝文志，永樂四年命禮部尚書鄭賜訪購遺書。又朱彝尊經義考，載明永樂間……又嘗命禮部尚書鄭賜擇知典籍者，四出購求遺書。不特合宋金元之所遺而匯於一，……。鄭賜當時官禮部，董其事；或所採之書鈐以禮部官印，是書似亦曾爲所採也。」（廣文書局影印本頁一一〇）。

註二二三　四庫提要「文淵閣書目」條云：「是編前有正統六年題本一通，稱各書自永樂十九年南京取來，一向於左順門北廊收貯，未有完整書目。近奉旨移貯文淵閣東閣，臣等逐一打點清切，編置字號，寫完一本，總名文淵閣書目。請用廣運之寶，鈐識備照，庶無遺失。蓋本當時閣中存記冊籍，故所載書多不著撰人姓氏。」

註二二四　如中央圖書館所藏南宋蜀刻本「歐陽行周文集」，及中國版刻圖錄二三九「鄭守愚文集」條云：「……此十八種唐人集，元時為翰林國史院官書，清初均為潁川劉體仁藏書」皆鈐有翰林國史院官書印。

註二二五　如中央圖書館所藏清乾隆三十八年兩淮鹽政李質穎進呈舊鈔本「黃谷譔談四巷」，鄧邦述手題云：「世無刊本，此乃四庫徵書時兩江鹽政李質穎採進本；書面有木記，首葉有翰林印，皆可證也。」凡進呈各書，四庫傳寫後即發存翰林院，進呈者得自院領回。

第二章　歷代版刻字體之研究

雕版印刷約始於初唐，但迄今殘存之唐、五代刻本甚少，難以作比較研究，故本章之刻書字體研究自宋代始。從現存之歷代刻本加以仔細的觀察，可知各代刻版之字體，因時代、地域之不同，而各有其書風與特徵；若能釐清各時地刻版之書風與特徵，即可作爲刻版斷代、斷地之基準。

此處所謂「字體」，實指刻版之「字樣」而言，並非指篆隸草行楷等五種書體。通常刻版字體之產生，是由書寫人與刻工合作完成，大多先請書法名手繕寫上版，刻工再依樣雕刻；因此刻書字體之研究，應包括書寫者之字體，及刻工之刀法。刀法在前章已略述之，不再贅述。以字體鑑別版本須注意覆刻本之辨認。蓋覆刻本之字形大小，點畫起伏，皆同原刻本，而無時代書風，故覆刻本不能以字體斷代、斷地，因所斷者爲原刻本之時地也。其辨認之法，首章已詳述。

此外，現存宋元版，原刻原印者甚少，大多爲宋刊宋修，宋刊元修，宋刊宋元修，宋刊宋元明修；元刊元修，元刊元明修，元刊明修等，形形色色，頗爲繁雜。故從字體鑑別版刻，應先將原刻與修刻劃分清楚，否則將修版之葉誤爲原版之葉，則以字體所斷之年代，爲修補時之年代，而非原刻年代。

總之，研究刻書字體之歷史變遷，除了考察其時間的差異外，亦應考察空間的差異；並且須注意原刻與覆刻之辨，原版與修版之分。以下就按朝代、地區分別做初步的研究；但自明中葉之後，刻書字體趨向統一，地域之差不大，故按時期劃分，不按地域爲別。

第一節　宋代版刻字體

宋版之字體，根據明清與近代學者之研究，及筆者對現存宋版之調查，可知大多採用歐陽詢、顏眞卿、柳公權等唐代著名書法家的字體；少部分亦雜有虞世南、褚遂良之筆意，或仿當代的坡公體（蘇軾）、或帶有宋徽宗的瘦金習氣。如明謝肇淛五雜組云：「凡宋刻有肥瘦兩種，肥者學顏，瘦者學歐。行款疏密，任意不一，而字勢皆生動。」葉德輝書林清話卷六云：「宋時刻書，多歐、柳、顏體字，故流傳至今，人爭寶藏。」孫毓修中國雕板源流考（頁十一）謂：「宋時官本書籍，紙堅字軟，筆畫如寫，皆有歐虞法度。」實例如天祿琳琅書目（卷一）宋版「周易」條云：「字法圓活，刻手精整。」（卷二）宋版「資治通鑑考異」云：「（乾隆）御題是書字體渾穆，具顏柳筆意。」黃氏蕘圃藏書題識（卷七）宋刻本「陶靖節先生詩註」條引松靄跋云：「此本大字端楷，作歐陽率更體，頗便老眼。」近人傅氏藏園羣書題記（以下簡稱「傅記」）卷四宋本「大方廣佛華嚴經跋」云：「忽於僧房得覯宋刻殘本華嚴經三部：一爲大字本，運筆疏放，仿坡公體。……一爲小字本，結構嚴整，字橅歐陽率更。……一爲中字本，體勢莊凝，筆意渾厚，雅具顏平原風格，寫刻工雅，摹印尤精善」等。

就筆者所見宋版而言，杭州地區刻本多採用方整之歐體字，至宋末則間用柳體字。蜀本、建本字體以顏體爲多，或間有雜以他體筆意者，如柳體、瘦金體等是。此大略言之，詳論見下。唯須注意者，刻版字體爲適應木板紋路及雕刀之特性，往往有所變化，故若非詳細比較各體之特徵，將難予斷定究屬何體？

茲就歐書「九成宮醴泉銘」，顏書「千福寺多寶塔碑」，柳書「玄秘塔碑」，作一對比的研究（參見圖版二），並參酌古今書評家對歐顏柳三家書風之評論，綜述其特徵如左：

歐陽詢與虞世南、褚遂良被稱爲初唐三大家，書風雖異，然皆崇尚瘦勁，書家相扇，遂演成風氣。歐體之特徵：㈠用筆方整，筆畫瘦勁，結構精緊，字形略長。㈡橫直筆畫之寫法採用方筆法，有如刀切狀，在刻板中尤其明顯。其橫畫之起筆多斜切，故有露尖狀；柳體多正切，較方整，彼此有別。㈢橫直筆畫之粗細差極小。㈣歐體三點水之寫法，上兩點帶下，下點踢鋒向上，顧盼有情；尤以第二點採下向挑之寫法（在刻版中則刻成有如倒三角形狀），與顏柳體之寫法有別。㈤歐字如「乛」之橫畫右鈎，筆勢是送出來的，意味含蓄，非如柳體疾趯，不留餘地。又鈎法之三曲鈎「乚」（如也尤光色克先等類字），有如隸法般直接畫弧線向右斜方鈎出，與顏柳法先頓成下圓角再鈎出不同。㈥歐字之一點一畫，筆鋒的動作具有初唐時單純的特性，而顏柳字則極繁複。㈦唐書歐本傳云：「詢初學王羲之，後更漸變其體，筆力險勁。」蘇軾評歐云：「妍緊拔羣」。蓋歐字中心處很緊結，筆畫却能縱得開，所謂「以收爲縱，故無縱不擒」是也。

顏眞卿與李邕是中唐時期書法家之代表，力矯少肉之病，開唐代特有面目。顏體之特徵：㈠用筆圓潤，筆畫較肥，結構實博，字形微圓。㈡橫直筆畫採用圓筆法，用迴逆方式寫出藏鋒，使筆畫兩端形成微圓之角（但多寶塔碑則左露尖，右頓圓角，刻版亦多如此）；尤以主橫畫收筆時向右下方頓筆，然後廻鋒所形成之右半圓角，最具特徵。㈢橫細直粗極爲明顯。各式橫畫多稍向右上方寫出弧形；主橫畫中端特細。㈣顏字之一點一畫，筆鋒的動作少則三動，多則八動；尤其對筆畫末端最爲認眞，除撇捺鉤挑尖銳出鋒外，總有三、四個動作才廻收，可謂周到之至。但小橫畫之起筆，則僅用側鋒斜下，爲其諸種筆畫中之最簡單者。總之，初唐時橫直之寫法，入筆毫不溢力，止筆也不見過多的力道；至中唐時顏法之起筆與止筆，方變得緊張而誇大，充滿力量。唐書本傳評其書法曰：「筆力遒婉」。

柳公權爲晚唐時期之代表，力矯肥俗之病，復主瘦勁；將顏筋使轉頓挫之法加以誇示，削肉存骨，稜角盡露。其字體特徵：㈠用筆方圓兼使，筆畫肥瘦並備，結構精緊寬博俱全，字形正方。㈡橫畫起筆方整，開始稍爲重按，中間略提，右端收筆法近顏，但廻鋒下頓所形成之半圓角略帶三角與顏有別。各橫畫皆極平直，與歐體同，與顏體之略帶弧形異。㈢橫直粗細之差極小，則如歐體。㈣三點水旁之第二點，析作兩筆，與歐顏明顯不同。㈤柳字之運筆，如一波三折、趯鈎之前、橫畫收筆、折筆拐彎等處，均着力一頓，則出自顏法。此亦爲顏柳與歐法之一大差異。㈥總之，顏字豐筋，柳則偏重骨力，顏字氣派雍容堂正，爲柳所不及。顏字雖處中，但因顏字勢圓，筆盡向內包裹，筆力強韌，有如被拉開之弓，弓的收縮力是要彈回中心的。柳字則力守中宮，字形較顏方整，雖偏重骨力，但仍有筋有肉，於挺勁之外，仍有腴澤妍媚之處。故舊唐書本傳評其字謂：「體勢勁媚，自成一家。」。

宋徽宗的瘦金體，亦屬瘦硬派之一；其行草楷書皆筆勢勁逸，骨瘦如金，意度天成。茲以楷書千字文爲代表（圖版三），分析其特徵：㈠全般氣勢帶行體，快速流滑，瘦而長。㈡自古至今直畫皆一筆下來，而瘦金體在任何直畫末尾，又向右下方頓出如鞋狀之一筆，至爲奇特，所謂直畫末端如帶鞋是也。㈢橫畫銳厲，線條緊張細快，最後急速地停止，並用頓筆頓出近似顏體之右下圓角；但顏體橫畫中端細，此則細處在右側近頓角處，且彼此筆法有異。㈣鈎捺之寫法，亦與他派有異；尤以捺畫末端出鋒，略彎而長，因不附節，使筆勢柔軟，至爲流滑。其線條之纖細和快速、流滑，以及深而銳厲的勁力，亦爲一大特徵。㈤轉折所頓成之彎角形狀，與諸體有異。

斷定刻版字體屬於何家？祇是字體研究之初步工作；若欲作科學的精密鑑定，尚須就字之全盤氣勢（即字之風格），字之神態（如遲澀、飛動、輭弱、剛健等），字之形狀（如大小、長短、方圓、斜歪等），運筆之神趣（如頓筆、提筆、轉筆、折筆等），起筆與收筆之態勢（如露鋒、藏鋒，方筆、圓筆等），個別獨特之筆畫或花樣，以及各種筆畫之施刀法等皆加以比對研究，才能釐清某朝某地某家刻版之特徵，作爲鑑別版本之基準。然此項工作，必先搜集完備而正確的各代各地版本，配合高倍放大鏡等科學儀器，以及充裕的人力資源，才能克竟其功。總之，古籍版本之鑑定，有賴於國內外學者之通力合作，本篇之研究，旨在拋磚引玉而已。

壹、北宋版刻字體

北宋版存世者極稀，由玉海、麟台故事等文獻所載，可知中央官刻書多由國子監主持，但大多送往杭州雕版。玉海卷四三之藝文部之記載略云：宋太宗端拱元年，詔國子監刻孔穎達五經正義百八十卷（易、書、春秋、詩、禮記）；淳化五年刻畢以獻。眞宗咸平四年，復命國子監校刻七經正義一百六十五卷（周禮、儀禮、公羊傳、穀梁傳、孝經、論語、爾雅），頒行天下。前後所刻凡十二經疏三百四十五卷，此爲羣經疏義有刊本之始。眞宗景德二年，因後唐長興九經印板歲久刓損，乃命國子監重刻之，迄天禧五年畢工，歷時十七載。

史籍之校刻，據宋程俱撰「麟台故事」卷二校讎篇所載：太宗淳化五年校刻史記、漢書、後漢書三史，「既畢，遣內侍裴愈，齎本就杭州雕板。」此爲正史有刻本之始。眞宗咸平三年，「詔選官校勘三國志、晉書、唐書。……五年校畢，送國子監鏤版。」餘如南北朝七史，校始於仁宗嘉祐七年，迨英宗治平二年始付刻，而畢工則已至徽宗政和時也（據玉海卷四三及郡齋讀書志卷五）。南史、北史及隋書，刻於仁宗天聖二年（據麟台故事及玉海）。新唐書嘉祐五年刻於杭州（見天祿琳琅書目宋版唐書條）。歐陽修五代史記刻於神宗熙寧五年歐氏歿後（見郡齋讀書志）。總計十七史之刊刻，始於淳化五年，下迄政和年間，前後歷百二十年。

子集二部書籍之編刻，最著者爲宋太祖開寶年間在蜀地鐫刻之大藏經（註一）。其次爲太宗太平興國二年詔儒臣纂修編輯之「太平御覽」、「太平廣記」、「文苑英華」三書，及眞宗繼統後，命羣儒綴緝之「册府元龜」，後人合稱爲「宋四大書」。其雕版歲月，太平廣記刻於太平興國六年（見玉海卷五四），文苑英華與李善注文選同時於眞宗大中祥符四年「摹印頒行」（見麟台故事卷二）。太平御覽告成之後，何時雕印頒行，無文可徵，惟驗之今存南宋覆刻殘帙，避仁宗諱，不避欽宗諱，則原刻當在北宋。册府元龜則在編成後二年之大中祥符八年，即已刊竣（註二）。此外，醫書之刊刻亦極重視，如哲宗紹聖間曾刊王叔和脈經、千金翼方、金匱要略方、補註本草、圖經本草等五種醫書（參見阮元揅經室外集）。

地方官署之刻書，北宋時尚未甚盛，從諸家藏書記可知當時的茶塩司、公使庫、州軍學、郡齋、以及府縣等皆曾刊刻書籍。寺院之刻書，則以北宋元豐三年迄政和二年在福州東禪寺雕印的崇寧萬壽大藏爲著名；此亦爲福建大規模刊書之始。

至於私刻、坊刻，似自神宗熙寧以後，擅刻之禁一弛（註三），方逐漸繁盛。據「圖書板本學要略」（頁三八）引諸藏書志所載北宋私家刋本及書坊刊本，可大略推得私家書坊刻書，「亦以江浙爲盛；而建安且已漸露頭角矣。」此從南北宋間人葉夢得（一〇七七——一一四八）石林燕語卷八所載亦可佐證：

今天下印書，以杭州爲上，蜀本次之，福建最下。京師比歲印板殆不減杭州，但紙不佳；蜀與福建多以柔木刻之，取其易成而速售，故不能工，福建本幾徧天下，正以其易成故也。

日本島田翰「刻宋本寒山詩集序」亦云：

宋初印書，蜀爲最，汴末蜀刻微衰。而杭爲上，蜀次之，閩本最下。杭本蜀本皆大字濶版，㦸刻亦不甚減監本，但不精加讐校。方是時刻書之盛，莫最于閩建陽之麻沙崇化二坊及陳解元書棚。凡書入刻，三坊必先，故其書旁行于天下，而其濫惡亦莫過於三坊，故後遂有麻沙本之禁。（註四）

總之，北宋刻書以成都爲中心之四川地區最先發展；次爲以杭州爲中心之浙江地區；至北宋末年，則已轉移到以建安爲中心之福建地區矣。此外，北宋首都開封亦爲刻書中心之一，但其刻本迄今全已無存者。

北宋人刻書皆雇請善楷書者書之；如宋史載：「趙安仁字樂道，河南洛陽人，雍熙二年登進士第，補梓州榷鹽院判官。會國子監刻五經正義板本，以安仁善楷書，遂奏留書之。」

北宋人刻書的字體，由於北宋版存世者極少；且有不少前人誤作北宋版者，經以刻工考之，大多爲南宋初年覆刻北宋本（註五）。因此就諸家所見北宋版而言其字體，恐不免有謬誤之處。然覆北宋版之字體，仍保存北宋原刻字體之面貌，亦可資研究。

天祿琳琅書目（頁二一四）北宋刻本「六臣註文選」云：「是書不載刊刻年月，而大小字皆有顏平原法。按明董其昌跋顏眞卿書送劉太沖序後，有宋四家書派皆宗魯公之語。則知北宋人學書競習顏體，故摹刻者亦以此相尚，其鐫手于整齊之中，寓流動之致，洵能不負佳書。至于紙質如玉，墨光如漆，無不各臻其妙，在北宋刊印中亦爲上品。」

書林清話（頁一五五）「宋刻書著名之寶」條云：「宋板書自來爲人珍貴者，一兩漢書，一文選，一杜詩，均爲元趙文敏松雪齋故物。兩漢書牒文前葉有文敏小像，明時歸王弇州世貞，跋稱：『班范二漢書，桑皮紙白潔如玉，四傍寬廣，字大者如錢，絕有歐、柳筆法。細書絲髮膚緻，墨色精純，奚潘流瀋，蓋自眞宗朝刻之祕閣，特賜兩府。』」

劉國鈞「中國書的故事」（頁五五）謂：「北宋人刻書用的字體整齊渾樸，很像顏眞卿、柳公權一派的字；南宋人逐漸把它變成秀勁圓活，不像以前那樣方版。元朝刻書索性參用趙孟頫的字體。趙字是以柔軟秀媚擅長的，此種秀媚圓活的字，普通稱爲「元體字」（沿襲南宋風氣而來）。當嘉靖年間文化復古的運動展開以後，刻書人便模倣北宋人所用字體，專採整齊方板的形式。」

日本長澤規矩也撰「關於刊本漢籍之字樣」一文（註六），指出日本所存無疑之北宋版僅有：天聖明道間刊本「御注孝經一卷」（圖版四）、北宋末刊本「新雕入篆說文正字一卷」、咸平刊南宋修本「吳書二十卷」、「嘉祐刊南宋修本「唐書殘本二百二十五卷」、仁宗朝刊本「通典殘本一百八十卷」（圖版五）、北宋末刊本「中說十卷」、北宋末刊本「白氏六帖事類集十二帖三十卷」、仁宗朝刊本「姓解三卷」（圖版六）、北宋末刊本「重廣會史一百卷」，凡九部。並謂除白氏六帖外，八書之字樣幾乎相似；其中孝經、通典、中說、姓解各書，及吳書、唐書兩書，分別更相似。前者是所謂北宋本之代表字樣，皆帶有歐陽詢之書風；後者寧可認爲近似褚遂良孟法師碑之方。又文中附了北宋刊本「

文選」圖版，稱其字樣與孝經有別，已失去歐體之原貌，而進入顏法了。

就筆者所見而言：北宋在蜀地雕刻之開寶藏本「佛說阿惟越致遮經」（中國版刻圖錄圖版二二〇著錄，以下簡稱爲「中版錄」，卷尾有「大宋開寶六年癸酉歲奉勑雕造」刊記。就書影觀之，全盤氣勢接近顏氏之書風，橫畫之運筆亦類顏，但橫細直粗之差距極小，部份字之結構精緊如歐體，但用筆近於顏之圓潤，而非歐之方整，蓋北宋人刻書尚在樸拙階段，並未將顏法運筆之繁複動作悉加表現也。次就國立中央圖書館所藏北宋版而言，能確定爲北宋版本者，悉爲佛經，因多有年代刊記可證。其他所謂北宋版「後漢書」等，因避北宋諱不避南宋諱，且其字體尚遺留北宋樸拙之風，前人多斷定爲北宋刊南宋遞修；但經以刻工考之，可知當爲南宋初年刊南宋初期修補本。其字體之近北宋，蓋據北宋監本覆刻或翻刻，字體仿北宋故也。佛經中如宋紹聖元年福州東禪寺刊大藏經本「攝大乘論釋」（圖版七），其字體亦仿顏眞卿，而微雜以歐陽率更筆意。

故宮博物院宋本圖錄（頁一二二）著錄之宋淳化咸平間杭州龍興寺刊本「大方廣佛華嚴經八〇卷」，該院圖錄稱：「是書字跡渾厚有力，有顏體風範。」

綜上所述，北宋人刻書，皆請善於楷書者手書上版。所寫的字體大抵採用歐陽詢、顏眞卿、柳公權、褚遂良諸體，或兼取上述諸家兩體筆法。就現存北宋版以觀，北宋版之字體以歐體居多，顏體次之。就地域而言，以杭州爲中心之浙刻本，帶有歐體書風者爲多，其後南宋之浙刻本，亦多承襲北宋浙本之歐體書風。蜀地雕刻的開寶藏，已帶有顏法，其後各地佛經之刊刻，採行顏體字者居多，蓋皆有所本也。其他地區因文獻無徵，實物不存，難予論斷。但北宋版字體刻風之一般特徵是樸拙可愛。

貳、南宋版刻字體

從文獻的記載，諸家藏書志的著錄，以及現存海內外圖書館的約千餘部南宋版書籍，可知南宋雕版印書業之繁榮；舉凡國監、官廨、公庫、郡齋、郡庠、書院、祠堂、家塾、書坊等，皆競相刻書，使我國典籍，日趨普及。

就刻書地而言，自靖康之禍，金人虜走徽欽二帝北去，高宗即位南京，是爲南宋。建炎三年遷都臨安。當時版圖喪失大半，所存者，兩浙、兩淮、江東西、湖南北、西蜀、福建、廣南東西等十五路（北宋宣和時爲二十六路）而已。故南宋刻書，僅限于此十五路，若長淮以北，中原所刻書，則應入金刻，不得謂之宋版。其中刻書業最發達的地區，以杭州爲中心的兩浙地區、建陽爲中心的福建地區、及成都眉山爲主的四川地區，皆爲經濟繁榮，文化發達，和盛產紙張的地區。至於江淮湖廣，發展較遲；江淮刻書略多，湖廣刻本則少見。

在字體刻風上，浙、蜀、閩三地由於長期從事雕版印書，訓練出大批優秀的刻工，世代相傳，約從南宋始，逐漸蔚成各自獨特的風格。江淮湖廣地區刻本，從刻工之調查與刻風上觀察，顯出了它們受到上述三地刻風的影響。而南宋自高宗至帝昺，凡九主共一百五十二年，時間的差異，亦使得字體刻風稍微有所變化。爲便於說明，通常將南宋析分爲初期（高宗、孝宗）、中期（光宗、寧宗）、末期（理宗以下）三個時期。初期中能確定爲紹興年間者稱初年。此爲版本學上的分期，係綜合帝皇年代，字體刻風及避諱之嚴格程度等而劃分者。以下分別按地區，作初步的研究。

一、兩浙地區刻本

以杭州爲中心的兩浙地區刻本，近代以來學者的研究指出其特徵是「字體方整，刀法圓潤，用紙堅韌」，大多帶有歐陽詢的書風，或兼採柳體書法。如：

傳記（4／26）「宋本白氏六帖事類集跋」條云：「宋紹興刊本……避宋諱極嚴，至構字止。……字體方嚴，氣息醇厚，雅近歐體：審爲南渡初浙杭間開板者。」

傳記（5／16）「宋刊音注韓文公集跋」條引張允亮跋稱：「敦字減筆，避光宗嫌名，紹熙時刻也。槧印精良，字畫方整，望而知爲浙刊。」**(以上「傳記」爲傅增湘藏園羣書題記之簡稱。)**

中版錄圖版31宋刻「國語解」云：「紙幅寬大，結體方整，可稱浙本傑作。」圖版39宋咸淳廖氏世綵堂刻本「昌黎先生集」云：「書法在褚柳間，秀雅絕倫。」圖版52宋臨安府陳宅書籍鋪刻本「唐女郎魚玄機詩」云：「鐫刻秀麗工整，爲陳家坊本中代表作。」（以上皆杭州刻本。）

長澤規矩也「中國版本版式之變遷」（註七）略稱：「南宋代表的刊本爲浙本與建本；浙本的字樣與所謂北宋版的字樣相差小，**尤其紹興年間的刊本更相似，此因自高宗至光宗時多覆刻北宋本**之故。」

又「關於漢籍刊本之字樣」文略謂：「大致而言，從高宗起至少到光宗止，兩浙刊本之字樣，除少部分外，沒什麼變化。也有少數南宋初期浙刊本，有與越中刊注疏本相似的字樣，即歐陽詢的書風逐漸失去。至南宋末期的所謂『臨安書棚本』，才出現特有的版刻字樣。明版的代表字樣，嘉靖與萬曆兩體，即模倣這種書棚本的字樣而來。」

阿部隆一「日本國見在宋元版本志經部」（註八）宋紹興九年紹興府刊本「毛詩正義」條謂：「字樣朴直，留有北宋之遺風，鐫搨雅古，天壤間之孤本。」

宿白「南宋的雕刻印刷」（註九）略稱：「在臨安附近影響下的其他兩浙地區中，婺州和平江的雕版印刷較為突出。……由於婺州雕印業的繁榮，使它在雕版風格上，跳出一般江浙版刻的方整傳統，別樹一幟，字體瘦勁。這大約是受到了福建雕版的影響。平江緊鄰臨安附近，……嘉定以後本地刊工逐漸增多，才有可能於紹定四年，陳湖磧砂延聖院設大藏經局，組織本地刊工和一部分臨安附近刊工開雕大藏。該藏迄元至治二年始峻工，前後續雕垂九十餘年，版式刻風如出一手，長期摹勒，蔚成新風；其字體方整挺瘦，已和過去臨安附近風格有別，而和元至元六年杭州大普寧寺開雕的普寧藏，明洪武五年南京開雕的南藏一脈相繼。」

就筆者對中國版刻圖錄所錄八十餘種宋浙刻本之書影，及國立中央圖書館所藏南宋浙版書抽樣研究，得出南宋兩浙刻本之一般特徵如下：㈠就浙本、建本、蜀本之比較而言：浙本字體四方而整齊，結構精緊；但刀法却頗圓潤，尤以轉折處可明顯看出，即將彎角刻得圓滑而不帶稜角也。㈡橫直筆畫之粗細差距極小，為浙刻本一大特徵。㈢橫平豎直為構成浙本方整字體之要素。㈣橫直筆畫之寫法採用方筆法，雕刀直刻而下不廻轉，與建本，蜀本迥然不同；尤以橫畫末端之刻法，有明顯的差異。㈤三點水之刻法，採用歐法者較多，顏柳法較少。㈥版面文字之排列較為整齊、疏朗。建本、蜀本較為擁擠。

就浙版字體之體勢而言：以「中版錄」所載書影，逐一分析其筆法，可知採行歐法者居多數，部分應入柳法，或歐柳之間，顏法者除紹興間吳興所刻思溪藏有顏風外，似無。然單憑書影以定，不免有以管窺天之失。何況能符合法帖上之典型歐體字者祗佔少數，所謂何體之辨，僅能就全盤體勢之傾向而分。就地區言之，杭州地區所刻，典型之歐體字較多。而時代愈晚，歐體之書風愈失。南宋末期臨安府陳解元宅書籍鋪刊本，所謂「書棚本」之字體，前人多歸屬於歐體字；但筆者就中央圖書館所藏書棚本「南宋羣賢小集」，作筆法之分析，實應歸入柳法之中，而間帶歐體筆意者，此從其橫畫起筆皆作前述柳體之方整筆法，最為明顯；而就抽樣字體與法帖中之柳書作比對，亦可證明極逼近柳體。刻書量次於陳宅的尹家書籍鋪，同為臨安府著名的書坊，其刻書字體，亦屬柳法而間帶歐體筆意者。

綜合上述，可知南宋初期刻本多覆刻本，字體接近北宋杭州刻本之古樸遺風。自初期之後半起，新的刻版開始盛行，風格稍變；但誠如長澤氏所言，至少至光宗止，兩浙刻本字體之變化不大；其後有逐漸趨於整齊美觀，却無活力之傾向。至末期遂產生了便於刻板印刷之書棚本字體；此種字體自明中葉倣效以後，逐漸演變為流行迄今之所謂「宋體字」之印刷體，足見浙版字體影響後世之大。而在兩浙地區刻本中，婺州（今金華）和平江（今江蘇蘇州、崑山、吳江）的字體刻風，有其獨特的風格。尤以平江所刻差異較大，如著名的「磧沙藏」，即在平江府磧沙延聖院雕印，字體有顏風。宋開禧三年崑山縣齋刊本「崑山雜詠」，「寫刻精絕，下宋人眞蹟一等」，部分字有行體筆意，皆與浙風有別。其他湖州（今吳興）、紹興、明州（今寧波）、衢州（今衢縣）、嚴州（今建德）、溫州等地之刻書，由於刻工來自杭州者不少，其字體脫不出杭州刻本之方整系統，祇是歐體書風較淡，兼取柳體等筆意，而略有差異而已。

以下附具有代表性之浙刻本六種書影於後，以印證「字體方整，刀法圓潤」之浙本特徵。

冥樞會要三卷　宋紹興十五年湖州報恩光孝禪寺刊本　（圖版八）

六臣註文選六〇卷　宋紹興間明州刊本　日本足利學校藏　（圖版九）

南史八〇卷　南宋初期杭州刊本　（圖版一〇）

十一家註孫子三卷　宋紹熙間刊本　（圖版一一）

南宋羣賢小集九十五卷　宋嘉定至景定間臨安府陳解元宅書籍鋪刊本　（圖版一二）

昌黎先生集　宋咸淳間廖氏世綵堂刊本　（圖版一三）

二、福建地區刻本

福建地區的刻版印書業，集中在建寧府（註一〇）之建安、建陽二縣；尤以建陽之麻沙與崇化二鎭之書坊爲著名。通常所謂「建本」，大部份皆指建陽、建安所刻者。由於建安爲建寧府之府治，而且建陽亦曾併入建安縣管轄，故通常言及建安，皆包括建陽而言。此地因位居閩浙、閩贛交通要衝，又產竹紙及柔軟之版材，故能成爲雕印事業之重鎭。

建安刻板的特徵，是「字體雋麗，鋒稜峭厲」，用色黃而薄的竹紙印刷。諸家所論，以傅增湘在「藏園羣書題記」，及長澤規矩也在「關於漢籍刊本之字樣」所論最爲精到，如：

傅續記（4／6）「宋刊虞平齋百家註蘇詩跋」條云：「有篆文木記曰：『建安虞平齋務本書堂』字體雋麗，鋒稜峭露，是建本之至精者。」（「傅續記」爲傅氏藏園羣書題記續編之簡稱）

傅記（1／27）「宋刊巾箱本八經書後」條云：「此本結體方峭，筆鋒犀銳，是閩工本色，決爲建本無疑。」

傅記（6／7）「宋刊王狀元集諸家注分類東坡先生詩跋」條云：「語涉宋帝空格，宋諱咸缺末筆，……字體秀麗，鋒稜峭露，爲建本之致精者。」

傅續記（1／24）「北宋小字本唐書跋」條云：「宋諱桓愼字皆不避，蓋北宋本也。字體秀勁，筆意在褚顏之間，斷爲閩中所刻；與宋建本之鋒稜峭厲者迥然不同。蓋北宋尙存古意，不似南宋以後專以精麗爲長；此時代刀法之變遷，不廑繕工之有優劣也。」

長澤規矩也在上述論文中亦謂：「建安板本在版下書（指書寫上板之底稿）之書風，皆有共同的特殊字樣，文字之角稍粗，橫畫左右兩端特粗，文字全體帶有圓味。前人對建安刊本的評語是：

『稜角峭厲』。又說：「到了宋末，浙中因遭受戰禍而衰退，建安的出版事業則有大的發展。宋末的建安刊本，文字加一層圓味，每行字數的排列變多，字形却變小；蓋爲了大量銷售，必須力求降低價格。此後風氣一直到元代，故宋末元初的建本難予鑑別。」

就筆者所見中央圖書館藏之南宋建本，及「中版錄」所載南宋福建地區刻本四十部書影，經分析其字體，得其一般特徵如下：㈠字體雋麗而勢圓，結構較寬博；刀法比起浙本之圓潤，則顯得方峭而銳利。㈡橫細直粗極爲鮮明，其比率約在三比一左右，爲建本一大特徵。由於橫細直粗，書寫時從極細之橫畫轉折到極粗之直畫，自然極易形成稜角；施刀時再加誇張，就露出鋒芒，於是整個版面就顯得處處「鋒稜峭厲」之特殊風貌。㈢不僅轉折處有稜角，橫畫之寫刻，尤其是主橫畫，大多是左細而尖，右端收筆則用力一頓，再廻鋒收筆，而形成右下圓角，此爲顏法特徵之一；刀刻時加以表現，遂形成略長方微圓之稜角。㈣各橫畫多有向右上微斜之勢，並略帶弧形；尤以寶蓋頭之橫「宀」，向上微彎之勢最顯，加上字之結構較寬博，致形成建本字體之圓味。此亦爲顏法特徵之一。

以上所述大致爲南宋中期、末期建安刻本之特徵；末期與中期之差，大致爲顏體之書風漸失，文字更加一層圓味，字形變小，而逐漸演變成所謂松雪體之元體字了。至於南宋初期之建刻本，「中版錄」圖版一五九「周易注」，圖版一六〇「後漢書注」，圖版一六四「史記集解」，圖版一六五「晉書」諸條，多稱「書體秀媚，字近瘦金體，純係南宋初葉建本風格。」瘦金體之特徵，前已詳述，就此特徵來分析「中版錄」所謂「字近瘦金體」諸本，則祇能說其橫畫收筆，轉折拐彎之頓，略帶有瘦金習氣而已。但初期建本之風格，與中末期是有差異，無可置疑，此亦刻版字體刀法因時而變之故也。就建安以外之其他福建地區，發軔最早之福州刻本，如北宋在福州東禪寺雕印的崇寧萬壽大藏，字體方整，較接近浙刻。南宋福州版之字體亦多不同建安。建甌、寧化、長汀諸地刻本，大致而言，顏體書風較淡，不像建安刻本那樣濃厚。

以下擇較具代表性之福建地區刻本，附書影于後，以見其特徵。

後漢書注　宋王叔邊刊本　（圖版一四）
文選三十卷　宋紹興三十一年建陽陳八郎崇化書坊刊本　（圖版一五）
北史　南宋中期建安刊本　（圖版一六）
唐書　南宋中期建安魏仲立宅刊本　（圖版一七）
禹貢論　宋淳熙八年泉州州學刊本　（圖版一八）
漢書　宋慶元元年建安劉元起之敬室刊本　（圖版一九）
大易粹言存五十四卷　南宋建安劉叔剛刊本　（圖版二〇）

三、四川地區刻本

四川地區的刻板印書，主要集中在成都與眉山兩處。成都自唐末黃巢之亂，僖宗幸蜀，遂成爲政經及文化中心。加上其地盛產麻紙，具備了刻版印書的有利條件，故當時就有刻書的記錄（註一一）；

經五代至宋，蜀地之雕印事業，日益蓬勃發展，蜀本由此得名。南北宋之際，成都西南眉山地區的雕板印書業也逐步發達，一直到南宋中期，眉山書坊先後刻印不少唐宋詩文集、總集、史籍等。但因宋朝末年，元兵入侵，四川所刻書版，大都毀於兵火，故蜀刻本流傳甚少（註一二）。

蜀本字體之特徵，諸家所見有「字體古勁」（註一三）、「字畫遒勁」（註一四）、「字體略扁，撇捺遒長」（註一五）；大字本則「字大如錢，墨光似漆」（註一六）。論其體勢，則有「北宋蜀刻經史，及官刻監本諸書，其字皆顏柳體。」（書林清話卷二）。「蜀刻字體，在顏柳之間，而橫畫落筆處，間有瘦金氣習。」（圖書板本學要略頁七五）。天祿琳琅（3／36）宋版「六家文選」條云：「……有『此集精加校正，絕無舛誤，見在廣都縣北門裴宅印賣』木記。……宋時鏤板蜀最稱善。此本字體結構精嚴，鐫刻工整，洵蜀刻之佳者。」

就中版錄所載成都眉山地區刻本二十部書影，及中央圖書館所藏六種蜀刻本（註一七），分析其字體特徵如下：㈠字體不像浙本之方整，亦非建本之鋒稜峭厲，而有其獨特風貌，故中版錄之解說，大多稱「細審字體刀法，當是南宋中期蜀刻本」云云。㈡橫不平豎不直，尤以橫畫，多略有如波浪起伏之勢，形成特殊畫面，與浙本、建本截然不同。㈢橫細直粗之比率，大字本不顯，小字本約在一・五至二比一之間，即介於浙本、建本之間。㈣橫畫左尖右下頓成略長方而微圓之角，接近建本，但刀法較圓潤，轉折拐彎亦較建本圓滑。㈤就版面觀之，上下文字間，似無中心線，排列不整齊。㈥不少的蜀本，字體橫扁，上下排列擠，為維持版面之平衡，將部分字之左撇右捺筆畫，寫刻得特別長。

但字形不扁，撇捺不長之蜀刻亦所在多有，不可一概而論。㈦就其筆法而言，大多較接近顏法，而非柳法，但亦不能稱爲典型之顏體字。

以下擇其具代表性者，附書影於後，以見蜀本字體與刀法之特徵：

禮記注　宋蜀刊大字本　（圖版二一）

東都事略一百三十卷　宋紹熙間眉山程舍人宅刊本　（圖版二二）

新刊國朝二百家名賢文粹存一卷　宋慶元三年咸陽書隱齋眉山刊本　（圖版二三）

張承吉集　南宋蜀刊本　（圖版二四）

册府元龜存八十卷（原一〇〇〇卷）　南宋蜀刊小字本　（圖版二五）

新刊增廣百家詳補註唐柳先生文　南宋蜀刊本　（圖版二六）

四、江淮湖廣地區刻本

在浙、閩、蜀三大刻書地之外，其他各路主要刻書地，根據諸家記載及現存南宋版，簡述如左：

江南東路之行政區劃，據宋祝穆撰祝洙增補之「新編方輿勝覽」共分建康府、太平州、寧國府、徽州、池州、南康軍、信州、饒州、廣德軍等九州。主要刻書地爲北邊之建康（今南京），和南邊之饒州（今江西上饒）。其次爲相當於現今安徽南部的當塗、廣德、宣城、貴池、歙縣等地。

江南西路分隆興府、袁州、贛州、吉州、瑞州、撫州、建昌軍、臨江軍、江州、興國軍、南安軍等共十一州。其中以北部的隆興（今南昌）、瑞州（今高安）、撫州（今臨川），中部的吉州（今吉安），南端的贛州等爲主要雕印地點。

淮南東西路之雕印地點，主要集中在東西兩路的路治揚州與廬州（今合肥），及其附近地區，如揚州附近的高郵，合肥附近的舒城（宋時與合肥、梁縣皆屬廬州所屬三縣之一）等。此外，淮西路的蘄州（今湖北蘄春、羅田）、黃州（今湖北黃岡）等地，現今尙有宋版流傳，足見亦爲刻書地區之一。

湖北路的刻書要地，爲東邊的鄂州（今武昌）及西邊的江陵。湖南路的刻書僅知有零陵一地。廣東西路之雕版印刷，發展較遲，傳本亦少，所知的刻書地有廣東路之廣州、博羅、潮陽三地；廣西路則未見傳本。

就字體刻風而言，江淮湖廣地區之雕印事業，因發展遠較蜀浙閩爲遲，出版圖書之數量較少，且刻工有不少來自外地，因此很難在版刻方面獨創一派，多受浙閩蜀三地之影響。又因缺乏專爲雕版書寫的書手，刻書時祇隨時聘僱工於楷書者，手書上版，因此產生了一種較活動的自然書體，似爲此地區之共同特徵。

傳續記（4／15）「校謝幼槃集跋」條云：「其書字畫精雅，筆意蘊藉，與浙本之方嚴，建本之峭厲者，迥然不同。蓋撫州鐫工，與余所藏方言爲近。……」。

傳續記（4／20）「宋刊東萊先生詩集」條云：「宋慶元刊本……刻工精整，字仿顏平原體，結構方嚴，而氣息渾厚，似是江西所刻。……」。

宿白「南宋的雕版印刷」論文，就江南東路的字體刻風謂：「建康的紹興淳熙間刻本，除刊工大部互見於浙本外，字體刻風也極力摹仿兩浙。饒州發展較迅速，紹興三十年董應夢集古堂所刊的『重廣眉山三蘇先生文集』，字型雖類浙，而風格却近閩。」（志按：此書中央圖書館殘存三卷，字型稍近浙本之方，但有建本鋒稜峭厲之風。圖版二七）又謂：「皖南的雕印發展略遲。……一種和浙閩都不相同，而又頗爲相近的開版較緊，字體端秀自然，如池州文選，新安郡齋皇朝文鑒的新風格出現了。」

又同文就江南西路的字體刻風稱：「南宋中期以後，江西雕印重心逐步移向吉州。所謂版式寬敞，字體自然的江西刻風，也在吉州本上表現的最清楚。這個新的雕版風格的主要特徵，在於追求書法的逼眞。追求書法逼眞，必然忽略了雕版用字的特點，而且各書書體又不盡相同，因此它是不便在版刻方面獨創一派的。所以此後並未繼續多久，而與外地的類似作風也少關聯。」

就中央圖書館所藏較著名者而言：如宋嘉定六年淮東倉司刊本「註東坡先生詩」，明淨端楷，結構精緊，有浙本之歐體書風（註一八），但不如浙本之方整，極逼近手寫，秀勁之至。南宋初期鄂州覆北宋刊龍爪本「資治通鑑」（註一九，圖版二八），方扁大字，筆畫肥勁，有顏體書風。字型類同該館所藏宋孝宗時眉山刊本「蘇文定公文集」，但其鋒稜峭厲之風，則又近於建本。宋嘉定十三年洪伋宣州郡齋重刊本「謝宣城詩集」，字體方整而氣息渾厚，有柳體筆意，與浙杭本有所差別。

綜合上述及對中版錄所載江淮湖廣地區諸刻書影之研究，得初步結論如下：

江淮湖廣，東接浙閩，西鄰四川，其雕版印書業與此三處雕印先進地區關係密切，故其字體刻風自然受其影響。大致而言，此一地區以江南東西兩路之雕印業最稱興盛。江東路的建康刻版，字體刻風雖摹仿兩浙，但亦有別具一格者，如中版錄圖版一〇五宋紹興十八年建康郡齋刊本「花間集」、「此書紙墨瑩潔，字體娟秀，在宋版書中別具風格」，與浙本之方整系統，迴然不同。皖南字體端秀自然，但開版較緊者有之，疏朗者亦有之，如宋乾道七年姑熟郡齋（當塗）刻本「傷寒要旨」（中版錄圖版一二六）等是。

江南西路的刻版，大致而言，版式寬敞，字體自然，尤其是吉州刻本最爲顯著。如宋慶元二年周必大刻本「歐陽文忠公集」（中版錄圖版一四三，本書圖版二九），版式極爲寬敞，上下文字間距大，而字畫如寫，刀法極爲圓潤，與字畫斬方，神氣肅穆之浙本；筆勢生動，但稜角峻厲，充滿木趣刀味之建本；以及字體略扁，撇捺過長，筆畫起伏如微波之蜀本，確是迥然不同，而顯得自然多了。

淮南東西路刻本，淮東雕版傾向於浙本系統，如上舉淮東倉司刻本「注東坡先生詩」，不脫兩浙風格。淮西刻版，字體較爲秀勁。

湖北路刻本，鄂州正處長江中游，與川浙的交通便捷。據宿白的研究：鄂州南宋開雕的書籍多募浙工，多覆刻川、浙印本。江陵刻本亦多用浙工，字體刻風亦摹浙本，如紹興十八年荊湖北路安撫使司所刻「建康實錄」是也。但寶祐三年江陵府先鋒隘所刻的大周新譯「大方廣佛華嚴經」，則方扁大字，儼然蜀刻。

廣東路刻本，存者不多，就中版錄圖版二四八所載廣州刻本「附釋文互註禮部韻略」而言，開版宏朗，字體渾厚，在宋版中別具一格。

第二節　金元版刻字體

壹、金代版刻字體

金（一一一五～一二三五）代刻書以山西之平陽、河北之寧晉爲盛，其次爲中都（北平）、南京（開封）；前二地爲書坊中心，後二地因先後建都爲政治文化中心。其中又以平陽爲主要的刻書中心；蓋其地出產白麻紙，北有太原府「造墨塲」，紙墨取材方便，故金人於統一北方後，曾於天德二年（一一五〇）在平陽設置官局，雕印經籍。然據金史所載，金代國子監僅印行經史二十九種，及老子、荀子、揚子，數量不多，而且其中似又有以擄去之宋刻監板印行者。現今流傳下來之金本，大多爲私家坊賈所刻。

現存金版舊籍，除金藏卷帙較多外（註二〇），海內外合計約不及二十種，多保存在台北與北平二地之圖書館。有關金版的字體，諸家所見如：

天祿琳琅書目（3／46）「貞觀政要」條云：「書前有大定己丑八月進士唐公弼序，稱南京路都轉運使梁公出公府之資，命工鏤板。……此本字宗顏體，刻印精良，與宋版之佳者無異。」

楊氏楹書偶錄（3／55）「金本道德寶章」條云：「作歐虞體，古秀遒勁，鐫印極精。卷尾有木記題『金正大戊子平水中和軒王宅重刊。』」

中版錄圖版二五五金刻本「南豐曾子固先生集」條云：「此書版式、刀法、紙墨與潘氏滂喜齋舊藏雲齋廣錄，如出一轍，蓋同爲金中葉平水坊本。字畫剛勁，也無二帙，可稱平水本上乘。」

張秀民「遼金西夏刻書簡史」（註二一）云：「金代刻書字體有仿顏體的，有仿歐虞體的。民間刻本是盛行簡體字。……。」

古籍版本鑒定叢談（頁八九）謂：「若依北京圖書館所藏蕭閑老人明秀集注、南豐曾子固集和玉篇、集韻來看（註：以上中版錄皆收錄），字體近于柳；字畫結構瘦俏有神，起落頓筆，折筆有稜角，橫輕垂重，結構抗肩，頗似魏碑中的張猛龍墓誌銘，顯得特別精神。」

就筆者所見而言：如金明昌三年張謙刊本「重校正地理新書」（圖版三〇），其最大特徵是橫直畫之刻法，與中土不同；橫畫起筆刻成近三角狀，各式直畫大多從左橫彎切直。金刊本「雲齋廣錄」（圖版三一），狹行細字，字劃剛勁，橫輕直重，印以堅韌之微黃麻紙，當出平水坊刻。金刻「大般若婆羅蜜多經」（圖版三二）、「付法藏因緣傳」、「集沙門不應拜俗等事」，三部皆以厚實之黃皮紙刷印，卷軸裝，但木軸已佚。每版二十三行，行十四字。經考知爲山西趙城縣廣勝寺原藏之金刻大藏經，所散出之零卷。金藏之雕刻年月，近人考爲金皇統迄大定間，由山西解州天寧寺刊行。並由其保留之「大宋開寶六年癸酉歲奉敕雕造」之刊記，推知爲覆刻北宋開寶藏本，故其字體亦近顏體。中版錄圖版二五六金刻本「壬辰重改證呂太尉經進莊子全解」，解題謂爲金時平水重翻北宋本。審其字體方整，有宋浙本歐體書風。其他中版錄所收金版，大多字畫剛勁，筆畫略斜，橫輕直重，字形較小；橫畫收筆及轉折多帶稜角，較近顏柳體勢。

總之，金版之字體，或歐、虞、顏、柳各體，或兼取諸體者，當是倣效宋版而來。但金版之刀法、紙墨皆與中土有別，仔細觀之，自能心領神會而鑑別之。

貳、元代版刻字體

元代的雕印事業盛行於建安、杭州等地；北方則以山西平陽（或稱平水，今臨汾縣）爲中心，自元世祖遷平陽經籍所於大都（今北平），遂取代平水而起；四川則因在蒙古進攻時遭受戰禍而衰落，傳世刻本難得一見（註二二）。其中出版量最多者首推屬於江浙行省（註二三）建寧路之建安地區。建安刻書以書坊爲主，最著名者爲余志安勤有書堂；其他如劉氏日新堂、劉氏宗文堂、葉氏廣勤堂、虞氏務本堂、劉氏翠巖精舍等皆爲元時或元明兩代建安名肆，刻書甚多，流傳廣泛。

建安刻書採用趙松雪字體（註二四），由於其出版量居全國之冠，故趙體字自然成爲元版之代表字體。但其他地區之刻版，多非趙體字，容後分析。

建安刻書之採行趙體字，與當時書法風氣習習相關。蓋中國書法演變至元朝時，又轉爲復興古法，一變宋代習尚（註二五）。趙氏即爲元初復古潮流之領導者，規模晉唐，積學功深，有元一代書壇幾全在其勢力範圍。元代以後的明朝書風，大約中葉以前，仍是趙風之延長。衍派之盛，幾乎比得上二王，後世遂以王趙並稱。

趙體字之特徵簡述如下：㈠具有秀媚圓活的風格。㈡析其筆法，是尖圓混用，各就其宜，間亦用方筆，但尖筆之多，諸家少見。筆畫圓潤清秀，結構端正謹嚴，運筆流利娟秀，惟筆力怯弱、軟滑，變化較少。故康有爲謂：「初學勿誤學趙、董，因易於蕩爲軟滑，流靡一路。」㈢趙體多摹倣王羲之，其正楷帶有行書筆意，以致筆筆如鐵線綰成；此從趙字橫畫之連接，尤可明顯看出。蓋趙字之各式橫畫左端多帶有細小之尖鈎狀，此係承受前一畫收鋒之勢而入筆，折鋒向右所造成。在雕版中又刻意加以表現，而形成元代建本之特殊姿態，一見便知。㈣橫畫收筆，轉折拐彎，皆極圓滑自然，並不用力一頓。而橫畫收筆廻鋒，往往有露出筆畫外，藏不住鋒者，亦爲一大特徵。㈤趙字傳世之名帖墨跡甚多，以上分析係就筆者所見趙氏法帖中，較接近刻版字體者而言，如「玄妙觀重修三門記」（註二六）「湖州妙嚴寺記」（圖版三三之一），讀書樂、及小楷洛神賦（圖版三三之二）、靈飛經等是。

一、趙松雪體

書林清話卷七有「元刻書多用趙松雪體字」篇，其引證整理如下：

清徐康「前塵夢影錄」云：「元代不但士大夫競學趙書，如鮮于困學、康里子山；即方外如伯雨輩亦刻意力追，且各存自己面目。其時如官本刻經史，私家刻詩文集，亦皆摹吳興體。至明初吳中四傑高、楊、張、徐，尚沿其法。即刊板所見，如茅山志、周府袖珍方，皆狹行細字，宛然元刻，字形仍作趙體。沿至鮑庵家藏集、東里文集，仍不失元人遺意。至正德時，愼獨齋本文獻通攷細字本，遠勝元人舊刻。……」（葉按：徐康爲吳枚庵門人，故言板刻甚精核。）

天祿琳琅六「歐陽文忠公集」條云：「此書字法，規仿鷗波，深得其妙。觀其橅印之精，非好古者不能爲此。」

黃氏士禮居藏書記元本「稼軒長短句」條云：「是書舊刻，純乎元人松雪翁書。」又校元本張認庵跋云：「大德刊本，大字行書，流麗娟秀，如松雪翁體。」

陸氏皕宋樓藏書志「清容居士集」條(98／1)云：「此元刊元印本，有趙子昂筆意，元版中上乘也。」又陸氏續志跋元槧吳澄「禮記纂言」條云：「雕刊工整，字皆趙體。」

瞿氏鐵琴銅劍樓目元刊「漢泉曹文貞公詩集」條云：「國子生浚儀胡益編錄，寫刻甚精，書法似趙文敏，殆即益所書也。」

吾（葉德輝）藏元張伯顏刻文選，大德本繪圖列女傳，字體流動，而沈厚之氣溢於行間；列女傳繪圖尤精，碻爲松雪家法，字含鍾繇筆意，當是五十以後所書；然不如所書道德寶章，卷末題趙名者，信而有徵也。

陳、劉合著版本學（頁九七）云：「元代字體承襲南宋秀麗圓活的一派，多用趙孟頫的字體。南宋就已開始的簡體字，在元代坊刻書中更加常見。」

長澤規矩也「關於漢籍刊本之字樣」一文略謂：「元版之字樣，從前被認爲是趙松雪體。但所謂趙松雪體字樣之元版，誠然很多，經仔細研究，此種字樣似爲建安刊本之特徵。因此一地遭受戰禍少，從宋末到元代，出版量居全國之首位，從而其地方之版本字樣，遂成爲元版字樣之代表，是當然之結果。」

就筆者對中央圖書館元版書之調查研究，凡能確定爲元建安刊本者，多有共同之字型，秀媚圓活的趙體書風。茲以元元統三年余氏勤有堂刊本「國朝名臣事略」（圖版三四），及元至正十四年翠嚴精舍刊本「註陸宣公奏議」（圖版三五）爲代表，分析元建安刊本之字體特徵如下：㈠具有活潑、秀逸、柔軟之姿態；與宋版風貌迴異。㈡橫、直、撇筆畫之起筆，大多因承受前畫之勢而入筆，然後折鋒，故帶鈎狀，撇畫之末端收筆亦有帶鈎者；尤以各式橫畫之帶鈎最爲明顯，此皆出自趙法。宋建本之橫畫，左細而尖，而不帶鈎，此爲兩者橫畫起筆法之差異。但元建本之尖鈎，往往因後印而磨損其尖，只剩下小圓頭狀。㈢字帶圓勢同宋建本；但橫畫收筆，轉折拐彎，極圓潤自然，與宋建本用力一頓所形成之鋒稜峭厲，截然不同。㈣橫直粗細差不大，而宋建本橫輕直重極爲顯明。㈤典型之趙體字，以元趙孟頫手寫上版之「道德寶章」爲代表，中央圖書館藏有明代摹刊本（圖版三六），可明顯見到筆筆如鐵線綰成之趙字風貌。蓋各筆畫間往往順勢以細筆相連成一氣，有行書的筆意。而橫畫右端收筆廻鋒時，或藏鋒；或有如行書的寫法般，行筆到末端，頓筆斜向左下方或左上方挑出，露出筆鋒來。總之，趙體字帶有行書的筆意，因其書法多倣自王羲之；尤以橫畫之起筆，簡直與「蘭亭序」之起筆法雷同。

書林清話卷二「刻書分宋元體之始」篇云：「陸續跋宋槧宋印建本北史一百卷，光宗時刋本，所云『字體秀勁』，此已近於今日之元體字。而有元一代官私刻本，皆尙趙松雪字，此則元體字之所濫觴也。」長澤規矩也亦據此而指出元建刊本之字體，是從南宋建刊本之字體自然演變而來。此「北史」現存靜嘉堂文庫，就「靜嘉堂宋本書影」所收該本書影（見本書圖版十六）以觀；流動圓美的書風，及部分橫直筆畫帶鉤之起筆法等，與元建本確有類似之處；但橫畫收筆下按之一頓，及鋒稜峭厲之雕法，與元建本之圓潤迥異。因此與其說元建本字體是從從南宋建本變化而來，不如說是一面承襲南宋中期以後建本遺風，一面又受當時流行的趙體書風之極大影響，而逐漸形成其獨特的風格。

二、非趙松雪體

如上所述，元建安一地刻本，因出版量多，傳本亦夥，觸目所見之元版多屬趙字，遂誤以趙字為鑑別元版之必備條件；將非屬趙字之元版，誤斷為宋版或明版之收藏家不少。但據諸家所記，及筆者之調查研究，凡能確定非屬建安所刻者，大多非屬趙體字。

天祿琳琅書目（5／48）「自警編」條云：「書中字體規仿顏柳，刻工未始不善，而墨黯紙麤，決非宋本。」又次為「山海經」條云：「此本字仿歐體，用筆整嚴，刻手雖未能盡得其妙，而摹印清朗，在元刻中洵為善本。（乾隆）御題云：『是本筆法，刻畫清峭，當為元版之佳者。』

明吳郡黃氏省曾，曾合刊水經山經爲上下集，其字蹟彷彿相同，蓋以是刻爲藍本也。」瞿氏鐵琴銅劍樓目（1／51）「周易經傳集程朱解附錄纂註」條云：「書成於天曆初元迨元統二年，其子僎跋而刻於閩。……筆畫清勁，雅近顏柳，元刊中致佳本也。」森立之等撰經籍訪古志（頁一八四）元刊「博古圖」條云：「讀書敏求記載元本博古圖稱：『是書雕造精工，字法俱橅歐陽，乃當時名手所書，非草草付諸剞劂者。』蓋即此本也。」鄧邦述羣碧樓善本書目卷一「纂圖互註荀子」條云：「此宋槧也，每葉有耳標題，固是一證。即其刻手峻峭，亦與元時不同。元人刻書三變：其一筆畫圓整，與此相類者，乃元初承南宋之後，故不易判；其一則用趙承旨體；其一則寫刻俱不甚工，而尚有古拙之氣，下逮洪武成化，自成一派。」

中版錄圖版二七四「大德重校聖濟總錄」條云：「……此書實係大德間杭州官版，紙墨瑩潔，字畫方整，頗似宋時浙本風格。」又圖版三〇七「元豐類藁」條云：「大德八年東平丁思敬刻於南豐州，……版式寬大，字畫精整，爲元刻中代表作。」（圖版三七）

長澤規矩也「關於漢籍刋本之字樣」一文略謂：「元版之中，大德至大間者，字樣並非趙體，文字大致稍大，往往接近宋之浙本，此已爲近時的版本學者所公認。」又謂：「元朝亦有一種稍帶行體字樣之刋本，大概是末葉時爲多。如至順中集慶路學刊本『修辭鑑衡』，後至元中慶元路學刋本『玉海』（註二七），至正中西湖書院刊本『國朝文類』，至正刊本『

汲冢周書』（圖版三八）等是。」並在「刊本字樣之類似與刊年之關係」（註二八）文中指出：「中版錄圖版二七四、二七六（本書圖版三九）、二七九、二八〇（本書圖版四〇）、二八一、二八四（註：以上皆杭州刊本，刻年包含前至元、大德、泰定，至正各年號；刻書者有官署、書院、寺院。）二八六、二八七、二八八（註：以上皆至正年嘉興路儒學刊本。）二八九（爲元大德十年紹興路儒學刊本　）等十種，皆不像趙松雪體，而較近於宋刊或明刊？此爲建刊本字樣全不見之實證。」

就筆者所見中央圖書館藏之元版，如元世祖至元間在杭州大普寧寺刊大藏經（僅藏有治禪病秘要經等零本九種），元前至元廿五年吉州安福彭寅翁刊本「史記」，元至大元年江浙省儒司刊本「注唐詩鼓吹」，元泰定四年河東段氏刊本「二妙集」，元至正四年集慶路刊本「金陵新志」（圖版四一），元至正十一年海岱劉貞金陵刊本「文則」，元至正廿一年松江顧逖思刊本「通鑑續編」，元至正廿三年平江路儒學刊本「通鑑總類」，元至正廿三年西湖書院刋本「鄂國金佗稡編」等，皆非趙體字，與建本字體截然不同；可見元版字體並非全屬趙體，仍有其地區之特徵。但因建安以外地區所刻傳本少，元朝年祚又短，加上元朝水陸交通便捷，各地刻風相互影響，故元版之地區特徵未若宋版之明顯。又以上所述各版，除少部分帶有宋版遺風外，大多筆鋒動作較單純，字體較自然者似較多，此或許與元朝之復古書風有關乎？

總之，元版字體有趙體字與非趙體字。以地域而論，建安刻本有統一的字型，皆採趙體字手書上版，建安以外地區除部分精刻本採行歐顏柳諸體外，大致上趨向於自然書體者較多。以時間而論，元初尚帶有南宋遺風；其後趙松雪體盛行；元末寫刻不甚工，但尚有古拙之氣；明代初期，仍受趙字遺風之影響。與宋版相比而言，元版不若宋版之嚴整，而較爲圓潤；刀法不若宋版之遒勁，而較爲漫弱；字形大多較宋版爲小，尤其是建安刻本，狹行細字，爲其特徵之一。前代學者每以字體之方圓爲宋元辨；所謂「宋方元圓」是也；又謂「書法瘦勁，時露鋒稜者，爲宋代所刊；而用筆圓活，饒有姿態者，恐已漸入元世。」又所謂「每字欹歪帶行體」者，亦爲元版特徵之一，蓋元版有一部分字畫帶斜勢及排列不整齊者，而宋版既使較草率之坊刻亦尚平正整齊。此外，元版採用簡體字頗多，尤其是坊間出版的小說、戲曲等讀物。版心所刻字數、葉次多用行草書等，皆有助於元版之鑑別也。

第三節　明代版刻字體

明代之雕印事業超軼前代，刻書之地遍及全國；中以建陽、金陵（南京）、蘇州、杭州、徽州（歙縣）等地爲主要刻書中心（註二九）。就時期而分析之：初期（自洪武至宏治）及中期（自正德至隆慶）皆以建陽所刻最夥，此蓋延續元代之雕印業而來；南京、蘇州二地爲次，但刻印最精美。建陽之刻書，以麻沙、崇化二鎭之書坊爲主。麻沙先燬於元季（註三〇），後又遭弘治之大火（註三一）使「古今書版皆成灰燼」；其時書籍之行四方者，皆崇化書坊所刻也（註三二）。建陽之雕印事業至萬曆朝止，入天啓後遂告沒落。明代末期（自萬曆迄明亡）之刻書重鎭，已轉移至南京、蘇州二地，杭州、歙縣等次之。此外，常熟毛晉汲古閣，自萬曆迄清順治間，刻書六百餘種（註三三），爲有明一代最著名之刻書家。

明代的刻書字體，以正德年爲分水嶺：正德以前多屬唐以來的「書寫體」式的軟體字系統；自正德之後開始出現「硬體宋字」，經嘉靖、萬曆而趨成熟，完成今日吾人所謂「宋體字」的字體。此種字體迄今仍廣泛使用於各種書籍、雜誌之印刷，以及各式廣告上的美術文字等。以下分別予以研究：

一、明代初期刻本

明代初期在書法藝術的發展，與元代有不可分割的關係；亦即多受趙孟頫的影響，大抵不脫魏晉書風，而以溫健古風爲尚。刻版字體亦大部分有元版遺風，多作趙體；尤以建陽刻本酷類元建本，頗難鑑別。建陽以外地區亦多帶趙氏書風，但與建本字樣之神態迴異；少部分亦有倣宋版作歐顏柳諸體者，中以覆刻本或精刻本爲多。諸家所見如：

傳記（5／9）「書史會要跋」條云：「洪武刻本，字體秀麗，猶有元代風範。」傳續記（1／32）「洪武本貞觀政要跋」條云：「版刻精雅，字橅松雪體，猶是元代風格。」傳續記（5／32）「光嶽英華詩集跋」條云：「鐫工古雅，字體橅松雪，猶是元代風格，前有洪武十九年丙寅揭軓序。」

莫氏五十萬卷樓羣書跋文（16／920）明正統間刊本「元豐類稿」條云：「……且字畫、板刻、紙質三者，與元槧無絲毫之異，去正統間後序，則可號爲元刻也。」「竹洲文集」條（17／978）云：「此書在明刻中最爲精善，字畫雅近柳體；閱之如對宋槧，坊估往往將弘治六年程敏政序撤去，僞充宋本。」

葉德輝手跋洪武八年刊本「宋學士文粹」（圖四二）云：「有顏柳體，想見明初刻書，猶有天水遺式。」又手跋建文三年浦陽鄭氏義門書塾刊本「宋學士續文粹」云：「書體近趙松雪，與前文粹各擅所長。」又手跋洪武三十年建安書堂刊本「元史節要」云：「板式字體猶承元刻之舊。」

（以上三書中央圖書館藏）

潘、顧同撰之「明代版本圖錄初編」（1／1）稱：「要其雕版之事，官私充棟，然風氣積習，因時轉移。大率成弘以前，體尙樸茂；正嘉之際，漸趨方整；隆萬而後，寫刻繪圖，施采列評，技巧百出，而古意寖失矣。」

長澤規矩也「古書之話」（頁九六）略稱：「元末明初之建安刊本，究爲元末或明初刊行。欲作明確之區別頗難。蓋建安從元末迄明初，繼續出版之業者相當多；如趙汸之春秋三種，明確爲從元末迄洪武間之雕版，故帶有元風，若無刊記，則難予判別。元末之刊本中，用紙極爲儉約，末尾往往被切去。」又稱：「明初刊本之字樣，幾乎全同元刊本之字樣；尤其是建刊本。建刊本迄正德時期以後，頗失其原形，字稍微變大，僅剩少許圓味；雖然如此，但民國初年的古書店仍將其稱爲元刋本。」

屈、昌二氏合著「圖書板本學要略」（頁七五）云：「明代書刻，字體凡數變。弘治以前所刻書，酷類元槧。字體固無大殊，板式亦復相似，且皆不避諱，故每艱於鑒別，……如今傳之成化十六年所刻宋史，及景泰七年所刻道園學古錄」，藏家往往誤爲元刊。然自沈度，沈粲兄弟之書法，於成祖時見重於朝廷，金版玉册，多出其手；故一時蔚爲風尚，內廷刻書，率仿其體（如原刊本五經大全，及景泰本寰宇通志等是）。於是他處刻本，於趙體之中，亦時雜有沈氏筆意，此則非精鑒者不易辨也。……」

就筆者的研究而言，明初期刻版之字體，大致可歸納爲四類：㈠元建本之趙體字型，㈡明經廠本之趙體字型，㈢非屬趙體字型，㈣其他有秀麗圓活之字型。茲分別論之（註：凡未標注出處者，皆屬中央圖書館藏本）：

一、建陽刻本以書坊爲主，自宋以來即保有其獨特的風格，而建陽名肆跨越元明兩代者又不少，故其字體自然多承襲元建本之遺風。上自洪武，下迄正德，沿襲不改。如洪武三十年建安書堂刻本「元史節要」（圖版四三）、宣德六年清江書堂刻本「廣韻」（中版錄三五八）、景泰元年魏氏仁實書堂刻本「資治通鑑綱目集覽」、成化十七年書林劉氏溥濟藥室刻本「新編醫方大成」（中版錄三七五）、弘治五年詹氏進德書堂刻本「大廣益會玉篇」（中版錄三七八）、正德十一年建陽劉洪愼獨齋刻本「十七史詳節」（圖版四四）、正德十六年劉宗器安正書堂刻本「象山先生文集」（圖版四五）等是。

若再析分之，則時代愈早元風愈濃，約自成化以下，元風趨淡。正德間之愼獨齋刻本，雖仍有趙體遺風，但其橫直起筆不帶鈎狀，與元建本之姿態不同。同爲正德間建陽名肆之安正書堂刻本，則較接近元建本之趙體字型。

二、內府刻版（又稱經廠本、司禮監本）終明一代皆使用趙體字刊刻；書型大，版匡寬，行界疏朗，字大如錢，大黑口，四周雙欄，幾成定式，並大半有句讀，印以厚實之白棉紙。此種趙體字秀麗圓活，骨肉停勻，雖帶柔軟之姿，却具有剛勁之氣。故不但明代各地官署刻本爭相倣效，民間之刻本亦多以此爲範，而形成風氣。其與元建本趙字之差異略述於下：㈠逼近手寫之趙體字，刀法極爲圓潤。㈡字大行疏，骨肉勻稱，極爲端莊大方；元建本趙字多狹行細書，雖尙娟秀，但較瘦削而小氣。㈢橫畫起筆大多尖細不帶鈎，即輕輕入筆，鋒向外，所謂露鋒之橫畫也。元建本趙字之橫畫，其起筆多承受前畫筆勢入筆，折鋒，向右，而形成帶鈎狀之圓角，所謂帶鋒（或稱搭鋒）之橫畫也。橫畫收筆兩者亦有差別，經廠本頗圓潤，元建本則尙帶稜角。又元建本直筆之起筆帶鈎；經廠本但略彎而已。㈣各筆畫間有以細小之筆絲相連者，爲明代初期刻版之共同特徵；除行體書寫者外，宋版罕見，元版亦少，各點畫之間大多保持一定之距離，但經廠本則常見此種行書筆法之筆絲。

經廠刻本趙體字型之例，如中央圖書館所藏洪武間內府刊本「皇明祖訓」（圖版四六）、永樂十三年內府刊本「性理大全書」、正統五年完成之「北藏」（藏有零本「大方廣佛華嚴經」，圖版四七）、天順五年內府刊本「大明一統志」（圖版四八）、萬歷十四年經廠刋本「通鑑博論」等可作代表。雖然經廠本校勘不精，不爲世所重，但就版刻藝術而言，却極精美可貴。

仿效經廠本趙體字型之各地官私刻版，如宣德七年周思得刻本「道德經講義」（中版錄三六〇）、成化二十年刊本「重修毗陵志」、弘治十四年馮允中揚州刊本「鐵崖文集」、正德十四年郭勛刊本「白樂天文集」（中版錄三九七）等，其字體刀法皆極近經廠本風格。

三、非屬趙體字者較居少數，如上述莫跋之：「字畫雅近柳體」、葉跋之「有顏柳體」。又如洪武五年太祖命高僧在南京開雕之「南藏」（圖版四九），字體近歐柳等是。而蘇州一地所刻，自宋以來即有其特殊風格，明代初期之蘇州版亦然；如宣德九年蘇州府學刊本「忠經」、成化二十年張習刻本「雁門集」（中版錄三七七）皆帶有行書筆意，橫輕直重極明顯，字畫粗細不勻，別有風格。其他如正統七年處州府推官黎諒刊本「蘇平仲文集」、天順五年永年教授徐節刊本「順成集稿」等，無柔軟之姿及秀媚圓活之風，而略爲方整、剛勁，皆非趙體字。偏僻地區之刊本，較爲古拙，受趙風之影響尤淡。

四、凡刻版字體非屬上述三類，而尚略帶有圓活之書風者屬之，一一舉例未免失之煩瑣，略而不論。

二、明代中期末期刻本

明代中葉之著作範圍，遠較初葉活潑而廣泛，此從當時南京、蘇州、徽州、杭州、吳興、建陽等地私人和書坊刻印大量小說、戲曲、醫書與其他各類書籍，可獲得證明。出版量之激增，不但促進文藝創作與應用科學的發展，亦影響刻版書籍的制度與風格，不得不謀求改進，以應付圖書市場上低廉而快速的要求。另一方面，在弘治正德年間，李東陽以宰相而主持文壇，詩文風格追溯唐宋，開啓了李夢陽、何景明等「前七子」之復古運動，主張「文必秦漢，詩必盛唐」，文風因之大變；嘉靖初，王愼中、唐順之等人則主張「文宗北宋，詩倣初唐」，文風又稍變，但同爲復古運動之提倡者。此種復古運動與出版量之激增二大主因，使明代中葉以後刻版書籍的制度與風格，產生鉅大的變化，書籍的裝訂形式，從初葉的包背裝逐步改成線裝；版式與字體亦因復古而爭相倣照宋版，並逐漸演變，而形成與明代初葉截然不同的風格。

自唐初印刷術發明後迄明弘治正德年間，刻書的慣例是先請書法名手繕寫上版，刻工再依樣雕刻。所寫的字體，大多爲當時通行的書體，如宋代刻書多用歐陽詢、顏眞卿、柳公權三家字體；元建陽刻書多用柔軟活潑，圓潤俊美的松雪體；明初葉刻版字體猶承襲元風，尤其是建陽刻本，幾乎與元建刊難與區別。約從正德間起（註三四，圖版五一及五二），刻書字體逐漸作極明顯之改變，蓋受復古運動之影響，翻刻宋版的風氣大興，當時最重詩文，故翻刻唐人詩文集者最夥，唐人詩集以南宋臨安府棚北大街陳宅書籍鋪所刻者最多（世稱之爲書棚本）。書棚本刻書採用柳體字，間雜以歐體筆意，方潤整齊，橫豎字畫之起刀，皆直刻而入，甚少旋轉，翻刻者亦仿其體與雕法，逐漸形成風氣。爾後刻工爲便於施刀，逐漸變爲一種橫輕豎重、橫平豎直、撇捺直挺、字形方整、稜角峻厲、板滯不靈之「硬體字」；此種僵硬字體，有別於以前流行之「元體字」，而又因源自宋版字體演變而來，故當時刻工稱之爲「宋體字」，但實際上已完全走樣，毫無宋字之風貌，故後人有稱之爲「明匠體字」，有稱之爲「膚廓宋體」，今日印刷界仍沿稱爲「宋體字」，爲免混淆，本文暫稱它爲「硬體宋字」，以便研究。

此種硬體宋字，僅需由專業書工繕寫上版，因字形方整，可密植版面而不顯得擁擠，能節省紙張，縮小圖書之體積，從而降低成本，故爲書坊所歡迎，成爲明中葉以來迄今之主要印刷體。此外，硬體宋字之刻法（註三五），各筆畫均極平直硬挺，直刻而入，刻工可左手按尺，右手持刀，先直線後橫線，易刻速成，可應付出版業爭奪市場、謀取利潤的快速化要求，此亦爲硬體宋字所以能流行久遠之主因。

相對於此種硬體宋字，凡請書法名手依照平常楷書、行書或草書的字體，書寫上版再依樣雕刻者，通稱之爲「軟體字」，或稱之爲「書寫體」、「筆寫體」，若其印刷形狀逼近手寫，在版本之著錄上，通常作「某年某人寫刻本」。正德以前，歷代版刻皆屬軟體字系統，自正德始，除一部分精刻本及經廠本外，官私刻書大半均採用硬體宋字，此一明顯界限，成爲鑑定版本年代最重要基準之一。凡版刻用硬體宋字者，大概即可鑑別爲正德間及以降之刊本，因弘治之前使用硬體宋字者，尚未見其例。若採用軟體字刻書，則各代皆有，尚須就諸軟體字之風格，推定其刻版年代。

嘉靖版之硬體宋字（圖版五二），因直接從南宋書棚本轉變而來，字畫雖用方筆（轉折處最明顯），生硬挺直，刀法不靈活，但多少尚殘留有眞宋字之筆意。萬曆版硬宋字（圖版五三）出自嘉靖版，比較之下，其橫細直粗之差距較嘉靖版明顯；字畫之硬直，字形之斬方，以及橫畫右端之三角形，皆比嘉靖版更呆板，已成機械圖案，與今日之鉛字宋體極爲接近。至天啓崇禎間，江浙等地之刻版又演變爲稍狹之縱長方形（註三六，圖版五四），有稱之爲長方宋體字者。明末毛晉汲古閣刻十三經注疏，經文往往刻以較大之正方硬宋字，夾注兩行小字則刻以長方硬宋字，如此編排，同一版面可容納較多字，而不顯得擁擠。此外，啓禎版之硬宋字樣，較嘉萬版者爲小，字與行界線之距則較大，而文字左右排列整齊，亦爲其特徵。（註：刻硬宋體字時，爲求整齊美觀，劃一尺寸，在預備書寫之花格板上，皆印有夾空線三條；寫字樣時，僅寫至左右夾空線止，故行間寬疏，排列整齊。其樣式見民國三十三年福建陳氏閣樓寫樣待刊本「容臺集」，圖版五五。）

以上所論硬體字刻版，居明代中、後期刻本之大部份。若軟體字刻本，除名家寫刻本，或歐顏柳趙，各就專長，繕寫上版外（註三七）；以金陵書坊所出版的戲曲、小說等民間通俗讀物爲著名；其字體婉轉流麗，帶有行書筆意，字小而圓者較多。此外，當時以覆刻或翻刻舊本精善著名者如震澤王延喆、顧春世德堂、金臺汪諒、福建汪文盛、蘇獻可通津草堂、東吳郭雲鵬濟美堂、東吳徐時泰東雅堂、嘉禾項篤壽萬卷堂、洪楩清平山堂、汪廷訥環翠堂等是。又藩府刻本爲明版一大特色，量多而質精，其中覆宋版者不少。以上所述諸家刻本，若據明中葉以前舊本影摹上版，自屬軟體字系統；若爲翻刻本，則軟硬體字皆有，審定版本時，須注意區分之。即覆刻本因係影摹舊本而來，不能以字體所屬年代以斷代。若翻刻本使用硬體字，則準上述鑑別法，可定爲正德間及以後刻版。附帶須知的常識，刻書用古體字爲明代嘉萬以後習尙，宋刻絕無此風。最著名的爲陝西許宗魯刻本，使用頗多古體字，其僵硬之態，眞如斬釘截鐵，粗野之極。

以下附誌對宋體字之研究，具有代表性者二家，以補上述論說之不足：

㈠葉德輝「書林清話」卷二，「刻書分宋元體之始」云：

今世刻書字體，有一種橫輕直重者，謂之爲宋字；一種楷書圓美者，謂之爲元字。世皆不得其緣起，吾謂北宋蜀刻經史及官刻監本諸書，其字皆顏柳體，其人皆能書之人；其時家塾書坊雖不能一致，大都筆法整齊，氣味古樸。如瞿目影鈔宋本古文苑九卷，孫岷自手跋曰：「趙凡夫藏宋刻古文苑一部。紙墨鮮明，字畫端楷。……」。又黃記殘宋刻本禮記二十卷所云「字畫整齊，楮墨精雅」，又宋刻本史載之方二卷所云「字畫斬方，神氣肅穆」，……又殘宋刻本圖畫見聞志六卷所云「字畫方板」。南宋書棚本如許丁卯、羅昭諫唐人諸集，字畫方板，皆如是也，則南宋時已開今日宋體之風。

光宗以後，漸趨於圓活一派，如天祿琳琅一宋版類，光宗時刻周易十卷所云「字法圓活，刻手精整」。陸續跋宋槧宋印建本北史一百卷，光宗時刊本所云「字體秀勁」，此已近於今日之元體字。而有元一代官私刻本，皆尙趙松雪字，此則元體字之所濫觴也。

前明中葉以後，於是專有寫匡廓宋字之人，相沿至今，各圖簡易。杭世駿欣託齋藏書記云：「宋刻兩漢書，板縮而行密，字畫活脫，注有遺落，可以補入，此眞所謂宋字也，汪文盛猶得其遺意；元大德版幅廣而行疏，鍾人傑、陳明卿稍縮小，今人錯呼爲宋字，拘板不靈，而紙墨之神氣薄矣。」

錢泳「履園叢話」藝能類刻書一則云：「刻書以宋刻爲上，至元時翻宋，尚有佳者；有明中葉，寫書匠改爲方筆，非顏非歐，已不成字；近時愈惡劣，無筆畫可尋矣。」

汪琬、薛熙刻「明文在」凡例云：「古本均係能書之士各隨字體書之，無有所謂宋字也。明季始有書工專寫膚廓字樣，謂之宋體，庸劣不堪。』余嘗以此言驗所見書，成化以前刻本，雖美惡不齊，從未有今所謂宋字者，知「明文在」凡例之言不謬。吾按杭氏所論，尚不知宋元兩體之變遷，蓋宋刻一種整齊方板，故流爲明體之膚廓；一種圓活秀勁，故流爲元體之流動。世傳明萬曆戊午四十六年（按：當爲壬午十年之誤，見中央圖書館所藏本）趙用賢刻管子韓子，已用今之所謂「宋體字」，想其時宋體字刻書已通行，然橫輕直粗，猶有楷書風範，毛氏汲古閣刻十三經亦然，其他各種，則多近於今刻書之宋字。……

(二)劉國鈞撰日本松見弘道譯之「圖書之歷史與中國」（見頁一二一），略云：

宋版本之字體，爲後世各種印刷字體之源泉，元朝承襲南宋之風氣，字體圓活，其後多用趙孟頫之字體，秀媚柔軟，普通稱作『元體字』。明朝初年因爲沿襲元朝之作風，明初刊本有時和元版很難區別。嘉靖年間因展開復古運動，刻書者簡直是模倣北宋人使用之字體，特別注重整齊方版，稜角峻厲；萬曆年間，更發展出使用方筆，字形膚廓，筆畫板滯，漸成機械式圖案。

明末清初，再漸漸變爲橫輕直重，橫細直肥，四角斬方的方塊字，當時刻工稱此種字爲『宋體字』。實際已非宋版固有之字體，此種字體在清朝一直沿用，十九世紀鉛活字印刷術興起以後，又被用來鑄造鉛字，因此此種字體就固定下來，成爲標準的印刷體。現在印刷界稱它爲『老宋體』，同時又以南宋的字體爲模範，而鑄造出『長宋體』、『聚珍仿宋體』等。……元體字迄明朝，逐漸發展，用手寫的楷書體雕版而成爲『軟體字』，又有用行書、草書、或華麗的篆文雕版者，通謂之『軟體字』，此全爲精刻本。」

第四節　清代版刻字體

清代初期之雕印地，大致仍同明末，以南京、蘇州、杭州等地爲主要刻書中心。此從清王士禎在康熙中所撰居易錄（卷十四）云：「近則金陵、蘇、杭，書坊刻板盛行；建本不復過嶺，蜀更兵燹，城郭邱墟，都無刊書之事，京都亦鮮佳手，數年以來，石門（原註即崇德縣）呂氏、崑山徐氏，雕行古書，頗仿宋槧，坊刻皆所不逮，古今之變，如此其亟也。」可證。此後三地之雕印業仍繼續繁榮，至同光之交而後衰落，刻書之風移於湘、鄂等地。書林清話卷九「古今刻書人地之變遷」云：「…乾嘉時，如盧（文弨）、鮑（廷博）、孫（星衍）、黃（丕烈）、張（敦仁）、秦（恩復）、顧（廣圻）、阮（元），諸家校刻之書，多出金陵劉文奎、文楷兄弟。咸豐赭寇之亂，市肆蕩然無存。迨乎中興，曾文正首先於江寧設金陵書局，於揚州設淮南書局，同時杭州、江蘇、武昌繼之。……天下書版之善，仍推金陵、蘇、杭。自學校一變，而書局幷裁，刻書之風移於湘、鄂，而湘尤在鄂先。……至同、光之交…金陵、蘇、杭刻書之運終矣。」

自嘉慶年間西洋印刷術輸入（註三八），採用鉛字印模排印書籍、雜誌等，遂使傳統之雕版事業日趨式微矣。至清末，採用新法印書者多集中於上海，遂使上海成爲全國出版事業的中心地。

清代之刻書字體，大致而言：順治時繼承明末之硬體字遺風，變化不大；自康熙迄乾隆初期，除硬體字外，又流行一種字畫纖細，極爲美麗的寫刻體（軟體字）；乾隆中期之後，除精刻本仍使用軟體字外，又恢復自明朝中葉以來，以硬體字爲主流的印刷體系；從咸豐以後，軟體字難得一見，刻版幾乎盡用硬體字，蓋其時能雕軟體字之刻工已甚少矣。

清錢泰吉於道咸之際所撰「曝書雜記」（上／28）「刻書用宋體字」條云：「……然宋字濫觴於明季，國初刻書多有倩名手楷寫者，侯官林佶吉人寫漁洋、午亭、堯峯三家詩文集；……陳文道所著書則其子黃中繕寫也。（下有夾註云：秀水朱梓廬先生小木子詩三刻梓廬，舊稿爲同邑辜啓文書，仿柳誠懸體。壺山自吟稿，嘉興陳寓新菸書，用文衡山體。俟寧居偶詠，爲先生兄子聲希吉兩書，體兼顏趙，亦吾鄉一佳刻也。附識於此。）堯峯同郡人薛熙半園輯「明文在」百卷，康熙三十一年其門人吳縣倪霱亦雲繕寫付梓，錢大鏞爲凡例云：『古本俱係能書之士，各隨其字體書之，無有所謂宋字也。明季始有書工專寫膚廓字樣，謂之宋體，庸劣不堪。是編鏞輩特請同門生倪子亦雲，用趙文敏公小楷法書之，間有字畫不依洪武正體者，從唐宋名人法書也。』余嘗以此言驗所見書；成化以前刻本雖美惡不齊，從未有今所謂宋字者，知明文在凡例之言不謬。

然宋體寫刻之工亦大有高下，若其佳者尚可觀，必欲如宋元刻書之活脫有姿態，良工亦能爲之，惟工料數倍，卷帙繁重者，勢有不能；蓋今之版價工價倍增於前，而刻工俱習爲宋體書，若欲楷寫必倩名手，刻工之拙者亦不能奏刀也。」

由錢氏之記載，可知清康熙間軟體字多有倩名手書寫，其字體有顏、柳、趙，或體兼顏趙，及文徵明體等。道光之後，因版價工價極昂貴，且習軟體字之刻工甚少，故刻書祇好多用硬宋體字。

就筆者研究所得，康雍乾間流行之軟體字，其與宋元明軟體字之最大區別是筆畫纖細，字幅較小，字之排列整齊而疏朗。其字形有方整，有微圓，有橫扁；寫刻工緻，轉折靈活不帶稜角，亦罕見有筆絲相連者，使人有娟秀而端莊之感。此種精美之寫刻體，爲清版一大特色，流行於江南地區及揚州、北京等地官私刻本。如康熙四十六年揚州詩局刊本「全唐詩」（中版錄四九三、本書圖版五六）、康熙四十九年楊友敬刻本「天籟集」（中版錄四九六）、康熙五十九年刻本「西江志」（中版錄五〇一，本書圖版五七）、乾隆七年怡府明善堂刊本「集千家註杜工部詩集」（中版錄五一七，本書圖版五九）等可爲代表。此外，中版錄五〇九所載之雍正間刻本「觀妙齋藏金石文攷略」（圖版五六），察其筆法、體勢，應屬董其昌之行楷體。董字圓勁蒼秀，兼有顏骨趙姿，爲康熙帝所喜愛，臣民競學，蔚成風氣，故清初書家大多脫不出董字流麗姿媚的風格。但因董字以行書爲著名，楷書流傳較少，且多帶有行書筆意，不便雕版之事，故刻版用董字者頗少見，但其書法風格對康熙以來寫刻本之流行，當有所影響也。附帶一言，清版中極富盛名之武英殿刻本，用軟體字刻者少見，大多使用硬體字刻書（圖版六〇），與明經廠本之皆用軟體類趙字刊刻不同；但刻印之精，用紙及裝潢之精美，則相同也。

次就硬體字刻本而言，清版中大部分皆為硬體字所刻，在道光以前者較為秀麗美觀；道光以後者宋體字逐漸變得更機械、呆板，了無生氣。析而論之，再列舉五點以助鑑別之用：㈠就所見而言，順治刊本已少見如明崇禎本那種細長字樣者，變得較為正方，筆畫不細；康熙以後筆畫又變細，字形更方整；至嘉慶以後筆畫又稍大者為多。此大致言之，不可拘泥。清版除殿本外，少見字大如錢，外表甚偉觀的「大書」，此或許跟眼鏡的使用日益普遍，印書的字體可以縮小有關？㈡橫細直粗的比率，約自崇禎開始，差距極大，直畫之幅廣約為橫畫之四倍，清版更有四倍以上者（若字形甚小者，不計）。㈢硬體字之三點水，嘉萬間刻版，其第三點祇作一筆，約自啓禎間始將其刻作兩筆。至清版則析作兩筆甚為明顯（圖版六一），其微妙之變化，與橫畫右端之三角形一樣，讀者須多觀摩之，自能領悟也。㈣文字之排列，上下左右之距，清版較歷代各版整齊而疏朗。㈤總之，硬體宋字刻書亦有高下之分，明之正德嘉靖版，清之康雍乾版尚有可觀，其餘除精刻外，則時代愈晚愈為拙劣矣。清版距今最近，序跋刊記尚存，且避諱嚴格，綜合字體、避諱、紙墨及序跋刊記等項以推定刻版年代，並不甚難，但須特別留意覆刻本之辨認。

【附 註】

註　一　佛祖統記卷四十三云：「宋太祖開寶四年，敕高品、張從信往益州雕大藏經版。」又云：「太宗太平興國八年，成都先奉太祖勅造大藏經，板成奉上。」

註　二　玉海於引眞宗御製序後，注云：「祥符八年十二月乙丑，欽若等上板本，宴編修官，上作詩一章，賜令屬和。」是冊府告葴後二年，即已刊竣也。

註　三　羅願「鶴林玉露」謂：「宋興，治平以前，猶禁擅鐫，必須申請國子監；熙寧以後，乃盡弛此禁。」

註　四　據長澤規矩也「支那古今刻書地之變遷」文引，載於書誌學第十五卷第五號，昭和十五年（一九四〇）出版。

註　五　參見阿部隆一「中國訪書志」。

註　六　「刊本漢籍，字樣について」，原載於書苑第一卷第三號至第四號，昭和十一、十二年出版（西元一九三六～一九三七）。現收入於「長澤規矩也著作集」第一卷中，汲古書院出版於一九八二年。

註　七　「唐本に於ける版式の變遷」，原載於書誌學第七卷第三號，昭和十一年出版。現收入於「長澤規矩也著作集」第一卷中。

註　八　載於斯道文庫論集第十八輯，昭和五十七年（一九八二年）。

註　九　載於文物，一九六二年第一期。

註一〇　據宋祝穆「新編方輿勝覽」所載，建寧府下領建安、甌寧、嘉禾（建陽）、浦城、崇安、政和、松溪七縣。

註一一　國史志云：「唐末，益州始有墨板，多術數小學字書。」宋朱昱猗覺寮雜記亦云：「唐末，益州始有墨版。」益州即蜀之古名。

註一二　參見潘美月「兩宋蜀刻的特色」一文，載於中央圖書館館刊新九卷第二期。及中國版刻圖錄頁四十六「鄭守愚文集」條之解說。

註一三　傳記（6／12）「宋刊殘本後山詩註跋」條云：「字體古勁，與冊府元龜，唐人詩集相類，斷爲蜀中所刊。宋諱缺筆止於搆字，而愼敦不缺，蓋南渡紹興刊本也。」

又傳續記（3／35）「校宋蜀本元微之文集十卷跋」條云：「字體古勁，與余所藏之冊府元龜、二百家名賢文粹，字體刻工絕相類。且桓構字皆不避，當爲北宋刻本；其中敦字間有缺筆者，則後印時所刊落也。收藏有元時『翰林國史院官書』楷書朱記。」

註一四　中版錄圖版二四二「新刊增廣百家詳補注唐柳先生文」條云：「……因推知此書確是南宋中葉蜀本。紙墨瑩潔，字畫遒勁，與文讜註韓文可稱蜀本雙璧。」

註一五　宿白「南宋的雕版印刷」云：「成都眉山雕版字體略扁，撇捺遒長。其大字本，字大如錢，墨色如漆，在南宋雕版中另具疏朗明快風格。這種川版特徵曾影響長江中游，特別是江陵（今宜昌）、鄂州（今武昌）地區。

註一六　中版錄圖版二二一「春秋經傳集解」條云：「此本疑即九經三傳沿革例著錄之蜀學大字本。……字大如錢，墨光似漆，蜀本之最精者。」

註一七　中央圖書館所藏（含原代管北平圖書館部分）蜀刻本有宋孝宗時眉山刊大字本「蘇文定公文集」、宋紹熙間眉山程舍人宅刊本「東都事略」、南宋蜀刊本「歐陽行周文集」、南宋蜀刊小字本「冊府元龜」、南宋蜀刊本「權載之文集」、宋孝宗時眉山刊大字本「蘇文忠公文集」。

註一八　據宋周密「癸辛雜識」別集卷上，謂此本手書上版者爲施宿之友人，善於歐書之傳稡，字漢孺。

註一九　此本從來皆作爲北宋蜀廣都費氏進修堂刊本，世稱之爲「龍爪本」。但從本帙卷六八末有「鄂州孟太師府三安撫位刊梓于鵠山書院」双行木記，可推知絕非北宋原刊，而爲南宋初期鄂州覆刻本，此從刻工之調查可獲得佐證。

註二〇　據張秀民「遼金西夏刻書簡史」文（收錄於民國六六年文史哲出版社印行之圖書印刷發展史論文集續編內）等資料，金藏係民國廿三年在山西省趙城縣之霍山廣勝寺彌陀殿內所發現。全藏應有七千一百八十二卷，現只存四千五百四十一卷，藏於北京圖書館。此部藏經是覆刻宋開寶藏，故仍留有「大宋開寶六年癸酉歲奉敕雕造」的字樣，黃卷木軸也和開寶藏一樣。當時刊刻是由解州天寧寺開雕大藏經板會主持，大約從皇統九年（一一四九年）起，至大定十三年（一一七三年）雕成。雕印經費相傳是由潞州女子崔法珍斷臂苦行所募得。

註二一　見圖書印刷發展史論文集續編頁七十四。

註二二　中國版刻圖錄未載入一部元蜀刻本。封思毅先生「蜀刻考」（民國七十三年川康渝文物館印行）所錄蜀刻本，唐及五代有廿六種，宋代二五四種，元代九種，明代二一九種。

註二三　據元史地理志，元朝時中國本土凡分十二行中書省。江浙行省包括浙江、福建全部，及江蘇、安徽之一部分。

註二四　趙孟頫（一二五四～一三二二年）字子昂，又自號松雪道人，浙江吳興人。原爲宋代朝臣，宋亡居鄉，元世祖召入京，遂仕於元。共歷五帝，英宗至治二年卒。其字體稱松雪體，又稱吳興體等。

註二五　書評家謂：「唐人尚法」，「宋人尚意」，「元明尚態」，趙書的姿態，亦爲其一大特色。

註二六　三門記文中有「壬辰之記歲」，可推知書於前至元二十九年。妙巖寺記從其所題官銜「揚州路泰州尹兼勸農事」，可推知在至大二、三年間所寫。洛神賦末尾之題年是延祐六年。

註二七　丁氏持靜齋書目「玉海」條云：「元刊精印本，首尾一律趙體書，刊於至元四年，又於至正十一年補正漏誤六萬字，此猶元時紙墨，眞奇寶也。」

清莫友芝持靜齋藏書紀要「玉海」條亦云：「趙體書，極工緻，首尾一律緜紙精印本。」

註二八　見書誌學復刊新十八號，昭和四十五年（一九七〇年）。

註二九　明陸深嘉靖間所撰金臺紀聞云：「葉石林時，印書以杭州爲上，蜀本次之，福建最下。」又云：「比歲京師印板，不減杭州。蜀閩多以柔木刻之，取其易售。今杭絕無刻；國初蜀尙有板，差勝建刻；今建益下，去永樂、宣德亦不逮矣；唯蘇州工匠稍追古作。」

明萬曆間人胡應麟所撰少室山房筆叢甲部經籍會通四云：「今海內書，凡聚之地有四：燕市也，金陵也，閶闔也，臨安也。閩、楚、滇、黔，則余間得其梓。秦、晉、川、洛，則余時友其人，旁諏歷閱，大概非四方比矣。」又云：「凡刻之地，有三：吳也，越也，閩也。蜀本宋最稱善，近世甚希。燕、粵、秦、楚，今皆有刻，類自可觀，而不若三方之盛。其精，吳爲最；其多，閩爲最；越皆次之。其直重，吳爲最；其直輕，閩爲最；越皆次之。」文中並言及「燕中刻本自希」，「越中刻本亦希」，「吳會（蘇州，今吳縣）金陵，擅名文獻，刻本至多」云云。

註三〇　明弘治四年修之「八閩通志」云：「麻沙書坊，元季燬；今書籍之行四方者，皆崇化書坊所刻者也。」

註三一　清郭柏蒼輯之「竹間十日話」云：「弘治十二年十二月初四日，將樂火災，直至初六。郡署廟學延燒二千餘家。建陽書坊街，亦於是月火災，古今書版皆成灰燼，自此麻沙版之書遂絕。」

註三二　明嘉靖建陽縣志稱：「建邑兩坊，古稱圖書之府，今麻沙雖燬，崇化愈蕃。」

註三三　參見周彥文「毛晉汲古閣刻書考」，民國六十九年油印本之碩士論文。

註三四　中央圖書館藏明正德三年長洲吳奭刊本「匏翁家藏集」（圖版五〇），中版錄四〇五著錄之明正德十六年江陰朱承爵文房刻本「樊川詩集」（圖版五一），皆已具硬體宋字之雛型。

註三五　據長澤規矩也著作集第三篇宋元本考，頁一一八，「刻工與出版者之關係」文略云：據田中氏之實見，現在民國之雕版，因文字之縱畫與橫畫之雕刻，有難易之差，故由技術熟練之刻工與未熟練之刻工，分擔雕刻；而最未熟之徒弟僅雕界線而已。從古書中亦可求得一葉分由二人乃至三人雕刻之實證。如靜嘉堂文庫所藏之明初刊本「古史」，即爲最佳之實例。在丙丁集第三十一葉，有「虞子德刊劉宣觀刊」，第三十五葉有「虞亮劉伏共刀」；乙集第七十八葉有「張江虞三人刊」之明確記錄。

又據今人盧前撰之書林別話（載於圖書印刷發展史論文集續編頁一三七）所載刀刻之步驟，主要有發刀（謂之開刻）、挑刀、打空等三項。略言之，發刀即刻字之輪廓線，其法是「取法條刀與平口刀，左手按尺，右手持刀，逐線引之」；其順序是「直線完畢，即從事打橫，案字之橫，逐一劃之，此時應加豆油一道，再案字筆畫，先自左刻起，撇捺豎點，各刻一刀。字左之木，均由發刀剔清。」挑刀則「據發刀之刀痕，逐字細刻；第一刀要重，二刀略輕，三四刀以次，依次減輕。板木漸去，略現梯形，此挑刀之割木法也。」亦即鏟除刀痕外之木。打空則爲最後一道將各字線條外未清之處加以剔除。其法是「先用刀將字頭字腳劃一道。月牙形之彎口鑿與木錘細細敲之，前無字處之木去完。靠線左右近之木，再用半分平口鑿鏟之。所有未清之處，仍剔以鑿。」

註三六　例明天啓六年錢塘閻光表刊本「論衡」及崇禎九年刊本「古今考」（圖版五四），即爲狹長方形之硬宋字。

註三七　如古書版本學頁四八所舉例：「萬曆年新安汪一鸞刻的淮南鴻烈解，寫顏體；趙秉忠琪山集寫歐體，帶有北魏字體，四明萬表的玩鹿亭稿寫趙體，皆精美絕倫。」此外，王世貞弇州山人四部稿，字體雅近歐柳，首尾如一筆書。

註三八　據淨雨所撰「清代印刷史小記」（書林雜話收入）等記載，可知中文以洋式鉛字印模排印，始於嘉慶年間英教士馬禮遜秘雇匠人製字模，印製新舊約中文聖經。後來日本長崎人本木昌造在其國內以膚廓字造七種大小不同之鉛字，方爲今日鉛製宋體字之起始。西元一九〇九年，我國始有楷體鉛字，與流行已久之膚廓宋體並行，不久眞正的宋體鉛字也出現了，但一直被稱爲「仿宋體」。

第三章　歷代版刻版式之研究

一書之成，自定稿以至裝訂，約有十五步驟（註一），其第一步驟即爲「選式」。「選式」者包括刻版之大小，每葉之行數、字數，及刻版之形式等，均須先予設定。然後依照行款版式，先刻花格版，印出稿紙，以供寫樣；經校勘無訛後，再將寫樣反貼於版上，依樣雕刻之。

版面之四周圍以墨線，謂之邊欄（所圍之匡稱作版匡）。四周祇有一粗墨線者，曰單欄（或稱單邊）；粗線內又加一細墨線者，曰雙欄；左右雙線而上下單線者則曰左右雙欄。版面分行之墨線，謂之界行（註二）。版面之中心行格謂之版心（或稱版口，或謂書口，或中摺行），即書葉摺疊處。版心以二短横線畫分三格，上格謂之上象鼻，下格謂之下象鼻，中格謂之中縫（註三）。象鼻空白者謂之白口；有墨線者稱爲黑口。墨線粗者曰大黑口；細者曰小黑口（細如線者或稱之爲線黑口）。白口之中刻書名者亦有稱之爲花口，以示區别。中縫通常刻畫魚尾（如魚尾形狀），魚尾有單有雙，甚至多至三、四魚尾。雙魚尾順著同一方向者謂之順魚尾，反之稱作逆魚尾。版匡之外，在左上角或右上角附刻之小匡，曰書耳（或稱耳格）；書耳中所題，或雖無書耳，但在該處有文字標題者，通曰耳題。

版心中刻有書名、卷次、葉次，通常位在單魚尾之下，雙魚尾之內。宋元版書在上象鼻處記大小字數，下象鼻處記刻工姓名。自明中葉以後迄清末，上象鼻刻書名，下象鼻刻齋號者不少。由於各代雕版之版式，因時因地而不同，若能釐清各代各地版式之特徵，即有助於刻書年代與刻書地域之鑑別。

明葉盛（一四二〇——一四七四年）水東日記（註四）言宋版書云：「宋時所刻書，其匡廓中摺行上下，不留黑牌。首則刻工私記本版字數，次書名，次卷第、數目，其末則刻工姓名。予所見當時印本書如此。」此爲所見文獻中最早言及版式者。

清孫從添「藏書記要」鑒別篇云：「鑒別宋刻本須看紙色、羅紋、墨氣、字劃、行款、忌諱字、單邊。末後卷數不刻末行，隨文隔行刻。又須將眞本對勘乃定。……元刻不用對勘，其字脚、行款、黑口，一見便知。而洪武永樂間所刻之書尙有古意，至於以下之板，更不及矣。……」宋版單邊之說，自明張應文「清祕藏」、明高濂「遵生八牋」（註五）皆如此說，然經調查現存南北宋版，單邊之例罕見，容後分析。元刻亦非全爲黑口。蓋前人未經詳查，遂以訛傳訛也。然據此可知前人已善於利用版式來鑑別版本也。

葉氏書林餘話卷下（頁二七）云：「大抵雙線白口多宋版，單線黑口南宋末麻沙本多有之，至元相沿成例。明初承元之舊，故成弘間刻書尙黑口。嘉靖間書多從宋本繙雕，故尙白口。今日嘉靖本珍貴不亞宋、元，蓋以此也。大抵此類版心，書名衹摘一字，下刻數目。其白口、小黑口空處，上記本葉字數，下記匠人姓名，不全刻書名也。全刻書名在萬曆以後，至我國初猶然。魚尾有雙有單，雙者上下同；單者上刻一魚尾，下則祇刻一橫線紋。亦有版心全係黑口者，則魚尾以外皆粗黑線，如元張伯顏本文選，及明刻宋章如愚山堂考索之類。此則匠人以意爲之，不爲定式也。耳子以識書之篇名，始宋岳珂之刻九經三傳，今武英殿之仿刻五經本，其式猶存，他書則罕見。」其論至詳，但宋版多雙線，元版多單線之說，亦非確實，容後分析。書耳之制，就中央圖書館藏書而言，以南宋中後期建安刻本較多；但最早者則爲紹熙間豫章刻本「坡門酬唱」，爲蝴蝶裝，即有書耳記各著者名，其時尚在岳氏前。宋本多蝴蝶裝，書耳在左上欄外，不僅便於翻覽，即版片存庋亦易檢尋。唯自元明之後，裝訂遂漸改爲包背裝及線裝，版心朝外，邊欄向內，書耳失去效用，遂不復刻。間有一二元明鋟版，偶有用耳格者，蓋出自摹古之心；中以覆宋刻本爲多（註六）。因此凡刻版有耳者，亦爲宋刻之一證。

第一節　歷代版刻版式之統計與分析

此項統計係根據「中國版刻圖錄」統計之，其不足之處，則以中央圖書館藏書補充說明之，間亦參考「明代版刻圖錄」及「明代版刻綜錄」二書。爲便於鑑定工作者，茲將該項統計列表於下：

歷代版刻版式統計表（根據中國版刻圖錄）

表一 宋代刻本（附唐、五代）

刻版時地	部數	單邊	雙邊 四周	雙邊 左右	白口	黑口
唐						
成都	1		1			
五代	1		1			
北宋	1			1	1	
南宋						
（浙江）						
杭州	43		2	41	41	2
吳興	1			1	1	
紹興	9			9	9	
寧波	3			3	3	
金華	5		2	3	5	

刻版時地	部數	單邊	雙邊 四周	雙邊 左右	白口	黑口
衢縣	2			2	2	
建德	5			5	5	
溫州	1			1	1	
（江蘇）						
南京	3			3	3	
鎮江	1			1	1	
蘇州	1			1		1
崑山	1			1	1	
松江	1			1	1	
（安徽）						
歙縣	1			1	1	
貴池	2			2	2	
當塗	2			2	2	
舒城	1			1	1	

刻版時地	部數	單邊	雙邊 四周	雙邊 左右	白口	黑口
廣德	1			1	1	
（江西）						
南昌	1			1	1	
上饒	1			1		1
星子	1			1	1	
九江	1			1	1	
撫州	3		2	1	3	
吉安	3			2	2（備註1.）	
高安	1			1	1	
贛州	2			2	2	
（福建）						
泉州	1			1	1	
建陽	26		6（備註2.）	18	5	19
建甌	4			4	4	

刻版時地	部數	單邊	雙邊（四周）	雙邊（左右）	白口	黑口
寧化	1			1		1
長汀	6		1	5		6
（湖北）						
武昌	1			1	1	
蘄春	1	1			1	
江陵	1			1	1	
羅田	1			1	1	
湖北地區	2			2	2	
（四川）						
成都	2			2	2	
成都眉山地區	15			15	15	
三台	1			1	1	
（廣東）						
廣州	1			1		1

刻版時地	部數	單邊	雙邊 四周	雙邊 左右	白口	黑口
博羅	1			1	1	
（湖南）						
零陵	1			1	1	

備註：

1.另有一部白口、黑口混合。

2.另有二部四周、左右混合。

說明：

1.本表之統計，凡「中國版刻圖錄」所著錄之版本不明確者，不予統計，以免影響統計結果。

2.據日本所藏確爲北宋刻本者（見本章附註七），如宋天聖明道間刊本「孝經」、宋熙寧二年刊本「新雕雙金」、宋紹聖間刊本「火珠林」、北宋刊本「通典」、北宋刊本「重廣會史」等五種，皆爲左右雙邊，白口，單魚尾。又北宋刊本「新雕入篆說文正字」、「中說」、「姓解」等三種皆左右雙邊，白口（魚尾不詳。姓解一書，有單邊之葉過半）。由此可知北宋版亦大多爲上下單邊，左右雙邊，足見前人宋版多單邊（指四周單邊）或雙邊（指四周雙邊）之訛誤。

3.由上表可知南宋刻本中，除建陽版外，絕大部分爲白口本，僅極少數爲黑口本。

4.南宋建陽地區刻本，除初期有少部分白口本外，大部分爲細如線之黑口本，部分版本且刻有「耳格」之特殊款式。

5.南宋刻本一六一部中，四周雙邊者僅14部，約佔十二分之一，大部分爲左右雙邊，四周單邊僅一部。

6.就魚尾而言，相當於今之浙江、江蘇、安徽及四川地區之南宋刻本，大多爲單魚尾，少數爲雙魚尾，間有無魚尾，而以橫短線將版心區分成若干格（五格者較多）。建陽刻本則絕大部分爲雙魚尾，單魚尾祇極少數。江西刻本亦多雙魚尾，間有單魚尾及無魚尾者。

7.經調查中央圖書館所藏南宋建本，在21部中，左右雙邊者有18部，四周雙邊3部；線黑口19部，白口2部；雙魚尾20部，三魚尾1部；有耳格6部，可印證上項統計結論之可信度。

8.版心上方記大小字數，下方記刻工姓名，爲宋版常見之款式，由於本圖錄僅錄書影一幀，不便統計，略去不論。經抽查中央圖書館所藏宋版中之32部，宋孝宗淳熙前，記大小字數者僅有2部，自淳熙以後有30部，可見盛行記大小字之習慣，在淳熙以後。

表二　金元刻本

刻版時地	部數	單邊	雙邊 四周	雙邊 左右	白口	黑口
金						
（山西）						
臨汾（平陽）	7		1	6	7	
（河北）						
寧晉	1			1	1	
元						
（河北）						
北京	1			1	1	
（山西）						
臨汾	4		4		3	1
（河南）						

刻版時地	部數	單邊	雙邊 四周	雙邊 左右	白口	黑口
浙川	1			1		1
（浙江）						
杭州	6		4	2		6
嘉興	3			3		3
紹興	1			1	1	
淳安	1			1	1	
（江蘇）						
南京	2		1	1	1	1
蘇州	2			2	1	1
松江	1			1	1	
宜興	2		2			2
揚州	1			1		1
（安徽）						
當塗	1		1			1

刻版時地	部數	單邊	雙邊 四周	雙邊 左右	白口	黑口
寧國	1		1		1	
（江西）						
上饒	1		1			1
鉛山	1			1	1	
南豐	1			1	1	
撫州	1		1			1
吉安	1			1		1
（福建）						
福州	1			1	1	
建陽	16		5	11		16
（湖南）						
茶陵	1			1		1
（廣東）						
廣州	1		1			1

說明：

1. 由上表可知金刻本仍承襲南宋風氣，版心白口，左右雙邊者居大多數（中央圖書館所藏金版有部分為黑口本）。

2. 元版51部中，左右雙邊者30部，四周雙邊21部；白口本13部，黑口本38部。與宋版比較，可知四周雙邊者已逐漸增加，漸近半數，四周單邊者亦未見；黑口本則為白口本之三倍，可推知在南宋中期建陽地區發展出來之黑口本，入元以後，已流行全國各地，不僅限於建陽一地。

3. 元建陽刊本，仍為黑口本天下，其黑口之尺寸，已逐漸由細變大，出現大黑口，或許由於黑口粗，所剩空位少，故元建本除覆宋本外，多不記大小字數及刻工姓名；而江浙等地區刻本仍沿襲宋風，多記大小字數及刻工姓名。

4. 就魚尾而言，金版單魚尾、雙魚尾皆有。元版不論何地，大多為雙魚尾，單魚尾極少。但江浙地區多為逆魚尾，建陽刻本則大多為順魚尾（宋代各地刻本，魚尾之順逆不定，未若元版之有地區風氣）。安徽、江西地區則有三魚尾者。中央圖書館所藏元至治三年臨川譚善心刊本「河南程氏文集」，更多至四魚尾。

此外，圖版274所著錄之大德四年江浙等處行中書省刻本「聖濟總錄」，無魚尾，而以橫短線將版心區分成五格，可視為特例。

表三　明代刻本

刻版年代	部數	單邊	雙邊 四周	雙邊 左右	白口	黑口	版心上方 書名	版心上方 齋號	版心下方齋號	白魚尾
洪武	7		4	3		7				
建文	1			1		1				
永樂	3		3			3				
宣德	2		2			2				
正統	3	1	2			3				
景泰	4		4			4				
天順	2		2			2				
成化	3		3			3				
弘治	7		6	1	1	6				
正德	11		7	4	5	6	1		1	
嘉靖	19	7	4	8	17	2	1	2	2	6
隆慶	2	2			2		2			1
萬曆	18	10	5	3	16	2	8		2	
天啓	2	2			2		2		1	

刻版年代	部數	單邊	雙邊 四周	雙邊 左右	白口	黑口	版心上方 書名	版心上方 齋號	版心下方齋號	白魚尾
崇禎	6	3		3	6		5			
弘光	1	1			1		1			
隆武	1	1			1		1			
雲南地區	1	1				1				

備註：

1. 通常書名刻在版心中方之上魚尾下，若刻在版心上方者記之。
2. 出版者之齋號刻在版心上方或下方者，爲明中葉以後特徵之一，故記之。
3. 魚尾通常作黑色，若作白魚尾，爲明中、後期特徵之一，故記之。
4. 中央圖書館藏書正德版、萬曆版、崇禎版亦有白魚尾者。隆慶刊本亦有四周雙邊及左右雙邊者，天啓刊本就抽查所得，以單邊居多數。

說明：

1. 由上表可知明初期與中期以後之版式風格，有極明顯之差異；自洪武至弘治止，幾乎全爲黑口本，四周雙邊；正德間爲過渡時期，黑口白口兼有；嘉靖年間黑口本幾乎突然絕跡，所謂物極必反，又恢復宋代白口本之風氣。萬曆以後迄明末，仍以白口本居絕大多數，黑口本僅極小部分。就邊欄而言，明初期以四周雙邊佔絕大多數，左右雙邊極少數，四周單邊尤少，可視為例外。但自嘉靖起，四周單邊又逐漸流行，至萬曆後已較雙邊者為多。（據明代版刻綜錄所載，則自弘治起已逐漸採用單邊者。見本章附註八）

2.由上表可知，自正德起版心上方開始記書名，至萬曆以後尤為盛行；而版心上方刻入出版者之齋號，僅見嘉靖版（活字版則在弘治間已有之）；版心下方刻出版者之齋號與商號者，則正德以後逐漸盛行。

3.另據「明代版本圖錄」之著錄，弘治刊本「幽蘭居士東京夢華錄十卷」，已在版心上方刻有「夢華錄」之簡略書名。版心下方刻齋號者，本圖錄圖版39宋咸淳廖氏世綵堂刊本「昌黎先生集」，下方記「世綵堂」三字。又圖版304所著元大德信州路儒學刻本「北史」，在版心上方刻有「信州路學刊」字樣，然此均為極罕見之例外。

4.明版記刻工及字數者僅少部分，清版尤少。明中葉以前因版心刻黑口，絕少記刻工及字數（洪武版間有之）。中葉以後恢復白口，少部分開始倣宋元版在版心上記刻工及字數，有部分且記書寫者姓名。刻工與字數一齊記在版心下方者似較多，與宋元版上記字數下記刻工之習慣不同。又國子監刻本或其修補本，大多在版心記有該葉之刊刻年。

5.明代初期大多為雙魚尾，或順或逆，不定。自中期以後，單魚尾又起，與雙魚尾並行。又自正德起出現白魚尾之形式，嘉靖版尤多，萬曆崇禎仍偶有之。（活字版則在弘治間已有白魚尾）。

表四　清代刻版

刻版年代	部數	單邊	雙邊 四周	雙邊 左右	白口	黑口	版心上方 書名	版心上方 齋號	版心下方齋號	白魚尾
清初	3	2		1	3		3			
順治	2		1	1	2		1			
康熙	17	3	3	11	16	1	11		2	
雍正	4	1		4	4	1	1		1	
乾隆	20	3	6	11	16	4	13		5	
嘉慶	14	1	1	12	9	5	4		2	
道光	15	1	3	11	12	3	10		2	
咸豐	3	1		2	1	2	1			
同治	4		2	2	3	1	3		1	
光緒	4	3		1	3	1	3		1	

說明：

1. 由上表可知清版版式之最大特徵，爲大部分均在版心上方記書名，其次在版心下方記齋號者亦較前代爲多。

2. 清代刻本在書前刻封面（或稱頭版）者遠較明版爲多，封面內刻有編撰者、書名、刊刻者或藏版者。

3. 清代版刻以白口及左右雙邊佔大部分，明中葉以後近於絕跡之黑口本，清代中葉以後又稍興起，但白口本仍佔大半。

4. 清版單魚尾遠較雙魚尾爲多。白魚尾除活字版外，未見。

表五　活字版

刻版年代		部數	單邊	雙邊		白口	黑口	版心上方		版心下	白魚尾
				四周	左右			書名	齋號	方齋號	
明	弘治	7	3	1	3	7			2	4	1
	正德	3			3	3			3		
	嘉靖	5	1		4	5		1	3		
	萬曆	2	2			2		2			2
清	雍正	2		1	1	2		1			
	乾隆	5	1	4		5		5		2	
	嘉慶	2	1		1	2		2		1	
	道光	3	2		1	2	1	2			1

說明：

1. 由上表可知明清活字版之版式，大致與同時之明清刻版相同。

2. 明弘治間之活字版已出現白魚尾之形式（見圖版606弘治間碧雲館活字印本「鶡冠子解」），較明正德間刻版之白魚尾稍早。

3. 明弘治間金蘭館及正德間蘭雪堂銅活字印本，多將齋號印在版心上方。

第二節　歷代版刻版式之特徵

由上節宋金元明清版版式之統計與分析，及筆者對中央圖書館所藏各代版本之抽查，可得各代版式特徵如下：

一、宋版版式

就邊欄言：不分南北宋，不分浙蜀閩，絕大部分爲左右雙邊，上下單邊，簡稱左右雙邊。四周雙邊祇居極少數（建本較其他地區略多）；四周單邊尤少（註九）。前人宋版多單邊之說，乃是以訛傳訛。

就版心言：浙、蜀等大部分地區之刻本，絕大部分爲白口，僅極少數爲黑口；建陽刻本，除初期尚有少部分白口外，絕大部分爲細如線之黑口本。浙蜀等地區刻本，大多爲單魚尾，少數爲雙魚尾，間有無魚尾，而以橫短線將版心區分成若干格，通常以五格較多；建陽刻本則絕大部分爲雙魚尾，單魚尾極少；江西刻本雙魚尾多於單魚尾，亦間有無魚尾者；此外，宋版偶而亦出現有三魚尾之罕例（註一〇）。版心上方（上象鼻）記大小字數（註一一），下方（下象鼻）記刻工姓名，爲宋代各地刻本常見之款式；根據統計，可推知此種風氣自宋孝宗淳熙以後，方逐漸盛行，淳熙之前則甚少見（註一二）。

就特殊標誌言（不屬於上述各項普徧標誌者，因頗少見，皆歸之）：邊欄外之左上角或右上角，刻有書耳亦爲宋版特徵之一，中以建陽刻本帶耳者較多。此外，宋建本亦有倣館閣校書式（註一三），從旁加圈點以斷句者（註一四）；亦有在難於讀音之字的四角，加圈發（刻一小圓圈）以辨聲調者（加圈在左下角表示應讀平聲，左上角爲上聲，右上角爲去聲，右下角爲入聲）（註一五），浙蜀刻本則罕見有句讀及圈發者。

就行款言：宋人刻書，每版行數與每行字數，雖無一定之關係，但相差有限，此從江標所編「宋元行格表」統計之可證，即大致每行字數較全版行數，以少一字至三字者爲多數，亦有相等者不少，多者較少見。以行格鑑別版刻之法，主要不在於行字之關係，而在於官府及各家所刻書，其行款亦往往皆有其定式：如現存南宋初期杭州刊本南北朝七史（前人有誤作眉山七史本者），皆半葉九行，行十八字；南宋兩浙東路茶塩司所刻諸經注疏皆八行，故稱之爲「八行注疏本」；南宋建陽所刻十三經注疏合刻本，每半葉皆十行，元覆刻者亦同，亦稱之爲「十行注疏本」；南宋臨安府陳宅書籍鋪所刊唐人詩集及南宋羣賢小集，皆十行十八字；傳世蜀本唐人集有兩個系統，一爲十一行本，約刻於南北宋之際，一爲十二行本，約刻於南宋中葉（註一六）。又宋刻書尙有一共同特徵，每行字數雖多相同，但從橫面視之，字的間隔排列多不甚整齊。

此外，宋版書各卷首尾之標題，亦有篇名在上，書名在下，所謂小題在上，大題在下是也；此見於史書者爲多，經書次之，子集則少見。而末後書名、卷數不刻在末行，隨文隔一至三、四行刻，亦以宋本最常見；此習蓋沿襲六朝隋唐以來寫卷之遺風（註一七）。卷末亦有標字之總數者，以經書爲多，分別標記經、注、音義各若干字數。若書名上冠以重言、重意、互註等類標題者，多係坊刻本；官刻本多在卷末標記校勘人姓名。而序文、目錄和正文相連不分開，亦宋版特徵之一。島田翰「古文舊書考」(頁三四九)謂「板心頁數字多用草體書者，蓋南宋以下刻本往往如此」，雖有其例，但以元版較多見。諸如此類特徵，若細密統計之，亦有助於鑑別也。

二、金元版版式

金版仍承宋代風氣，左右雙邊，版心白口居多數；間亦有黑口本，及帶耳者（註一八）。魚尾則有單有雙，版心上方亦間記大小字數。

元版版式與宋版比較，已生變化，四周雙邊逐漸增加，與左右雙邊並行，四周單邊除一、二特例外，亦罕見。黑口本則不限於建陽刻本，廣泛流行於全國各地，其比率約爲白口本之三倍；其寬度逐漸由細變大，出現大黑口。就魚尾而言，元代不論何地刻本，大多為雙魚尾；其中江浙所刻多逆魚尾，建本則多順魚尾；間亦有上表解說所擧之無魚尾，而代以橫短線將版心區分成五格者。又元版之魚尾刻在文內小題上之例，較宋版為多；亦出現了刻有花紋之魚尾。就版心刻大小字數及刻工姓名而言，江浙等地刻本一如宋風；但元建本除覆宋刻外，不記刻工姓名及大小字數者甚多，其原因除了上表解說中所述理由外，與刻工之聘僱方式，若為家族企業或包頭制，毋須計算工資，或有關聯（註一九）。

就特殊標誌而言，元刻本亦有句讀、圈發、耳格之例，唯有耳格者不多見。又元版間有旁抹之例（文旁刻短線，以示文句之佳者）（註二〇）。此外，就宋元版比較之，宋版大致行寬字疏；元版行界緊密者較多，尤以建陽坊刻為甚；大德本則幅廣行疏，不下於宋版也。

三、明版版式

明代初期（至弘治間止）與中期以後之版式風格，有極明顯之差異。初期繼承元末遺風，幾乎全為黑口本，四周雙邊。但自正嘉年間復古運動發生後，刻書者幾乎在一夜之間爭相廢棄盛行已久之黑口本，而模倣宋代浙蜀等大部分地區流行之白口本。大致而言，約自正德後期開始出現了部分白口本，入嘉靖朝，除少數例外，幾乎全改為白口本；萬曆以後，黑口本又偶而出現，迄明末，黑口本仍佔極少部分。總之，明代中葉與末葉之版刻，絕大部分為白口本，與明代初葉之黑口本，恰成為顯明的對比。

就邊欄而言：明初期除少數例外，絕大部分爲四周雙邊；自弘治起已有逐漸採用單邊者；至嘉靖時，四周單邊與左右雙邊及四周雙邊並行；至萬曆之後，四周單邊已躍居多數，迄天啓尤盛。因此凡邊欄爲單邊者，大致皆可推爲自弘治以後之刻本，蓋弘治以前之歷代刻本，罕見有單邊者也。

就魚尾而言：明代初期大多爲雙魚尾，自中期後，單雙並行。又從有版刻以來，皆爲黑色魚尾，或單或雙或多至三、四魚尾，但從未見僅刻魚尾之輪廓線而挖除魚尾肉塊之白魚尾，從明弘治間碧雲館活字印本「鶡冠子解」，可見已有白魚尾形式（見中國版刻圖錄圖版606），其後正德刻版亦見有白魚尾者，至嘉靖間刻有白魚尾者頗多（通常凡見有白魚尾，且印以白棉紙者，大半爲正嘉間刊本），萬曆、崇禎版仍有極少數白魚尾，清代白魚尾又罕見矣。當然，就全部版刻來說，明中葉以後黑魚尾仍佔大多數。

就版心刻出版者之齋號或商號而言：刻在版心上方者，遠在元大德間九路刊本史書，爲區別何書爲何路所刊？何葉爲何處所刻？即有在版心上方刻入刊者齋號之例，其後罕見，至嘉靖間再出現此特徵（活字版則較早之弘治間已有此特徵），如明嘉靖二十五年洪楩清平山堂刊本「新編分類夷堅志」，其版心上方便刻有「清平山堂」四字。著名的嘉靖三十五年顧氏奇字齋刻本「類箋唐王右丞詩集」，不但在版心上方刻「奇字齋」齋號，亦在下方刻書寫者及刻工姓名。此後迄明末，亦間有刻齋號在版心上方者，但不如嘉靖朝之多。至於齋號刻在版心下方者，明中葉以後迄清朝，皆有不少；考其源，遠在宋末廖氏世綵堂刊「昌黎先生集」，即在版心下方刻「世綵堂」齋號，其後亦罕見，至正德後方漸盛行。

就版心上方刻書名而言：據「明代版刻圖錄」著錄（1／43），明弘治十七年重刻宋本「幽蘭居士東京夢華錄」，在版心上方即刻有「夢華錄」簡名。其後逐漸流行，從萬曆迄清末，將書名刻在版心上方者超過大半，故有的版本學者將此種形式稱之爲「花口」本，以便與白口本有所區別。

就版心刻書名之詳簡而言：自宋元迄明初葉間書名大多刻在上魚尾下，且僅摘一至三字者爲多；若全書名在四字以下者，則部分刊本亦有全刻之而不摘字者。從萬曆以來迄清末，刻入全書名或删去無關緊要字者佔多數，僅摘一至三字者極少。此外，版心內僅刻卷次頁次，不刻書名者，各代版本皆有也。

四、清版版式

清版版式之最大特徵，爲大部分均在版心上方記書名；其次在版心下方記齋號者亦較前代爲多。就邊欄言，左右雙邊佔大部分，其次爲四周雙邊及單邊，與明末盛行單邊之風已有變化。版心白口者仍居大多數，但明中葉以來極爲罕見之黑口本，又稍興起，終清一代，各朝皆有，而以嘉慶朝之後稍多。就魚尾而言，單魚尾遠較雙魚尾爲多，白魚尾除活字本外未見其例。此外，字行之排列，遠較各代刻版整齊；書前刻封面者，亦遠較各代爲多，此皆爲清版特徵之一。

【附　註】

註　一　見盧前撰之「書林別話」（收錄於圖書印刷發展史論文集續編）。其步驟十五，曰：選式、寫樣、初校、改補、複校、上版、發刀、挑刀、打空、鋸邊、印樣、三校、挖補、四校、印書。

註　二　據宋程大昌「演繁露」，唐人稱作「邊準」，宋人稱作「界行」。抄本界行之黑色者稱「烏絲欄」，紅色者稱「朱絲欄」，此則源於古人在絹素上用烏絲或朱絲織成界道，沿用舊稱也（見通雅卷三十一）。

註　三　「中縫」之稱，各家說法不一，亦有謂之爲版心正中之摺線處者。

註　四　中央圖書館藏明初中期間刊黑口本「水東日記」卷十四頁九。

註　五　明崑山張應文清祕藏云：「藏書者貴宋刻，大都書寫肥瘦有則，佳者絕有歐柳筆法，……若夫格用單邊，間多諱字，雖辨證之一端，然非考據要訣也。」明高濂遵生八牋亦云：「宋人之書，紙堅刻軟，字畫如寫。格用單邊，間多諱字。」

註　六　如中央圖書館所藏元覆宋劉叔剛一經堂刊本「附釋音毛詩註疏」等所謂十行本注疏合刻本，經考多爲元覆宋本，其左上欄外，多有耳格，記篇名或記年等。

註　七　此據尾崎康撰「關於通典諸版本」（載於斯道文庫論集第十八輯，昭和五十七年，一九八二），與「宋版鑑定法」（載於「古籍鑑定與維護研習會專集」，民國七十四年中國圖書館協會印行）兩文之引錄，及後者所附書影，摘出之數種北宋版版式。

註　八　據「明代版刻綜錄」查尋到四周單邊者，有洪武廿一年書林王宗玉刊本「朱文公校昌黎先生文集」、弘治九年李瀚刊本「中州集」、弘治十五年刊本「龜山先生集」、正德二年刊本「文山先生文集」、正德十四年刊本「增注唐策」、正德十五年刊本「纂文楚騷」等。

註　九　四周單邊之例，僅見於中國版刻圖錄二一三宋淳熙五年王崧蘄州刻本「竇氏聯珠集」。又中央圖書館所藏「音註全文春秋括例始末左傳句讀直解」，一爲宋末建刊，一爲元建刊，皆爲四周單邊，可視爲例外。

註一〇　宋版三魚尾之例如宋咸淳九年序刊本「百川學海」是。書藏中央圖書館。

註一一　中央圖書館所藏之宋孝宗時刊本「聖宋文選」，字數、刻工皆記在版心下方，爲少數例外。

註一二　中央圖書館所藏宋紹與三十一年建陽陳八郎崇化書坊刊本「文選」，已有版心上方記字數之例。宋紹興末饒州董氏集古堂刊本「重廣眉山三蘇先生文集」，字數記在版心下方。

註一三　宋岳珂九經三傳沿革例云：「監蜀諸本，皆無句讀；惟建本始仿館閣校書式，從旁加圈點，開卷了然，於學者爲便。」

註一四　經査中國版刻圖錄，浙蜀等地刻本，多無句讀，建本如圖版一六九宋紹熙二年余仁仲萬卷堂刻本「春秋公羊經傳解詁」則有句讀之例。

註一五　圈發之例，亦見於圖版一七一宋余仁仲萬卷堂家塾刻本「禮記注」，不但加句圈，亦在字之四角加小圈，以示字之平上去入。

註一六　見中國版刻圖錄二三九「鄭守愚文集」條之解說。

註一七　就筆者所見之六朝隋唐五代之敦煌寫經亦多如此。

註一八　如中央圖書館所藏金明昌三年刊本「重校正地理新書」，版心小黑口，上象鼻有大小字數，左上欄外間有耳格記篇目。

註一九　長澤規矩也著作集第三篇宋元本考中「刻工與出版者之關係」一文，謂「宋元時，刻工多由出版者分別僱請，故須記大小字數及刻工姓名，以憑計算工資。明清不記刻工及字數，尙有一因素，即明代以後，雕工中之包頭，從出版者整批承包而來，再轉給自己的親朋分雕，故無須記姓名及字數。」元建陽坊刻本，屬家族企業者不少，故亦無須記姓名及字數。

註二〇　如版刻圖錄三〇九元大德五年王常刻本「王荊文公詩箋註」，凡劉辰翁批點處，多刻有「旁抹」短線以示佳處。通常以刻圈點者較多。

第四章　歷代印書紙墨之研究

古代造紙之原料因時因地而變化，品種亦逐代增加，若能釐清歷代刻書用紙原料及品種之演變，即有助於紙之斷代，從而亦有助於刻版時期之斷代。他如紙之簾紋，古今有別；紙之色澤，因時而變；用墨之清濁優劣，各代各地亦有所差異，均爲本章所要探討的範圍。

第一節　歷代寫刻用紙之文獻

紙品之名目繁多，本章所論以有關印刷抄寫之用紙爲主。欲了解各代用紙之演變，自應先從文獻上之記錄着手。

一、宋紙

宋蘇易簡（九五七—九九五）「文房四譜」卷四紙譜篇云：

蜀中多以麻為紙，有玉屑屑骨之號；江浙間多以嫩竹為紙；北土多以桑皮為紙；剡溪以藤為紙；海人以苔為紙；浙人以麥麪稻稈為之者尤脆薄焉，以麥膏油藤紙硾之尤佳。（註一）

宋蘇軾「東坡題跋」卷四「書六合麻紙」條云：

成都浣花溪水，清滑勝常，以漚麻楮作牋紙，緊白可愛。……揚州有蜀岡，岡上有大明寺井，知味者以謂，與蜀水相似，西至六合，岡盡而水發，合為大溪；溪左右居人亦造紙，與蜀產不甚相遠。……又「書海苔紙」條云：昔人以海苔為紙，今無復有；今人以竹為紙，亦古所無有也。

嘉泰會稽志（17／42）云：

剡之籐細，得名最舊，其次苔牋，然今獨竹紙名天下。

宋周密（一二三二—一二九八）「癸辛雜識」前集稱：

淳熙末，始用竹紙，高數寸，闊尺餘者。

按：據以上諸家所載，竹紙之盛行自南宋後，但其出現則唐末李肇「國史補」已有記載。

宋程棨「三柳軒雜識」云：

溫州作蠲紙，潔白堅滑，大略類高麗紙。東南出紙處最多，此當為第一焉。由拳（紙）皆出其下，然所產少。至和以來方入貢。……吳越錢氏時供此紙者，蠲其賦役，故號蠲（紙）云。

按：據天工開物「造皮紙」篇，蠲紙即桑皮紙。

明謝肇淛「五雜組」（12／15）論宋紙云：

宋之諸帝留心翰墨，故文房所製率皆精品，澄心堂紙之外，蜀有玉版，有貢餘，有經屑，有表光；歙有墨光，有氷翼，有白滑，有凝光。又越中有竹紙，江南有楮皮紙，溫州有蠲紙，廣都有竹絲紙，循州有藤紙，常州有雲母紙。又有香皮紙、苔紙、桑皮紙、芨皮紙。（註二）

明董穀「續澉水志」云：

大悲閣內貯大藏經兩函，萬餘卷也。其字卷卷相同，殆類一手所書。其紙幅幅有小紅印曰：『金粟山藏經紙』。間有元豐年號，五百年前物也。其紙內外皆蠟，無紋理，……」

明胡震亨「海鹽縣圖經」云：

金粟寺有藏經千軸，用硬黃繭紙，內外皆蠟，摩光瑩……紙背每幅有小紅印，文曰：『金粟山藏經紙』。后好事者剝取爲裝璜之用，稱爲宋箋。遍行宇宙，所存無幾。

按：據潘吉星之檢驗，金粟山藏經紙之原料主要爲桑皮，部分爲麻料所製。（註三）

二、元紙

元費著「蜀牋譜」（註四）云：

今天下皆以木膚爲紙，而蜀中乃盡用蔡倫法。牋紙有玉版，有貢餘，有經屑，有表光。玉板貢餘，雜以舊布破履亂麻爲之；惟經屑表光，非亂麻不用，於是造紙者以祀蔡倫矣。　又云：廣都紙有四色：一曰假山南，二曰假榮，三曰冉村，四曰竹紙，皆以楮皮爲之。其視浣花牋，紙最清潔。凡公私簿書契卷圖籍文牒，皆取給于是。廣幅無粉者謂之假山南；狹幅有粉者謂之假榮；造於冉村曰清水；造於龍溪鄉曰竹紙。蜀中經史子籍，皆以此紙傳印。

按：據此，元代盛行皮紙，四川則麻紙、皮紙並行。現存元版多建本，故元版用竹紙者較皮、麻紙爲多。

三、明紙

五雜組（12／16）云：

印書紙有太史老連之目，薄而不蛀，然皆竹料也。若印好板書，須用綿料白紙無灰者，閩浙皆有之。而楚蜀滇中綿紙瑩薄，尤宜於收藏也。」又卷十三（葉二十）云：「書所以貴宋版者，不惟點畫無訛，亦且箋刻精好，若法帖然。……箋古色而極薄不蛀。元刻字稍帶行，而箋時用竹，視宋紙稍黑矣。國初用薄綿紙，若楚滇所造者，其氣色超元匹宋；成弘以來，漸就苟簡，至今日而醜惡極矣。」

按：此段論明代印書紙之文獻，以現存明版書印證之，頗爲正確。

明胡應麟「少室山房筆叢」甲部「經籍會通」四云：

凡印書，永豐綿紙上，常山柬紙次之，順昌書紙又次之，福建竹紙爲下。綿貴其白且堅，柬貴其潤且厚。順昌堅不如綿，厚不如柬，直以價廉取稱。閩中紙短窄黧脆，刻又舛譌，品最下而直最廉。　又云：近閩中則不然，以素所造法演而精之，其厚不異於常，而其堅數倍於昔，其邊幅寬廣亦遠勝之；價直既廉而卷軸輕省，海內利之，順昌廢不售矣。　又云：餘他省各有產紙，余弗能備知，大率閩、越、燕、吳所用刷書，不出此數者。燕中自有一種紙，理粗麤，質擁腫而最弱，久則魚爛，尤在順昌下，惟燕中刷書則用之。　又云：惟滇中紙最堅，家君宦滇，得張愈光、楊用修等集，其堅乃與絹素敵，而色理疏慢蒼雜，遠不如越中。高麗蠒絕佳，純白滑膩，如舒雪，如匀粉，如鋪玉，惟印記用之。

明宋應星在崇禎十年成書之「天工開物」卷中「殺青第十三」，分「紙料」、「造竹紙」、「造皮紙」三篇，對竹紙、皮紙之製法所載甚詳（註五）。　「紙料」篇云：凡紙質用楮樹（一名穀樹）皮與桑穰、芙蓉膜等諸物者爲皮紙；用竹蔴者爲竹紙。精者極其潔白，供書文、印文、柬啓用；麤者爲火紙、包裹紙。所謂殺青以斬竹得名，汗青以煮瀝得名。　「造皮紙」篇云：凡皮紙，楮皮六十斤，仍入絕嫩竹蔴四十斤，同塘漂浸，同用石灰漿塗，入釜煮糜。近法省嗇者，皮竹十七而外，或入宿田稻藁十三，用藥得方仍成潔白。凡皮料堅固紙，其縱文扯斷如綿絲，故曰綿紙。

按：據此可知明紙主要爲竹紙與皮紙兩大類。楮、桑、芙蓉等皮所製者皆屬皮紙。明代皮紙之原料並非純皮，而雜有竹、或稻藁料；其堅固者俗稱之爲綿紙。

有關楮皮紙之製法，亦詳載於嘉靖萬曆間王宗沐所編之「江西大志」楮書篇（註六）。「江西大志」亦記載明代各種色紙所用染料，云：「按楮（紙）之顏色，紅用紅花、蘇木；黃用梔子、姜黃；青用靛青，照布洗染。」皆是植物性染料。

四、清紙

清朝有關造紙的文獻，如道光二年嚴如熤「三省邊防備覽」卷中「山貨」篇，記載了陝南造竹紙之過程。清人黃興三在「造紙說」對浙江常山造竹紙技術亦有記載。清代所造的仿古名紙，如乾隆時曾仿製過五代南唐時的澄心堂紙，和宋代的金粟山藏經紙；前者在紙上鈐有長方形隸書小朱印曰「乾隆年仿澄心堂紙」。（註七）

長澤規矩也「從文獻看中國紙之製法」（註八）第五篇，介紹日本井上陳政等人在明治十八、九年對清代製紙業之調查報告＜編有「支那製紙業」（關彪編）一册＞，對宣紙、連史紙之製造過程、紙藥配方、製紙原樹、南方製紙地方等均有記錄。南方之紙產地，安徽省以樹皮料宣紙；江西福建以竹絲料連史、毛邊、毛太、賽連、官堆各紙；浙江以刷黃、黃尖、桑皮各紙爲多。

第二節　歷代寫刻用紙之種類及其鑑別

綜上所載文獻及現存各代版本之調查與研究，我國古書用紙，可大別爲蔴紙、皮紙、竹紙三類。蔴紙通常並非直接以生蔴爲原料，而是用蔴繩、蔴鞋、蔴布等廢舊蔴料爲原料；蔴繩等之原料，則取之於大蔴與苧蔴。皮紙類如棉紙（註九）、宣紙（註一〇）、桑皮紙等屬之；分別剝取楮、青檀、桑等樹皮爲主要原料而製成者。竹紙類以竹爲主要原料，連史、毛邊、毛太、賽連、官推等紙屬之。竹紙是用竹子的整枝莖桿，經一系列複雜的手續處理後造出的紙，較蔴紙、皮紙之製造術而言，是一大進步。竹紙的製造，開十八世紀歐洲木漿造紙的先河，因木漿造紙之原料，亦屬於莖桿纖維。

從近代中外學者對古紙之研究，及上述文獻之記載，可知魏晉南北朝多用蔴紙；隋唐時期除蔴紙外，有楮皮紙、桑皮紙；五代以蔴紙爲多；宋元以皮紙、竹紙爲多，蔴紙逐漸衰落；明清以竹紙最多，皮紙居次，蔴紙甚少。

其次略述古紙之檢驗，自十九世紀末奧地利維也納大學教授威斯納即利用顯微鏡分析與化學檢驗古紙，此種方法已被證明爲研究古紙最可靠的方法。若有古紙樣品可供比對，亦可使用紫光燈，其作用乃因大多數元素，在紫外線底下，皆有一種特殊的螢光反應；故將鑑定品與比對的標準品置於紫光燈下，觀察其螢光反應有何不同，如紙質、原料、顏色等，便會發生不同的螢光反應，籍此可鑑別出異同。然上述使用科學儀器及化學檢驗法，非講置特殊設備及接受專業訓練，無法進行，但吾人僅憑目視，配合高倍放大鏡，厚度測量儀等簡單儀器，亦可對古紙之外觀形像，諸如顏色、尺幅、厚薄、簾紋、質料、纖維交結、分散和老化程度、紙病等加以檢驗，經統計歸納後，配合文獻記載，亦有助於紙之斷代。

大致而言，麻紙類之特點是纖維較粗，製作難以精細，摩之有粗糙感，但極堅韌；紙面無光，不光滑，不起毛，纖維束（原料中纖維未打碎的部分，成一束一束的形狀，稱之爲纖維束）形成圓形，偶而見有木素（麻料中有時發現一些紅色小塊，是由木質氧化後變化而成的，稱爲木素）。就色澤言，有黃白之分；就質地言，有粗細厚薄之分；就簾紋言，竹紋頗粗，絲文間距亦闊。

皮紙類包括用楮樹皮、青檀樹皮、桑樹皮等所製者。楮皮與檀皮紙是纖維較細，製作較精；紙質越來越薄，具有細薄、均勻、緊密、潔白（間亦有灰黃色）、堅韌、柔軟的特點。此種質料亦發暗無光（但比麻料稍亮），紙面略有紙毛，纖維束形成扁片形；唯皮紙類之纖維束頗少。

桑皮紙之特點，是纖維更細，紙面發亮，容易起長毛，纖維束亦爲扁片形。朝鮮所製之所謂「繭紙」，事實上即桑皮所造，此種紙最早見於北宋，因其纖維極亮，後人遂誤認爲是蠶繭所製，此紙之特點爲紙面光滑潔白，質料較厚。

竹紙類之特點，是纖維最細，但極短（麻與桑皮之纖維最長，楮皮居中，竹子最短）；紙面光亮平滑，不起毛，纖維束形成硬刺形，轉處亦見稜角。紙性甚脆，韌性差，摩之有輕脆聲。因紙色黃，多被稱做黃紙，年代愈久，則逐漸變爲茶黃色，尤以上下邊緣往往褪成暗褐黃色。而麻紙、皮紙褪色較輕微。又竹紙之絲紋間距，宋元印紙極闊，自明萬曆以後，大多降爲一·一公分左右，亦爲一大識別法。

紙簾是用細竹絲與絲線編織而成，用紙簾從槽內將紙漿撈起，瀝乾後壓平即爲紙張。當紙於紙簾上取下來時，簾子上的一絲一紋，一模一樣的留痕在紙上，稱之爲「簾紋」，故簾紋是由竹條紋與絲線紋兩種構成。各地區之紙簾皆世代相傳，逐步形成風格，約定俗成，故研究簾紋的樣式，亦有助於紙張的斷代。由實際的調查可知，竹紋之粗細、絲紋之間距，因時代、地域之不同而有變化。根據筆者工作時之記錄：南北朝隋唐之敦煌寫經紙，多爲麻紙及皮紙所造；麻紙類多爲粗橫簾紋，皮紙類細橫簾紋爲多；絲紋之間距極闊，在4公分到7公分之間，有部分絲紋不顯者，乃因加蠟、染潢、或紙厚等原因。宋元建本大部分用茶黃色竹紙印刷，絲紋間距約在2.3公分至3.8公分之間，自明萬曆後，盛行用價簾之竹紙印書，絲紋間距降爲1.1公分左右。就皮紙類而言，宋元刻版早印者不多，據少數測量之，絲紋間距約在2公分至3公分之間。自明洪武迄嘉靖間，印書多用棉紙，絲紋間距在1.5公分至2.6公分間，而以2.1公分以上者最多；其中部分棉紙因絲紋極細薄，往往不明顯，須多翻數葉，迎光細看方能測得。又部分絲紋間距不均等而略有大小，及呈現1.2公分與2.1公分交叉排列等式樣者亦見其例。

就竹條紋之寬度而言，依據「中國造紙史稿」之研究，可分四個級別：①粗紋，每紋寬○．二公分，②中等紋○．一五公分，③細紋○．一公分，④特細紋○．○五公分。在唐以前及五代之書畫紙中，麻紙類粗紋較多，其紙簾可能用西北產的芨芨草桿編成者；唐代麻紙粗細紋均有，皮紙則細紋居多；宋元時期各類紙皆少見粗紋者，皮類、麻類多細紋，竹紙介於細紋與特細紋之間；明清用紙不論何類，皆以特細紋居多，但皮紙較竹紙略粗些。毛晉汲古閣用紙及清代竹紙之佳者，間有絕細至約〇・〇三公分者。以上所述竹條紋之寬度皆大致而言，不可拘泥。

此外，宋以前之竹條紋大多略帶波浪形而不平直，自宋以後則較畢直，蓋造紙工藝愈來愈精故也。簾紋除有時代性外，亦有地域性，如福建之絲紋間距比江西紙為小是也。

最後須注意者，由於我國雕版印刷術之特性，有原版初印與原版後印之分，前者雕版年與印刷年同時，後者印刷年在雕版年之後，從若干年至數百年不等。紙張之斷代是推斷印刷成書時用紙之年代，而非雕版年代，因此鑑別紙張時，首先須區分版刻印刷之先後，若為早印之本，則紙張之年代接近雕版年代；若為後印之本，則其時間差距從數年至數百年不等矣。

第三節　歷代寫刻用紙之調查研究

一、據潘氏「中國造紙技術史稿」之調查研究（一九七九年出版）

此書為潘吉星所撰，係結合考古發掘、文獻考證、古紙化驗、模擬實驗、土法調查、技術探討等六方面的綜合研究，頗具權威性，茲將其有助版本鑑別之研究結果摘錄如左：

㈠**魏晉南北朝時期**——對魏晉南北朝近百種古紙的檢驗，證明其中百分之九十以上都是用麻紙。其原料多是麻繩頭、故布、魚網、敝履等廢舊麻料。本世紀初，奧地利人威斯納對新疆、敦煌等地發掘的晉、南北朝紙的化驗，也證明原料是以大麻和苧、麻居多。這種麻紙除使用本色紙外，還有時加工成優質文化紙，除用作書寫材料外，還在日常生活中作爲雜用。除麻紙外，這時期還採用其他韌皮纖維原料造紙，如楮皮紙、桑皮紙、藤皮紙等。有時還將樹皮纖維與麻料混合起來造紙。桑樹自古以來就在我國種植，用于養蠶，後來發現其枝條的嫩皮剝下來經漚製、蒸煮後，再經一系列處理，也可提出它的韌皮纖維造紙。（見第三章）

㈡**隋唐五代時期**—隋唐五代時所用的造紙原料，根據文獻記載和對這時期古紙的化驗，計有麻類、楮皮、桑皮、藤皮、瑞香皮、木芙蓉皮等。但仍以麻紙爲主要造紙原料，其他原料紙則較之魏晉南北朝時的產量有所增加。除單一原料外，這時期還出現更多的用混合原料造的紙。竹紙也在這時初露頭角（註一一），但到宋代以後才大顯身手，後來居上。五代用紙基本上與唐紙相仿，但從實物看來，尺寸參差不齊，所造的麻紙多是粗製濫造的本色紙。此外，在唐代黃紙中有一種再加黃蠟處理過的加工紙，名曰「硬黃」或「黃硬」，最爲名貴，此種硬黃紙多製于初唐至中唐之間（註一二）。在五代時之南方亦出現了頗負盛名的「澄心堂紙」，爲歷代所稱贊。（見第四章）

㈢**宋元時期**—①宋元時期爲中國古代造紙術的成熟階段，造紙原料較之隋唐五代又有了新的發展；竹紙和麥莖、稻桿紙的出現，標誌著造紙史上的新紀元。其中以竹紙和皮紙，產量既多且精，廣泛應用於書畫、刻本和公私文書中。麻紙則已逐漸衰落，但在北方和南方仍有生產。②宋元建本幾乎絕大部分是用竹紙。如宋紹興十八年刊「毗盧大藏」、宋乾道七年刊「史記集解索隱」、元至元六年建陽鄭氏積誠堂刻「事林廣記」等是。其他地區的刻本也有用竹紙的，如北宋元祐五年揚州刻本鼓山大藏本「菩薩瓔珞經」、元大德五年磧砂藏本「大乘密嚴經」、大德三年江西信州刻本「稼軒長短句」等皆用竹紙印刷。③宋元刻本也多用各種皮紙刷印，經作物理檢驗者，如北宋開寶藏「佛說阿維越致遮經」，爲高級的桑皮紙，雙面加蠟、染潢；南宋末期廖氏世綵堂刻「昌黎先生集」，是細薄白色桑皮紙；南宋景定元年江西吉州刻「文苑英華」、咸淳「臨安志」及元代茶陵刻本「夢溪筆談」，則用的是楮皮紙。此外，如杭州刻宋版「文選五臣注」、四川眉山刻本「國朝二百家名賢文粹」、蒙古定宗四年刻本「證類本草」等，皆爲皮紙。宋元寫本中也有用皮紙的，如司馬光「資治通鑑」稿本、北宋元豐元年內府寫本「景祐乾象新書」、南宋淳熙十三年內府寫本「洪范政鑑」（此爲楮皮紙）等都是用皮紙。一九六七年浙江瑞安慧光塔出土的北宋明道二年雕板「大悲心陀羅尼經」，用的是桑皮紙。④金代山西平陽刊本「劉知遠諸宮調」，爲麻紙印刷；元代大德四年浙江官刻本「重校聖濟總錄」是用樹皮與麻料的混料紙所印。（以上皆北京圖書館藏本）。（見第五章）

㈣**明清時期**—明清兩代的造紙技術進入了總結性的發展階段；在造紙的原料、技術、設備和加工等方面，都集歷史上的大成。紙的產量、質量、用途、產地也都比前代有所增長。明清造紙槽坊，大多分布在江西、福建、浙江、安徽等省，廣東、四川次之。北方以陝西、山西、河北省爲主。原料有竹、麻、皮料和稻草等，其中竹紙產量佔首位，南方各省盛產竹材，因此近山區也多造竹紙。皮紙居第二位，多用以製造書畫紙或印刷紙，麻紙產量比率逐漸變小。明清時皖南特產的宣紙，爲一時之甲，其原料主要是青檀皮，這是一種楡科青檀屬的中國特產落葉喬木，取其枝條靭皮造紙，古人多誤以爲楮，近人多誤以爲桑。竹紙中以江西、福建的毛邊、連史最爲普遍，多用于印各種書籍。麻紙主要產于北方各省，皮紙南北各地均有。稻草、麥桿紙用以造較粗糙的紙，或作包裝紙、火紙（註：祭祀、喪儀等用之紙錢）、或作厚紙板。（見第六章）

二、據「粹芬閣珍藏善本書目」之著錄（民國二十三年出版）

該目現收入於成文出版社編印之「書目類編」內，每條目下註明有紙別，書後附有紙別及版本朝代之總計表。據該表之統計，依次有竹紙三二六部、白棉紙一九九部、白紙八〇部、桃花紙（即開化紙）二四部、太史紙一部、東洋紙二部，另外鈔本有一七七部，共計八〇九部。所收版本，依數量多寡計，萬曆版一二四部、乾隆版一二二部、康熙版一一一部、嘉靖版八一部、嘉慶版五一部、道光版二八部、崇禎版二七部、殿版一一部、正德版一〇部，其他宋元明清刻本在十部以下者不計。由於未按版本年代統計其紙別，無法顯示紙張因時而異的變化，筆者遂復據目逐一按朝代統計之；並參酌「書目類編」內所收而記有紙別之「揚州吳氏測海樓藏書目錄」（民國二〇年出版），得出結論：㈠明版之紙類，迄嘉靖止，絕大部分爲白棉紙類。自萬曆後，白棉紙已被黃色竹紙所取代，天啓後白棉紙已甚少見，迄清代尤爲罕見。㈡清代印紙大半爲竹紙，其次爲白紙；又次爲康熙乾隆間流行之開化紙；其他紙種甚少。所謂「白紙」似係概括非上記各紙種而色白之紙。道光二年嚴如煜在「三省邊防備覽」卷中山貨篇，記載陝南造竹紙之過程中有云：「如造細白紙，每甑紙料入槽合，再以白米二升，磨成汁攪入，揭紙即細緊。如做黃表紙，加薑黃末，即黃色。其紙大者名二則紙，其次名圓邊、毛邊紙、黃表紙。」則竹料混入白米汁即可得細白紙，加入薑黃末即得黃色竹紙諸品種。

近人「苦竹齋主」所撰「書林談屑」一文（註一三）稱：「清代印書，上焉者用開花紙，色白而堅韌細密，表面光滑，清康熙殿版『御製詩文集』及『性理精義』等書，即其一例。武進陶蘭泉氏在世時，藏書甚富，陶氏最醉心於清初精刻初印之開花紙書，故世人常以『陶開花』呼之。嘉道間殿版書，多用白榜紙，較之開花，質鬆而稍厚，嘉慶『御製全史詩』及道光『欽定新疆識略』等書均用之。宣紙多用於印譜畫譜，普通書用之者極尠；惟雍正十三年所刻陝西通志一百卷，其最初印本全用宣紙；同光以後，宣紙印書乃漸盛行；又有所謂太史連與粉連、綿連等名目，色白質鬆，類似宣紙。竹紙色黃，上焉者堅韌光滑，如康熙殿版淵鑑類函及佩文韻府，其初印本用紙，與今日江西所出之玉版官堆無異；下焉者質鬆脆薄，直與毛邊等耳。」足見清紙色白者甚多，非精於賞鑑者，頗難識別之。但此等「白紙」之韌性，比白棉紙差多，其主要原料似亦多為竹料。明版書僅明末有少部分刻本使用，清版使用者較多。

三、諸家散記

茲將諸家所見各代印紙，其審定較為可靠，且有益於鑑別者條記於下：

㈠宋　紙

日本名古屋市博物館「眞福寺文庫展目錄」（一九八四年）載宋熙寧二年刊本「新雕雙金」云：「卷末之刊記云：『此書曾因檢閱，舛錯稍多，蓋是自來遞相摸搭，刋亥爲豕，刻馬成烏，誤後學之披尋，失先賢之本意。爰將經史逐一詳證近五百餘事件訛誤。今重新書寫，召工雕刻，仍將一色純皮好紙裝印。貴得悠□□□書君子，詳識此本乃是張家眞本矣。時聖宋己酉熙寧二年孟冬十月望日白。』」

按：據此可知北宋版用紙之精者，全用純皮所製，未混入他料。而明代皮紙多混合他料。

天錄琳琅後編三宋版類「春秋經傳集解」條云：「又刻印記云：『淳熙三年四月十七日，……秦玉禎等奏聞，壁經、春秋、左傳、國語、史記等書，多爲蠹魚傷牘，不敢備進上覽，奉敕用棗木椒紙各造十部，四年九月進覽，監造臣曹棟校梓，司局臣郭慶驗牘。』」

按：宋代亦多用黃蘗染紙以防蠹敗，如「續資治通鑑長編」卷一八九云：「嘉祐四年二月置館閣編定書籍官，別用黃紙印寫正本，以防蠹敗。」中央圖書館所藏宋理宗時館閣寫本「宋太宗實錄」，即爲黃蘗所染之黃紙寫本，有訛字處並以雌黃塗抹改正之。（註一四）

黃氏蕘圃藏書題識卷五殘宋刻本「圖畫見聞志」條云：「……而楮墨俱饒古氣，細辨字畫，宋諱皆缺筆，……爰揭去舊時背紙，見原楮皆羅紋闊簾而橫印者，始信宋刻宋印，以翻本行款證之，此即所謂臨安府陳道人書籍鋪刊行本也。」

按：羅紋紙的特點是因用頗緊密的絲線編織的簾子抄造而成，其紙面呈現有細密的縱橫交叉之紋理。各代皆有用羅紋紙印者，但傳本甚少。中央圖書館所藏宋嘉定至景定間臨安府陳解元宅書籍鋪刊本「南宋羣賢小集」，爲宋刊宋印，其用紙分由黃麻紙、白麻紙、竹紙等多種紙所印。絲紋間距皆二·六公分左右，並非縱橫交叉的羅紋紙。

書林清話卷六「宋元明印書用公牘紙背及各項舊紙」篇云：「宋時印書，多用故紙反背印之，而公牘尤多。……」。

按：文長不錄，此種公牘紙往往有紀年，爲鑑定印刷年代及刻書地之最佳佐證。使用公牘紙印刷，明初以前較多，因在此之前所造之皮紙，厚者較多，故可反面印刷。

㈡元　紙

古書版本學（頁四六）云：「元刻印紙，常用者是竹紙，比宋紙稍黑（見五雜組）。皮紙則極薄而粗黃（見浙館藏玉海），但也有極好的，如：馬祖常石田集，其印紙潔白如玉，而又堅靭；范文正公事迹，元延祐刻本，紙堅白而極薄；浙江大學藏的玉海，紙潔白可愛，錢泰吉曝書雜記說：『玉海元板初印者，白紙甚厚，允爲玉海所見本之冠』，浙大藏本，當是初印。」

古籍版本鑑定叢談「古書用紙」篇中列有「蠶繭紙」，云：「蠶繭紙有兩種顏色，一種潔白如玉，一種呈乳白色。質細而薄，有光澤，從表面來看頗與絲棉相似，靭性很強。元朝印本中有少數用蠶繭紙者。」

按：中國造紙技術史稿頁一〇一云：「在古書中，常將精美的皮紙譽之爲『繭紙』或『綿紙』，……其實用蠶繭、絲絮是造不出紙的。其所以得此美稱，是因爲紙的纖維潔白、細長、均勻，交結緊密如蠶絲。」

又「梗棒紙」條云：「梗棒紙是元末印書所採用的一種紙，也屬于竹紙一類。質地粗糙，紙面澀滯，背面多碎草屑，厚而且脆，古書業把這種紙叫『梗棒紙』，以後用這種紙印書的，傳本中就不多見。」

(三)明　紙

明劉若愚「酌中志」（註一五）卷十八內板經書記畧，末附佛經一藏所用紙墨絹等印裝材料云：「共用白連紙四五〇二三張、藍絹二五三疋七尺四寸、黃絹二六疋二丈四尺一寸（每疋長三丈二尺）、黃毛邊紙五七〇張、藍毛邊紙四九一二張、黃連四紙（即黃連史，註十六）三四七張、白戶由紙一八〇九五張、黑墨二八六觔八兩、白麵二二五觔、白礬四五觔。」

苦竹齋主「書林談屑」一文云：「明刻用紙亦分黃白兩類。白紙復分白棉與白皮：白棉紙色純白，質堅而厚，表面不如開花之光滑；白皮紙白中微帶灰黃，頗似米色，不如白棉之細密，亮處照之，常見較粗之纖維，盤結於簾紋間。黃紙復分黃棉與竹紙：黃棉與白棉略同，而色帶灰黃；竹紙則類多脆薄易碎。故藏家購求明版，必以白紙爲貴。又有所謂黑棉紙者，余所見明馮天馭所刻『文獻通考』及嘉靖刻薛應旂『四書人物考』兩書用之，其色灰白，似經薰染。」

按：明代白棉紙薄者居多，厚者頗少。

古書版本學（頁四九）云：「明人印書紙，……綿紙有極白而極薄的，有極白而厚實的，有粗而黃的，品類不一，其價高，坊刻罕有用者。竹紙價低，亦有高下：一種竹紙質極細而緊密，極細故潤，緊密故堅，這是上品；一種質粗而鬆，爲下品。其簾寬一指，或不到一指。萬曆以後印的書，以竹紙爲最常見；嘉靖以前印的，綿紙爲多，故明板書人多重視綿紙印的。」

「古籍版本鑒定叢談」（頁九一）亦云：

「明初印書，雖然還有少數用白黃麻紙，但主要的還是用白棉紙或黃棉紙（南方稱白皮紙黃皮紙）、竹紙、羅紋紙、毛邊紙、毛太紙。一般說來，官刻本、家刻本多用棉紙，坊刻本多用竹紙。若按時期來分，明代初期多用白棉紙、黃棉紙，用竹紙的較少；明中葉仍以白棉紙的爲多，漸有用竹紙者；晚明時期則多數用竹紙，少數用棉紙，間有毛邊、毛太紙者，還偶有用開化紙和錢糧册子紙，把册子紙反折過來，利用空白的背面再行印書。」

註：「常昭合志稿」卷三二云：「天下購善本書者，必望走隱湖毛氏；所用紙，歲從江西特造之，厚者曰毛邊，薄者曰毛太，至今猶延用其名不絕。」

長澤規矩也「古書之話」（頁一〇二）云：「明代用紙以竹紙爲多，但以雲南爲中心，廣西、四川、陝西之刊本，多使用近似朝鮮紙的稍薄的皮紙。此種薄皮紙與中國古書常用的毛邊紙、連史紙、宣紙、綿紙等紙質不同；因此知道有薄朝鮮紙的人，常將此等薄皮紙與清宮中雜用的薄朝鮮紙（

俗稱高麗紙）混爲一同。故一知半解是可怕的。」（按：以上凡長澤規矩也之文，均爲筆者所譯。）

㈣清　紙

古籍版本鑒定叢談（頁九二）云：「清代印書用紙品類繁多。最好的是開化紙（南方稱桃花紙），其次是開化榜紙、棉紙、貴州棉紙、雲南棉紙，以及各地土產的棉紙、連史紙、粉連紙、竹連紙、玉版宣紙、棉連紙、料半紙、竹紙、毛邊紙、毛太紙。玉版、棉連、料半顏色潔白。開化紙，既薄而細，榜紙略厚，這兩種紙比較貴重，揚州詩局武英殿本多所採用，普通印本竹紙較多。」

【補　註】

①開化紙，據說產自浙江省開化縣，故名開化紙，質地細膩，極其潔白，絲紋間距一．八至二公分間，竹條紋特細不甚明顯（古籍鑒定叢談謂爲無簾紋。筆者則根據中央圖書館所藏少數開化紙觀之），紙雖薄而韌性強，柔軟可愛。清順康雍乾內府刻書多用此紙。

②開化榜紙，近似開化紙，略厚，質量次之，色略顯發烏。清嘉道間有部分殿版書係用此紙刷印。

③太史連紙（通稱粉連紙），紙潔白勻淨，與棉連紙相似，韌性次之。正面光潤，背面稍澀。乾隆以後印書採用者較多。（據中版錄：清雍正四年內府銅活字印本「古今圖書集成」，共印六十部，分開化紙、太史連紙兩種印本。）

④機器連史紙，與太史連紙質料大致相同，只是用機器製造，顏色較太史連稍黃。清末民初印書有採用者，如中華書局所印之四部備要即用此紙。

⑤棉連紙，是宣紙之一種，汪六吉製造者稱「六吉棉連」，色白如玉，勻淨細膩，柔軟有韌性。摹拓牌版彝器和影印字畫多用此紙，清末民國間精印古書亦有採用者。

⑥玉版宣紙，色白，質細而厚，很能吸收水分，韌性比棉連稍差。晚清民國印製金石、考古、印譜、書畫冊等多採用之。

⑦料半紙，亦宣紙之一，比較薄而質地細，顏色潔白，紙性柔軟有韌性，汪六吉所製稱「六吉料半」，可作繪畫印書，晚清至民國一部分書採用此紙。（以上棉連、玉版、料半，皆爲安徽宣城所產，統稱宣紙，細分則品名繁多，上擧僅是印書常用者耳。）

⑧洋粉連紙，色灰白，正面平滑有亮光，背面澀滯，薄而且脆，不甚延年，爲機器所製。清末民初石印排印本書多用此紙。

⑨毛邊紙，色呈米黃，故亦簡稱黃紙。正面光，背面稍澀，質地略脆，韌性稍差，堅固程度略次于太史連紙。清乾隆以後印書用紙，除太史連紙外，絕大部分是用毛邊紙印的。

⑩毛太紙，色澤近毛邊，質量次之，紙幅較小，厚薄不一，有明顯的紙紋，清同光間印書採用之。

⑪官堆紙，比毛邊略厚，金陵書局印書多用此紙。

⑫日本皮紙，又叫東洋棉紙，產自日本，黃白皆有，質地堅韌，清末民初間有採用者。

（以上註解是就古籍版本鑒定叢談第七篇「古書用紙」，有關清代用紙者擇要摘錄之，以供辨認紙別之參考。）

四、國立中央圖書館藏歷代古書用紙之調查

國立中央圖書館收藏的歷代刊本、寫本，總計近十七萬册。爲版本研究提供了最豐富的資料。這批古書就版本分析：有六朝隋唐五代之敦煌寫經一五一卷，宋版二八一部，金版一〇部，元版三五〇部，明版八三三九部，嘉興大藏經一部，名家稿本及批校本一千餘部，歷代手鈔本三千五百餘部，其餘爲活字版，明清輿圖，清代以及朝鮮、日本、安南等刻本，總計善本古籍有一萬五千餘部。另外普通本線裝書有二千餘部，湘潭袁氏玄氷室贈書（袁思亮剛伐邑齋舊藏）近四百部（含善本普通本）。

本項用紙調查，有平時工作的記錄，有重新抽樣調查；其取樣以具有代表性，且版本之審定較可靠者爲原則。表一爲「南北朝隋唐五代寫本」，選取十一卷子；表二爲「宋代刻本」，選取皮紙類五種，竹紙類八種，疵紙類三種，表三爲金元刻本，不分紙類，選取十三種；表四爲「明清刻本」，選取六〇種。

茲將是項調查結果綜述于下：

㈠**南北朝隋唐五代寫本**——館藏此一時期之寫本，皆爲原藏敦煌石室的約四萬號卷子之一小部分。凡一五一卷，經全部檢視其紙質，大多爲疵紙與皮紙。就時代而分，南北朝及五代以疵紙較多；唐朝則皮紙爲多，且有將皮紙染以黃蘗，又加蠟、砑光製成之硬黃紙。五代疵紙製造不精，粗糙堅韌，多本色紙。其他有關簾紋及紙質、色澤之說明，參見附表及本章第二節。

（有關極少數卷子經鑑定爲日本古寫經卷混入者，筆者在民國七十四年出版之本館館刊新十八卷第二期「國立中央圖書館藏敦煌卷子考」已有考訂，可參見之。）

㈡**宋代刻本**——海內外收藏之宋刻本，估計約千部上下，但眞正宋刻宋印者並不多，館藏亦如此。就此少量檢視之，竹紙類居多，皮紙次之，麻紙最少。皮紙類有厚實者，有薄如翅者，但皆柔軟、堅韌、細密，紙質極佳。竹紙類多呈茶黃色，其質紙遠較後代竹紙爲佳，故流傳迄今八百年而不壞。就地域而言，凡建安刻本，幾乎全用竹紙刷印；其他地區多用皮紙或麻紙，間亦有用竹紙者。皮紙多白色，麻紙多微白泛黃，皆呈現古色狀，與明代色白如新之白棉紙，一望可辨。

㈢**金元刻本**——金版多用麻紙刷印；元版因現存者建本居多，多用竹紙刷印；少數印以皮紙。宋元竹紙與明清竹紙之最大不同，除製作較精外，從絲紋間距極濶可辨之，大多在三公分上下。明清竹紙罕見有大於一·五公分以上者；除明代初期間有近似宋元之濶簾外，自嘉萬以後迄清代，大多在一·一公分上下。

㈣**明清刻本**——就現存明版用紙觀之，可以萬曆朝爲分水嶺，在此之前多用皮紙類，在此之後多用竹紙類。析而言之，明代初期（至弘治止）刻本大部分爲白棉紙，色白如新，間有黃棉紙、皮紙（色白微黃，近米色，紙面可見一條條較粗之纖維束，較棉紙爲薄，其質料不像一般楮皮所造之棉紙，但仍含有樹皮料成分者，皆歸之）。唯洪武、永樂間承元遺風，尙多用竹紙。或許明代初期刻本所以少見竹紙印本，與弘治大火，古今建陽書版盡成灰燼有關。但無論何紙所印，經筆者之調查，此一時期之刻本，幾乎皆爲大黑口本，甚少例外。自嘉靖以後，白棉紙仍多，但竹紙印本逐漸增多，至萬曆以後，除少數精刻本外，盡成竹紙天下；絲紋間距變窄，紙質變脆者居多數。清代用紙，大致如上載諸家所言。中央圖書館所藏清版書較少，筆者所見以黃色竹紙類居多數，各類白紙次之，開化紙僅見於康雍乾三朝之刻本。棉紙、宣紙印本極少見。

表一　南北朝隋唐五代寫本

單位：公分

書名	書寫年代	每紙幅度	紙紋		紙質	紙色	紙類	書號
			絲紋	竹紋				
大般涅槃經卷第十二	南北朝	27×51	5.5	中	厚薄不勻，纖維束少，呈扁片形。	褐黃	皮	敦〇七四
大般涅槃經卷第八	南北朝	25.8×37.1	5及5.5	中	粗糙而堅韌，紙漿不勻，纖維束多，呈圓形。	白色泛黃	麻	敦〇八二
大般涅槃經卷第十九	隋大業四年	25×52.1	不清	細	紙薄，平滑、均勻、細緻，纖維束極少。	黃	皮	敦〇七九

書名	書寫年代	每紙幅度	紙紋（絲紋）	紙紋（竹紋）	紙質	紙色	紙類	書號
大方等大集經第十二	隋	26.3×52	4.2	細	紙稍薄，平滑、均勻、堅韌、細緻，纖維束少，呈扁片形。似加蠟？	黃	皮	敦〇一三
大般若波羅蜜多經卷第三一三	唐武后時（採用武周新字可證）	27×48	不顯	細	紙略厚，粗糙，堅韌，紙漿不勻，纖維束少，呈圓形。	黃	麻	敦〇四二
摩訶般若波羅蜜經卷第一	初唐	26×48.1	不顯	不顯	硬黃紙，平滑，加蠟，有光澤，纖維交結勻細，質地硬密。	深黃	皮	敦〇四三
大般涅槃經卷第十三	初唐	25.8×47.2	4.5及5	細	染潢紙，平滑、均勻、細緻，紙略厚，紙面起長毛。	深黃	皮	敦〇八三

書名	書寫年代	每紙幅度	紙紋 絲紋	紙紋 竹紋	紙質	紙色	紙類	書號
太玄眞一本際經卷五	唐開元二年	25.5×42.4（殘）	不顯	不顯	纖維束極少，質佳，紙面起毛多。	黃	皮	敦一四二
太智度論卷第六十三	唐	25.9×52.6	4.8極顯。	細	紙薄，平滑、均勻、細緻，柔軟堅韌。	深黃微褐	皮	敦〇九五
道安法師念佛讚文附入山讚	五代梁貞明四年	27.5×42.5	不顯	中	粗糙堅韌，打漿不勻，有透光。纖維束多，呈圓形較多，間亦有扁片狀。	白色泛黃	麻	敦一三九
禪源諸詮集都序卷下	五代後周廣順二年	30×42.8	不顯	粗	粗糙堅韌，厚薄不勻，纖維束多，呈圓形。	白（本色紙）	麻	敦一三三

說明：

1.本書各代用紙之調查，僅用目視、手觸，及十五倍之放大鏡而已；未經顯微分析或化學檢驗，紙類之斷定但憑經驗爲之。

2.以上所記紙張簾紋中之竹條紋，皆爲橫簾紋。有不少紙紋不顯者，乃因加蠟、染潢、紙厚，及抄紙時之抄紙簾子，未清洗乾淨等原因所致。蓋自南北朝後，紙張罕見有無簾紋者。

3.皮紙類，大致以楮皮爲多，桑皮較少，麻紙類以苧麻爲多。

表二　宋代刻本

(1)皮紙類　　單位：公分

書名	版本	絲紋間距	紙色	紙質	書號
李賀歌詩編	北宋末南宋初間公牘紙印本	2.6	白	紙厚，柔軟堅韌、緊密，紙面起毛。	九八〇五
吳郡圖經續記	宋紹興四年孫佑蘇州刊本	不顯，濶紋類。	頗潔白	紙厚，堅韌，細密，平滑，纖維束呈扁片形。	三二四三

書名	版本	絲紋間距	紙色	紙質	書號
重廣眉山三蘇先生文集	宋紹興末饒州董氏集古堂刊本	不顯，約2.5	頗潔白	紙薄，平滑，細密、柔軟、堅韌，紙面不起毛。	一四四八八
聖宋文選	宋孝宗時刊巾箱本	不顯，約2.2	白	紙薄如蟬翅，柔軟堅韌，纖維鬆而不密。	一四一七六
于湖居士文集	宋嘉泰間刊本	2	白色泛黃	紙薄，柔軟堅韌，纖維束多，略粗糙。疑爲皮、痲混合類。	一〇四七一

(2) 竹紙類

書名	版本	絲紋間距	紙色	紙質	書號
攝大乘論釋	北宋紹聖元年福州東禪寺刊大藏經本	2.7	褐黃	紙厚，纖維束少，質佳，但年久紙甚乾脆。	八七八六
文選	宋紹興三十一年建陽崇化書坊陳八郎宅刊本	約3.8	茶黃	紙面光滑，纖維束不多不少，呈硬刺形。質尚佳。	一三五七三

東都事略	宋紹熙間眉山程舍人宅刊本	3.3	淡茶黃	紙薄，光滑，紙性不韌，紙面不起毛。質佳。	一五九六
隋　書	宋紹熙間建安刊本	2.6	深茶黃	紙極薄，平滑，質佳。	一五二三
唐　書	南宋中期建安魏仲立宅刊本	約3.5	淡茶黃	紙薄，細密，光滑，質佳。	一五四〇
大易粹言	南宋建安劉叔剛刊本	2.9	茶黃	紙薄，光滑，質尚佳。	五〇
山谷黃先生大全詩註	南宋建刊本	2.5	深茶黃	紙薄，纖維束多。	一〇二六二
趙公類考東南進取輿圖通鑑	南宋末年建刊本	3及3.2	茶黃	紙性硬而脆，紙面不起毛，纖維束呈硬刺形，竹紙類多如此也。	四四二四

(3) 麻紙類

書名	版本	絲紋間距	紙色	紙質	書號
楚辭辯證	宋嘉定四年同安郡齋刊本	1.7	微白泛黃	紙薄，堅韌，紙面較粗糙。	九三二七
謝宣城詩集	宋嘉定十三年洪伋宣州郡齋重刊本	不顯，似在二公分以上。	微白泛黃	紙薄，纖維束多，粗糙，不起毛。前後用微黃藏經紙裝襯。絲紋2.1至2.5不等。	九四〇八
南宋羣賢小集	宋嘉定至景定間臨安府陳解元宅書籍鋪刊本	皆2.6	微白、微黃	由多種紙共印而成，中以黃麻紙、竹紙居多，間有白麻紙。	一四二〇四

說明：

1. 取樣以未經修補，印刷較早者爲原則。
2. 絲紋間距等寬者多，但亦有不一致者。又各竹條兩端之接頭紋（或每若干距離加繫絲線，使紙簾堅牢所形成之絲紋），則不予記錄。

表三　金元刻本

單位：公分

書名	版本	絲紋間距	紙質	紙色	紙類	書號
大般若波羅蜜多經	金皇統至大定間解州天寧寺刊大藏經卷子本	不顯	紙厚實，堅韌，紙面平勻，有木素。	黃（染潢）	麻	八七一二
地理新書	金明昌三年張謙刊本	褙過不清	紙厚，堅韌，緊密，紙背略粗。	微白	近麻	六五〇九
雲齋廣錄	金刊本	不顯	紙薄，堅韌，略粗，有麻筋。	微白	麻	八三一七
史記	元前至元廿五年吉州安福彭寅翁刊本	2.5至3.0不等距	紙薄，纖維束多，略粗。性脆。	深茶黃	竹	一二九七
大德重校聖濟總錄	元大德四年太醫院刊本	約1.9	紙厚實，堅韌，柔軟，質佳。	白	樹皮與麻料混合紙	五九二六

書名	版本	絲紋間距	紙質	紙色	紙類	書號
注唐詩鼓吹	元至大元年江浙儒司刊本	絲紋特殊，每一行2.7即有一行0.3交織而成	紙厚，堅韌，緊密。	微白泛黃	皮	一四〇七二
山堂先生羣書考索	元延祐七年圓沙書院刊本	2.4至2.8不等距	紙薄，纖維束少，紙面光滑。	深茶黃	竹	七八九〇
范文正公集	元天曆元年范氏歲寒堂刊迄至正間增補本	3至3.5不等距	纖維束多，質粗，竹條紋浮顯紙面，清楚可見。	深茶黃	竹	九九八二
活幼心書	元天曆二年刊本	不顯，約二公分以上。	紙薄如翅，柔軟。	潔白	棉紙	五九六七
范文正公政府奏議	元元統二年范氏歲寒堂刊本	約3	纖維束略多，微粗。	深茶黃	竹	四六九九

書名	版本	絲紋間距	紙質	紙色	紙類	書號
文則	元至正十一年劉貞金陵刊本	2.8	紙不薄不厚，纖維束中等，略粗。	深茶黃	竹	一四七〇〇
鶴山雅言	元至正廿四年吳郡金氏刊本	3	紙不薄不厚，纖維束中等，略粗。	深黃	竹	七一三一
此山先生詩集	元至正間刊本	2.3	紙薄，略粗，質尚佳。	茶黃	竹	一〇八七七

說明：

1.取樣以未經修補，印刷較早者爲原則。

2.皮紙類中，凡由楮樹皮所造，而逼近習見之棉紙者，即歸爲「棉紙」（以下同）。

表四　明清刻本

說明：

①明清刻書用紙之調査，係隨意抽樣，按年爲次，錄之于後。

②文中所列數字係指紙紋中之絲紋間距，單位爲公分。並附書號（括弧者）以便査尋。

1. 明洪武十年刊本「宋學士文粹」—暗茶黃竹紙，質粗。一・四。大黑口。（一一一一二）。

2. 明洪武間原刊本「淸江貝先生文集」—褐黃竹紙，質粗，脆弱。二・八。黑口。（一一一九二）。

3. 明建文三年浦陽鄭氏義門書塾刊本「宋學士續文粹」—紙薄如翅，色白微黃，略粗之皮紙類。二・六。大黑口。（一一一一三）。

4. 明永樂七年內府刊本「聖學心法」—紙薄，原甚潔白勻細，但四周邊緣已褪色成褐黃，性脆，似竹紙類染白者。二・四。大黑口。（五五五九）。

5. 明洪熙元年羅傳道刊本「羅鄂州小集」—薄白棉紙。二・三。大黑口。（一〇四八三）。

6. 明宣德八年刊本「省愆集」—薄白棉紙。二・三。大黑口。（一一二七四）。

7. 明宣德九年蘇州府學刊本「忠經」—茶黃竹紙，光滑緊密。一・四。板心特殊，上刻圓圈，下刻極短黑口。（五四四二）。

8. 明正統五年安定胡氏刊本「天游文集」—極薄棉紙，色灰白，二・一。又混有極薄黃棉紙，二・四間亦雜有粗黃竹紙，一・一。大黑口。（一一三〇六）。

9. 明正統七年處州府推官黎諒刊本「蘇平仲文集」—微黃棉紙。二·四。大黑口。（一一一六九）。
10. 明景泰元年大冶縣刊本「新編頤光先生集」—紙薄，潔白棉紙。二·五。大黑口。（一一三一二）。
11. 明天順元年弋陽黃氏蜀中刊本「潛溪先生集」—紙薄如翅，皮紙類，色白微黃，近米色。紙面偶見有頗粗之纖維束。絲紋不清。大黑口。（一一一一四）。
12. 明天順五年內府刊本「大明一統志」—潔白棉紙，細薄均匀。二·一。大黑口。（三二〇二）。
13. 明天順五年永年教授徐節刊本「順成集稿」—粗黃棉紙，極薄。四·五。大黑口。（一一二四八）。
14 明天順七年崑山張和刊本「柳待制文集」—白棉紙（一·五）與黃棉紙（二·五）合印。大黑口。（一〇九四〇）。
15. 明成化二年淮陽金宗潤刊本「古賦辨體」—白棉紙，薄如蟬翅。二·三。大黑口。（一三六九二）。
16. 明成化三年徽州紫陽書院刊本「瀛奎律髓」—白棉紙，極薄。二·一。大黑口。（一三六八八）。
17. 明成化四年刊本「寧波郡誌」—白棉紙。絲紋不顯，約二·一。大黑口。（三四一七）。
18. 明成化七年劉釪浙江刊本「圭齋文集」—淡茶黃色竹紙。一·六。大黑口。（一〇九三五）。
19. 明成化十九年南京戶部尚書黃鎬刊本「高漫士嘯臺集」—白皮紙，白中微帶灰黃，近米色。薄如繭，頗韌，紙面可見有頗粗之一條條纖維束滿佈着。二·四。大黑口。（一一二五九）。
20. 明成化二十年刊本「重修毗陵志」—白棉紙。絲紋不清，約二·五。大黑口。（三三五二）。
21. 明弘治四年刊本「湖州府志」—白棉紙，極薄。絲紋不顯，約二·五。大黑口。（三四一〇）。

22.明弘治十年刊後代修補本「赤城新志」—紙厚實，色茶黃。約二·五。大黑口。（三四三五）。

23.明弘治十三年太平郡齋刊本「陶學士先生文集」—白棉紙，略薄。二·三。大黑口。（一一一四六）。

24.明弘治十四年馮允中揚州刊本「鐵崖文集」—深茶黃竹紙。二·六。大黑口。（一一〇七八）。

25.明弘治十五年刊本「徽州府志」—薄白棉紙。絲紋不顯，約二·一。特大黑口。（三四六八）。

26.明弘治十六年衢州刊本「胡仲子先生信安集」—薄白棉紙。二·四。大黑口。（一一一八一）。

27.明正德十年錫山華堅蘭雪堂銅活字本「蔡中郎文集」—竹紙，色茶黃微白。一·四。（九三四二）。

28.明正德十三年常州重刊本「文公家禮儀節」—潔白棉紙。絲紋不顯。（四八六）。

29.明正德十六年安正書堂刊本「象山先生文集」—深茶黃竹紙，紙薄。一·一。大黑口。（一〇五四七）。

30.明嘉靖六年司禮監刊本「大學衍義」—紙薄，潔白棉紙。絲紋不清，約二·二。（五五二二）。

31.明嘉靖七年王氏家刊本「青崖奏議」—紙薄，潔白棉紙。二·二。（四七三五）。

32.明嘉靖二十六年刊本「南宮疏略」—薄棉紙，白色泛黃。二·〇。（四七三六）。

33.明嘉靖三十三年吳郡黃周賢等仿宋刊本「孔子家語」—紙薄，竹紙，色黃。一·二。（五三一一）。

34.明嘉靖三十九年杭州知府陳柯刊本「武林舊事」—白棉紙。二·二。（四〇六九）。

35.明隆慶三年衡府刊本「攝生衆妙方、急救良方」—暗褐黃竹紙。一·一。（六九五、六九六）。

36.明隆慶四年嘉禾項氏萬卷堂刊本「鄭端簡公奏議」—紙薄，茶黃竹紙。一·三（四七四四）。

37.明萬曆十二年秀水項篤壽萬卷堂刊本「東觀餘論」—白棉紙，質粗。二·三。（七〇八六）。

38. 明萬曆十九年武昌刊本「督撫全楚奏疏」—薄棉紙，色白泛黃。絲紋呈一・八與一・二間隔排列。（四七七六）。

39. 明萬曆廿五年刊本「漕撫疏草」—暗黃竹紙。一・一。（四七七一）。

40. 明萬曆間浙江官刊本「大明律集解附例」—紙薄，茶黃竹紙。一・一。（四六七五）。

41. 明萬曆四十八年烏程閔齊伋刊朱墨藍三色套印本「楚辭」—紙薄，色白，邊緣褪色成茶黃，似竹紙染白者，或爲白太史連。二・〇。（九二八五）。

42. 明天啓元年刊本「玉茗堂全集」—深茶黃竹紙，質粗。一・四、一・五。（六七〇二）。

43. 明崇禎元年虞山毛氏汲古閣刊本「才調集」—毛邊紙，色牙黃，質佳，平滑光潤。竹紋絕細，絲紋一・〇。（一四〇三五）。

44. 明崇禎九年東吳何氏刊本「夢林玄解」—紙薄，暗黃竹紙。一・一。（六六五四）。

45. 明末虞山毛氏汲古閣刊本「宋名家詞」—深茶黃竹紙，性脆，竹紋絕細。絲紋一・〇。（一四九三七）。

46. 清順治十年王瓏等蘇州刊本「擬山園選集」—茶黃竹紙，甚脆。一・二。（一三二三〇）。

47. 清康熙六年季振宜刊本「杜工部集箋註」—茶黃竹紙。一・一。（湘潭袁氏贈書，以下簡稱「袁捐」。）

48. 清康熙五十四年內府刊朱墨套印本「詞譜」—極潔白之開化紙，細密、均勻、光滑，但無棉紙之韌與軟。竹紋絕細，絲紋間距二公分。紙之邊緣已褪色成褐黃色。

49. 清雍正五年內府刊本「小學集註」—極潔白之開化紙，細密、均勻、平滑，竹紋絕細，絲紋一・八及一・九間。天地邊緣褪色成褐黃色，脆裂。（五四六九）。

50. 清乾隆十一年莊親王邸刊朱墨套印本「新定九宮大成南北詞宮譜」—紙色極潔白，細密、均勻、光滑等皆近似開化紙，但竹紋爲細紋類，浮顯紙面，絲紋間距一・七及一・八間，紙之邊緣褪色成暗褐黃之面積較大，或爲開化榜紙之屬，待考。（一五二〇〇）。

51. 清乾隆三十二年經鉏堂刊本「昭代詞選」—淡茶黃竹紙。一・一。（袁捐）。

52. 清乾隆三十八年吳門陸氏紅樹樓刊本「歷朝名媛詩詞」—紙薄，淡茶黃竹紙，細密、光滑。一・一。（袁捐）。

53. 清嘉慶二十五年仁和勞經原刊本「爾雅匡名」—淡茶黃竹紙，細密、光滑。一・二。（袁捐）。

54. 清道光二年遊道堂刊本「經傳考證」—紙薄，淡茶黃竹紙，細密、光滑、堅韌。一・一。（一二五一）。

55. 清咸豐元年至二年戴氏校刊本「望溪先生文集」—淡茶黃竹紙，均勻、光滑。一・一。（袁捐）。

56. 清咸豐八年撰者刊本「四照堂詩文集」—淡茶黃竹紙，細密、光滑。一・九及二・〇之間。（袁捐）。

57. 清同治十年秀水葉彥侯重刊本「紀元通攷」—淡茶黃竹紙。一・八及一・九間。（袁捐）。

58. 清同治十二年重刊本「江忠烈公遺集」—白紙，光滑，性脆非韌，絲紋二公分爲多，間有一・四公分者。竹料所製。（袁捐）。

59. 清光緒十三年上海同文書局石印本「困學紀聞注」—白紙。一．八。（袁捐）。
60. 清宣統二年影印宋末刊本「草窗韻語」—潔白棉紙，細薄堅韌。三公分。（袁捐）。

第四節　論紙色與墨色

一、紙色

紙張亦爲有機物，日久不能不自然老化，紙之纖維失去彈性，紙質變脆不復堅韌，而紙之色澤亦逐漸產生變化，形成所謂「古色」。但紙之壽命與顏色之變化，與原料、製造、加工、年代遠近、保管環境（溫度、濕度、日光、空氣等）等多種因素有關；必須就同一品種，在同一條件下觀察研究其變化，才能作爲鑑定紙張古今之依據。以未經加工之本色紙（白色）而言，在通常的情況下，若紙齡達五百年至一千年以上（有的紙如竹紙類之下品，尤短），纖維因自然的老化作用，部分纖維素變成氧化纖維素，殘存的木素變成氧化木素，因而使紙的顏色逐漸變深，由白而至淺黃甚至黃色。一般書畫紙，若托裱次數增加，紙上墨跡被水多次冲刷，常使紙面呈灰色，間淺黃色甚至全成灰色。

就歷代刻本用紙而論，前人對宋紙或謂「楮色瑩膩，古色可愛」；或謂「紙色蒼潤，開卷悅目」；或謂「潔白厚紙，紙紋縝密」，皆形容宋版用紙之精美，雖年代久遠，仍光采照人。就現存宋代皮紙印本以觀，在「瑩潔如玉」之中，仍不免有略變淺黃或泛黃之老化現象。若是宋代竹紙印本，其色澤多褪爲淡茶黃色。元版用紙，現存者以竹紙所印最夥，其色澤較宋代竹紙爲暗，多呈深茶黃色，且纖維束較多，紙面粗糙，韌性較差，故前人凡遇「墨暗紙黝」、「紙質糙黃」、「紙色深黃」者，多定爲元刊，而非宋本。

明代初期用紙以薄棉紙較多，紙色潔白尤在宋紙之上，已近於今日漂白之白棉紙，但韌性、品質較宋紙差多；唯楚滇所造者，其氣色超元匹宋。中葉以來紙質漸壞，至萬曆以降，幾乎盡成竹紙天下，其紙色迄今變成茶黃，或暗褐黃，硬而乾脆，觸手便損，尤以邊緣爲甚。明末汲古閣印書特製之毛邊紙，則質細而密，韌性較強，顏色牙黃，褪色程度較淺（註：清代之毛邊紙則質鬆脆薄）。

清紙名目繁多已如前述，中以顏色潔白之開化紙最爲名貴，但存藏迄今不過三百年，其紙之邊緣已有褪色成褐黃者，唯裏面仍甚潔白。清代印書最多之竹紙類，色澤雖亦爲茶黃色，唯較明竹紙爲淡，韌性亦較強，其紙邊緣之褪色程度亦較淺，蓋紙齡尚短，老化現像尚不明顯也。就清一代而論，乾嘉之後者，又較其前者紙色爲新。

總之，從紙色之新舊，紙質之韌脆，有助於鑑別刻印之先後。但在作鑑別時，首先須考慮紙之類別。蓋我國古代麻紙、皮紙類之製造，祇取其韌皮部之纖維造紙，而且採用日光漂白（註一七），雖長期放置，其變色、發脆之程度不大，故有「紙壽千年」之稱（註：敦煌卷子中南北朝寫本有達一千五百年以上，仍有頗堅韌，富彈性者可以作證）。但以放大鏡細觀之，仍可見到因自然的氧化作用，所形成的褪色現象。如明代中葉以前之白棉紙，雖仍有白度不減當年的，但製作差者亦可見略有輕微的變淺黃的褪色現象。唯比起近代以來使用化學藥品漂白所造的棉紙、宣紙，放置不過數十年，就有黃色斑點出現，且易發脆，其優劣之分實在不能相提並論。至於竹紙類之製造，因係用竹子的整個莖桿所造，先天性即韌度差，易脆，褪色最明顯；其變色之程度，當視暴露在空氣、光線時間之久暫，及溫度之高低而定。

其次，略述紙之作舊和原舊之區別。以前之書估常將新翻宋刻本，去其年月，染紙色僞作宋刻者不少。其作舊不外乎用顏料（赭石、藤黃、茶汁、加墨）或用髒水染和油煙薰等方法。但染的有時能見到水漬痕，尤其紙張有摺縐處，有較爲明顯的一道細薄的黑線存在。即使染得極爲勻淨，亦因無自然老化產生的「包漿」，而發暗無光。用煙薰，則可見烟氣焦黃狀，其色死，與原舊的光亮「包漿」大不相同。

二、墨色

印書始於製墨，製墨之法多端，「墨經」、「墨譜」、「墨苑」、「墨史」等所載頗詳；但不外乎經過集煙、鎔膠、和料、用藥、杵擣、印模、入灰（蔭乾）、上金等主要步驟而成，此爲一般書畫用墨之製法。專論印刷用墨製法之文獻極少，盧前民國三十六年撰之「書林別話」（註一八）云：

印書始於製墨，製墨之法，取炭窰之窰煙，化牛皮膠爲水，和之。成厚粥狀，調之以酒，儲之半月，成稀麪糊，將墨粥揉勻，盛入缸藏之。至時霉天，則臭氣四溢，然必經三四時霉天，始能用也。

倘急用之，則墨色必浮，觸之則糊。是墨愈久而愈佳。印書時，必先用馬尾篩破水瀝之。渣滓可以傾去，取其餘印書。又云：能手印書，墨氣前後一致，邊欄一律；次者則有「鍋」巴、鹽豆、倒邊場欄之弊，「鍋」巴者書中直現一塊白；鹽豆乃斑駁之稱，倒邊場欄皆手脚輕重所致，遂多毛花。

據此觀之，印書用墨之製造過程，似僅免除自「印模」以下步驟，而以半液體狀態儲藏之，使其產生化學變化，印書時濾去渣滓，即可使用。

治墨之良否，決定於集煙與鎔膠之原料與技術。明沈繼孫在洪武三十一年所撰之「墨法集要」云：

古法惟用松燒烟，近代始用桐油、麻子油燒烟；衢人用皀青油燒烟；蘇人用菜子油、豆油燒煙。以上諸油俱可燒煙製墨，但桐油得煙最多，爲墨色黑而光，久則日黑一日；餘油得煙皆少，爲墨色淡而昏，久則日淡一日。

宋應星「天工開物」丹青第十六「墨」篇云：

凡墨燒烟凝質而爲之，取桐油、清油、猪油烟爲者，居十之一；取松烟爲者，居十之九。凡造貴重墨者，國朝推重徽郡人。或以載油之艱，遣人僦居荊襄辰沅，就其賤值桐油點烟而歸。……其餘尋常用墨，則先將松樹流去膠香，然後伐木。凡松香有一毛未淨盡，其烟造墨，終有滓結不解之病。……凡燒松烟，放火通烟，自頭徹尾。靠尾一二節者爲清烟，取入佳墨爲料；中節者爲混烟，取爲時墨料；若近頭一二節，只刮取爲烟子，貨賣刷印，書文家仍取研細用之；其餘則供漆工、堊工之塗玄者。凡松烟造墨，入水久浸，以浮沉分精慤；其和膠之後，以搥獻多寡分脆堅；其增入珍料與漱金衈麝，則松烟、油烟，增減聽人。

「古今圖書集成」墨部雜錄（引蘇東坡語）云：

世人論墨，多貴其黑而不取其光。光而不黑，固為棄物；若黑而不光，索然無神采，亦復無用；要使其光清而不浮，清湛如小兒目精，乃為佳也。

由上載所知：①墨色黑而光，日久愈黑者為上品；墨色淡而昏，日久愈淡者為下品。②欲製良墨必集桐油之煙；尋常用墨多燒松以取煙。印書之墨係使用松煙之下等者。③墨有墨采，墨經云：「凡墨色紫光為上，墨光次之，青光又次之，白光（暗白無光）為下。凡光與色不可廢一，以久而不渝者為貴，然忌膠光。古墨多有色無光者，以蒸濕敗之，非古墨之善者；其有善者，黯而不浮，明而有艷，澤而無漬，是謂紫光。」④墨之堅脆，有賴於杵擣之功。古語云：「擣不厭多，愈擣愈堅。」根據近代科學研究報告，煙越解析，越能展現其色彩，越顯其黑，若將煙質完全解析，方能使墨色泛出紫光來。杵擣即是一種解析作用。

前代藏書家論宋版之墨色，有「墨色如漆」、「墨氣香淡」、「墨光煥發」、及「用墨稀薄，雖著水濕燥無湮跡，開卷一種書香，自生異味」（明高濂燕閒清賞箋之語）之美譽。清乾隆帝題北宋寶元二年臨安孟琪刻本「唐文粹」云：「字畫工楷，墨色如漆；觀此知有宋一代文化之盛，物力之豐，與其工藝之精，斷非元以後所能得其彷彿。」（見天祿琳琅目三）。對元刻則斥之為「用墨穢濁，開卷了無臭味」（高濂語），或「墨暗紙黝」毫無光彩。

筆者以放大鏡（十五倍及六十倍兩種）隨意檢視中央圖書館藏書，初步結論如下：論墨色須分寫本與刻本兩類言之，就寫本而言，自宋以下之各代寫本，其用墨雖有高下之分，但在放大鏡中，大多呈現一種墨跡未乾之濕潤狀，在燈光下反射著一絲絲地亮光。而六朝隋唐五代寫之敦煌卷子，墨色雖黑，却無光澤，而呈現一種極乾狀，正如墨經所言「古墨多有色無光」也。寫本之用墨與一般書畫用墨近，製造較精，故墨色多佳，劣者較少。

印書之用墨，大多取自墨料之下等者爲之，蓋需要量大，爲降低成本，除精刻本外，甚少用上品墨料。而各代製作工藝有精粗，文化有盛衰，用墨自有優劣之分。宋版用墨大多質料精，色澤烏黑者爲多，其上等者在烏黑之中又泛出一種光彩，所謂「墨光煥發」是也。宋人製墨又喜用香劑，如龍腦、麝等，故開卷可聞一種書香味。在放大鏡裏觀察，一般刻本多無寫本那樣帶有墨跡未乾之濕潤狀，而頗乾燥；宋版則有烏黑如漆，帶有光彩，而又呈濕潤狀者，如宋紹興四年孫佑蘇州刊本「吳郡圖經續記」，唯不可多見也。元版用墨質料差，製作不精，略濁而不純，無香氣味；但大德版幅廣行疏，墨色尚佳；又部分官刻本亦頗佳，如元至大元年江浙儒司刊本「注唐詩鼓吹」，墨色黑而清；又如元至正五年江浙等處行中書省刻本「金史」，中版錄（二八〇）謂「紙墨精湛，世無其匹。」。元建陽之書坊刻本，大多用墨穢濁，間有污染紙面者。

明版用墨除內府刻本、中葉覆宋刻本，及治墨名家所編印之書外（如萬曆間程君房、方于魯、吳去塵等人），佳者罕見。明萬曆刻本南京禮部編之「定印藏經號簿」有云：「作料：烟煤五簍，銀壹兩；麪伍百斤，銀叁兩。」此為明萬曆時有用麪調和烟煤製印書墨之確證，蓋取其價廉。此種墨料所製，易於脫落，書葉成為大花臉，明末期坊刻本往往見之，醜惡異常，但可作鑑別時斷代之助。明末毛氏汲古閣印書，紙墨則有佳者；其餘坊間印書用墨大多乏善可陳，而墨色污染紙面較元版尤多見。

清版印書用墨，康雍乾三朝之刻本精者不少，如康熙三十九年刻本「漁洋山人精華錄」、康熙四十五年揚州使院刻本「隸續」（中版錄四九二）、雍正十一年般若菴刻本（中版錄五一二）「冬心先生集」、乾隆二十三年春暉堂刻本「菊譜」（中版錄五二四）、乾隆內府刻本「醫宗金鑑」（中版錄五二一）等，皆紙墨精緻；其墨色之美，超元明而匹宋，唯紙質仍不如宋遠甚。當然，此三朝之刻本紙墨皆劣者亦不少；大致而言，以此時期之寫刻本，紙墨最為精美。自嘉慶以下，除仿宋精刻本外，墨色佳者又少見。清末西洋印術術輸入，改用油性墨料，使用機器印刷，遂使傳統之手工印刷，日趨式微，終至絕後矣。

以上所述，皆為直接觀察法，缺乏客觀性，若能進一步做印書用墨之科學研究，以推斷墨色年齡，以及各朝各地用墨之比較分析，對於版本之鑑定必有莫大之助益，此有待於後賢也。

總之，利用紙墨來鑑別刻板之年代、地區，必須有計劃有系統的，按年按地，採取各種樣品，對於紙張的原料、品種，以及紙之簾紋、色澤、墨色等均須做科學的精密觀察、化驗，然後統計分析，並記錄之，以作為鑑別時比對的依據。同時必須搜集各代文獻的記錄，調查今日手工造紙的實況，古今印證，如此的研究工作所得，對版本的鑑定才有很大的用處。以上筆者的研究，祇是一種初步的結論而已。

【附　註】

註　一　此據舊鈔校本，毛褒原藏，現藏中央圖書館。蘇易簡之「紙譜」是現存世界上最早的一部關於紙的專著。全書共五卷，其中筆譜二卷，硯、紙、墨譜各一卷，成書於雍熙三年（九八六）。

註　二　據明萬曆間刊本「五雜俎十六卷」，中央圖書館藏。

註　三　潘吉星「中國造紙技術史稿」（頁九七）檢驗宋代金粟箋的原料定爲桑皮紙，部分爲麻紙，絕非繭紙，是唐代硬黃紙的延續。此紙迄清代仍存，且發現有比元豐年號更早的治平元年、熙寧元年等年號的金粟山藏經紙。

註　四　據清順治間刊本「說郛」卷九十八。

註　五　「天工開物」所載的造竹紙法，可歸納爲六個步驟：①斬竹漂塘（備木）：斬取嫩竹，泡浸於水塘百日（自然發酵），然後搥洗除去粗殼與青皮（曰殺青）。②煮楻足火（蒸解）：殺青後之柔軟竹料加石灰置於鍋內，以烈火蒸煮八晝夜，使纖維鬆解。然後又再漂洗、漿柴灰水、蒸煮，再以草木灰水淋之，沃十多日。③舂搗（打漿）：送入石臼中，以石碓擊打（亦有用水爲動力），使纖維長短粗細趨於一致。④蕩料入簾（抄紙）：將舂妥竹料傾入水槽，加紙藥水汁，和勻。然後用抄紙之竹簾（細竹絲與絲線編織而成）從槽內將紙漿撈起。⑤覆簾壓紙（脫水）：覆簾使紙落方板上，積數張後，上加板壓，搾去水分。⑥透火焙乾（乾燥）：濕紙貼於炙熱之磚壁外焙乾，揭紙而得。

註　六　參見中國造紙技術史稿頁一一四，「從江西大志和天工開物看明代造皮紙和竹紙的技術」篇。

註　七　有關清代之造紙概況，請參見中國造紙技術史稿。

註　八　原載於「書苑」第五卷第一號，昭和十六年三省堂發行，現收入於長澤規矩也著作集中。

註　九　古時所謂「棉紙」或「綿紙」，其實就是皮紙。是用楮樹皮所製，並非用棉花。宋應星「天工開物」謂「其縱文扯斷如綿絲，故曰「綿紙」」。

註一〇　宣紙是用青檀樹皮及稻草製成。檀皮加入量多者稱作「皮宣」，質佳，將紙迎光一照，內現雲狀者卽是「皮宣」。加得少，質差，含雲狀較少或不含雲狀，稱做「草宣」。乾隆以後之宣紙多用其他原料作代用品，紙質較差。現今四川夾江縣所產之宣紙代用品「夾宣」，其上等者全由百分之百竹漿製成，潔白柔軟，纖維細膩十分受墨（見中國造紙技術史稿頁二二九）。而台灣所製宣紙，據台棉造紙公司云亦由大部分竹漿，混入少量雁皮製成，故有「竹宣」之稱。

註一一　據唐末李肇「國史補」卷下云：「紙則有越之剡藤，蜀之麻面，……韶之竹牋。」

註一二　硬黃紙，質地硬密，光亮呈半透明，色澤呈黃或淡黃色。以舌試之有苦味；以鼻嗅之有特殊香氣；以手觸之有清脆之聲。宋趙希鵠「洞天淸錄集」云：「硬黃紙，唐人用以書經，染以黃蘗，取其辟蠹。今世所有二王眞跡，或用硬黃紙，皆唐人仿書，非眞跡。」

註一三　此文原撰於一九四七年，一九七二年收入於香港孟氏圖書公司編印之「書林掌故」內。

註一四　宋宋祁「宋景文公筆記」云：「古人寫書盡用黃紙，故謂之黃卷。顏之推曰：『讀天下書未徧，不得妄下雌黃，雌黃與紙色類，故用之以滅誤，今人用白紙，而好事者多用雌黃滅誤，殊不相類。道佛二家寫書猶用黃紙，齊民要術有治雌黃法。或曰古人何須用黃紙，曰蘗染之可用辟蟫。今臺家詔敕用黃，故私家避不敢用。」

註一五　見中央圖書館所藏淸敦復齋鈔本「酌中志二十三卷」。

註一六　中國造紙技術史稿（頁一〇〇）云：「元費著紙譜稱：『凡紙皆有連二、連三、連四牋。』連四後來轉稱爲連史，產于南方，常用竹料。」

註一七　據王宗沐「江西大志」，可知江西廣信府所造之楮皮紙，凡經三次蒸煮，二次自然漂白，外加紙藥，故所造之紙極潔白，勻細。內府印書多用之。

註一八　收錄於「圖書印刷發展史論文集續編」頁一四二。

第五章　歷代寫刻書籍之避諱研究

民國以前的大部分朝代，凡一切文字，包括上書之奏章，科場上之文字，以及寫刻書籍等，皆不得直書帝王名諱，而須採用改字、空字、缺筆、或加墨圍等方法迴避之，以示尊君親上之意，是之謂「避諱」。其俗起於周，成於秦漢，盛於唐宋；至元則反之，蓋以胡語命名，全不避諱；明承元後，避諱之法亦甚疏，至天啓崇禎方稍嚴；滿清一朝則由順治時不諱，到乾隆時的以觸諱而殺人，其嚴可知。由於採行避諱制度，至清亡已有二千餘年之歷史，遂使我國古籍文義混淆，難以研讀；但因各朝諱字之不同，不啻爲時代留下了「指紋」；故能利用之以校勘古書，辨別其眞僞，以及推斷版本年代。

宋趙明誠金石錄卷三十云：「千字文世傳智永書，非也。智永陳時人，而此書虎字民字基字皆闕之以避唐諱，乃明皇以後人所書；不然筆法本出智永，後來臨摹入石爾。」

晁公武讀書志石經尚書條云：「經文有『祥』字，皆闕其畫，而亦闕『民』字，蓋孟氏未叛唐時所刊也。」又石經論語條云：「闕唐諱，立石當在孟知祥未叛之前。」又石經左氏傳條云：「按文不闕唐諱，而闕『祥』字，當是孟知祥僭位後刻石也。」

由此可知宋人已善於利用避諱法則，以推斷刻石年代。下至清代迄今，各藏書家、版本學者，無不將避諱學視爲推定版本年代的重要基準之一。至於有關避諱資料，宋人洪邁容齋隨筆、王楙野客叢書、王觀國學林、周密齊東野語等；清人顧氏日知錄、錢氏養新錄、趙氏陔餘叢考、王氏十七史商榷等，皆有關於歷朝避諱之記載。其集成專書者，則以嘉慶間周廣業費時三十載完成之「經史避名彙考四十六卷」，可謂集避諱史料之大成。近人陳新會所撰「史諱學例」，則「意欲爲避諱史作一總結束，而使考史者多一門路一鑰匙也。」

但前賢之著述，大抵偏重於校勘學及辨僞學上之應用，對於推斷版本年代，尚缺乏有系統的研究。蓋各代之避諱法令，寬嚴不一，規定有別。例如曲禮謂「卒哭乃諱」，但漢以來則生亦避名。顧氏日知錄廿三，據「卒哭乃諱」之古禮，來解釋唐文宗開成中所刻石經，不避當今皇帝文宗諱「涵」字；而爲錢大昕斥爲「文宗本名涵，即位後改名昂，故石經不避涵字。亭林失記文宗改名一節，乃有卒哭而諱之說，貽誤後學，不可不正。」（詳見陳氏史諱學例第四十五例引）。日本從前之版本學者如島田翰等，亦有採行「卒哭乃諱，生不諱」之法則，以推定宋刊本之年代（按：在其所著古文舊書考中，往往以避至某帝諱，而推定爲下一帝之刻本）。但島田翰亦稱：「余讀宋版之書，七廟以下之諱，亦或諱或不諱，而其間却有諱不宜諱者；且古者卒哭乃諱，故生不諱，而宋版之書，多是併諱今上御名，士之有志於鑒衡者，獨依避諱缺筆，以定其刻之先后，則必大失之矣。」（見古文舊書考卷二末。）可見島田氏亦知用「卒哭乃諱」以定宋版年代之誤。

此外，各代對避嫌名、舊名、「二名不偏諱」（曲禮）或偏諱、已祧不諱以及臨文不諱等規定不盡相同；而法令之規定，與實際執行之情況，亦非一致；故若欲利用避諱學來推斷版本年代，除了須釐清各代的避諱法則外，尚須對現存歷代版本之實際避諱情形，作周密的調查統計，兩者互相結合起來，作一審愼的綜合研究，然後避諱學才可成爲版本鑑定學上的一種有用的「輔助科學」。

第一節　宋代寫刻書籍之避諱

宋程大昌春秋演繁露云：「本朝著令，則分名諱爲二：正對時君之名，則命爲御名；若先朝帝名，即改名爲諱，是爲廟諱。」有關宋朝的避諱法令，除「淳熙文書式」、「紹熙重修文書令」、「慶元文書令」等令式尚完整地保存外，其他各帝之避諱法令，主要殘存於「宋會要」（清徐松輯稿，民國十五年影印出版。）及「禮部韻略」末附之「韻略條式」內（四部叢刊續編收入）。本章之研究即以此二書所載避諱法令爲主，補以宋史中有關避諱之詔令，依各帝年代先後爲次，先列詔令，再附按語剖析之；並引實際調查現存宋刊本之避諱情形，加以探討。

一、宋代避諱法令剖析

㈠宋太祖（西元九二七—九七六年）姓趙，名諱匡胤，五代後周恭帝元年（九六〇）廢恭帝自立，國號宋，改元建隆。

建隆元年正月甲子，賜皇帝殿前都虞侯匡義名光義。三月乙巳，改天下郡縣之名犯御名、廟諱者。（見宋史太祖本紀。）

按：①宋代自太祖即位之初，即沿襲歷代傳統，採行避諱制度；此從當時刊刻的開寶大藏經已使用缺筆避諱法，亦可佐證。②避諱之對象包括當今皇帝之御名，及其先代廟諱。③此處之廟諱從後記之詔令，可知包括宋太祖之高祖（廟號僖祖，諱朓）曾祖（順祖，諱珽）、祖父（翼祖，諱敬）、父（宣祖，諱弘殷）。至於宋之始祖（聖祖，諱玄朗），乃宋眞宗大中祥符五年時，模仿唐玄宗以老子爲始祖，僞造神仙趙玄朗以爲始祖也（註一）。清周廣業經史避名彙考謂：「宋初諸書不避聖祖名，如王溥唐五代會要、聶崇義三禮圖、薛五代史、太平御覽、陳希夷集之類；間有改者，後人寫刻所爲也。」（見經史避名彙攷，明文書局影印本頁二九八。）④太祖爲創業之君，與其始祖在禮法上爲「不祧之祖」，有宋一代均須諱之（始祖從眞宗大中祥符起）；就現存各時期宋刊本加以調查（詳後），亦可獲得證明。

㈡**宋太宗**（九三九—九九七）名諱炅，初名匡義，改名光義。太祖弟，開寶九年（九七六）十月太祖崩，帝繼位，是年十二月改元太平興國，二年更名炅。

太平興國二年春二月詔曰：制名之訓，典經攸載，……思稽古以酌中，貴難知而易避。朕改名炅，除已改州縣職官人名外，舊名二字不須回避。（見大金集禮二十三引宋國史。）

按：九域志云：「陝州保義軍改保平軍，隨州崇義軍爲崇信，渭州義陽軍爲信陽，……，凡地名有義字者皆太平興國元年改。」自此令頒後，規定可不避舊名；至眞宗大中祥符二年，則又令迴避。

(三)宋眞宗（九六八—一〇二二）名諱恒，初名德昌，改元休，又改元侃。太宗子，至道三年（九九七）三月太宗崩，帝繼位，逾年改元。

大中祥符二年六月二十四日詔曰：太宗皇帝藩邸舊諱（即匡義、光義），溥率咸知，雖先訓之具存，俾臨文而不避；近觀列奏，或犯二名，聞之瞿然，載增永慕；自今中外文字，有與二字相連及音同者，並令迴避。 大中祥符五年七月二日，帝謂宰臣曰：「僖祖廟諱本是上聲諱避，近見臣僚章奏文字，多避去聲眺字，當更令兩制詳定。」晁迥等言僖祖諱字從月（即朓字），按說文曰晦而月見西方也，音土了切；又脁從肉，祭肉也，土了切，一作他弔切，今請止從去聲，於義無害；又眺目不正也，他弔切，音義各異，望不迴避。從之。 閏十月八日詔：聖祖諱上字曰玄，下字曰朗，公私文字不得斥犯，詳定所言。上字如遇仙道事，即改爲眞；如顏色即改爲黝；自餘並臨文取義，或元或明字。傳寫之時，並空闕點畫。……（以上見宋會要稿第五十一册儀制類廟諱條。）

大中祥符七年六月，禁文字斥用黃帝名號故事。（見宋史眞宗紀。）

眞宗天禧初， 詔以大中祥符元年四月一日天書再降爲天禎節，尋以仁宗嫌名，改天祺節。（見宋史禮志。）

天禧四年五月六日，衞尉寺丞林湜言：國子監經書印板，字內有聖祖諱，望令空闕。從之。

（見宋會要稿第五十一册儀制類廟諱條。）

按：據上載詔令可知，自眞宗始，宋代之避諱法令益趨嚴密：①規定太宗皇帝未即位前之舊名亦須迴避；此後各帝之舊名均刊入文書式中，代代尊避，但因有二字相連及音同者才須迴避之限制，故宋版中避舊諱者極爲少見。②同音才須廻避，即聲韻與聲調皆相同方避，否則不必廻避。③明令避聖祖諱，並規定改字法；但在傳寫與刻板時，則採用空闕點畫法以避之。④禁文字斥用黃帝名號（軒轅）故事。此後有宋一代均承襲此制，明載於文書令中。紹興十六年刊之「事類賦」（詳後調查表），即有「軒轅」二字連用者改避之例⑤仁宗諱禎，「禛」字爲其嫌名。現存北宋版大多爲仁宗以下刻版，調查其諱字，可知皆已避了自始祖以下各代之嫌名。

㈣宋仁宗（一〇一〇—一〇六三）名諱禎，初名受益。眞宗子，乾興元年（一〇二二）二月眞宗崩，帝繼位，逾年改元。

乾興元年十一月十一日，禮儀院言：準遺制，軍國事權取皇太后處分，今參詳中外表章中有犯皇太后先代名諱，並合廻避，今或遍諱三代，……如只諱彭城郡王名，則表章合避，如難避者即用黃紙盖貼，或空點畫；其通進銀臺司，近在禁中，日夕封進文字，望請改爲承進銀臺司。詔：只避彭城郡王名，餘從所請。應改通判爲同判、通州爲崇州云云。（見宋會要稿第五十一冊儀制類帝諱條。）

寶元元年四月四日，翰林侍讀學士李淑言：眞宗藩邸舊名（即德昌、元休、元侃），請令天下毋得連用，有爲名者令改易。從之。　皇祐五年四月二十一日詔：毋得連用太宗眞宗舊名。（以上見宋會要稿廟諱條。）

按：①眞宗崩仁宗繼位，因年幼遺詔由皇太后劉氏臨朝，詔令避其父諱（即彭城郡王名通）。凡官名地名有通字皆改易之，但因通字爲常用字，若遇難避之處，即用黃紙盖貼，或空闕點畫。日本宮內廳書陵部所藏北宋版唐玄宗注之孝經，即有「通」字缺筆之實例（詳後調查表）。但避外戚之諱，皆不久即解除之。據宋史：「明道二年太后崩，八月詔中外毋避太后父諱。」是避通字諱爲時僅十一年。②太宗、眞宗舊名皆有二字，不得連用，但可單一使用。此等舊諱，現存淳熙、慶元文書式均予載入，可知歷代相傳，奉爲法令；但因有二字相連方避之限制，現存宋版避太宗眞宗舊名者頗爲罕見。

(五)宋英宗（一〇三二—一〇六七）名諱曙，初名宗實。仁宗從子，父爲濮安懿王允讓。嘉祐八年（一〇六三）三月仁宗崩，帝繼位，有疾，詔請曹太后權同聽政。逾年改元。

治平元年十一月三日，翰林學士賈黯言：仁宗初名受益，請詔中外文字不得連用。從之。（見宋會要稿廟諱條。）

英宗治平二年，翰林學士王珪等議：濮王于仁宗爲兄，于皇帝宜稱皇伯而不名，如楚王涇王故事；既而太后手詔可令稱皇，議不定，乃寢。三年詔民臣避濮安懿王諱，以王子宗樸爲濮國公。（見宋史英宗本紀。）

治平三年正月二十六日，中書門下言：請避濮安懿王名下一字。從之。（見宋會要稿帝諱條。）

按：①承襲傳統，詔避仁宗舊名不得連用。南宋岳珂媿郯錄謂：「自後著之文書令，爲不刊之典。」②濮安懿王爲英宗之父，名諱「允讓」，詔令僅避其下一字諱「讓」字。其後亦載入文書令式中，現存各時期宋版書皆避讓字。③宋代諸帝中，單名避兩音者，惟英徽二帝。據淳熙重修文書式(見附表)，英宗廟諱「曙」字，原注「常恕切」；嫌諱「樹」字，原注「殊遇切」。其嫌名屬於「常恕切」者有署等八字；屬於「殊遇切」者有樹等十八字。「禮部韻略」謂豎字「殊遇切」，與廟諱「常恕切」音相近，合照文書式回避，其上聲不避；豎侸樹並同。「老學菴筆記」則謂「署與樹，音不同。」「五雜組」亦謂「不知樹字原不同曙也」。（註二）周氏「經史避名彙攷」云：「曙樹兩字同以禪字爲母，殊常二字亦以禪爲母，其音正同。」就現存宋版調查，樹字大多缺筆，少數不缺者，除避諱不嚴外，或有上述樹曙音不同之看法乎？

(六)宋神宗（一〇四八——一〇八五）名諱頊，初名仲鍼。英宗子，治平四年（一〇六七）正月英宗崩，帝繼位，逾年改元。

治平四年英宗祔廟，祧僖祖，罷僖祖諱。熙寧五年復。（見宋史禮志。）

按：①此即所謂「已祧不諱」也；但熙寧五年却又復其諱；至南宋紹熙五年，又依禮不諱（詳後）。

是法令之頒布，間有因時而異之情況，故不詳細查攷宋朝各代避諱制度，利用避諱學以鑑定版本，必有難解之惑。②「韻略條式」載有元祐五年太學博士孫諤等陳乞，內一項舊頒廟諱外，無明文而私輒回避者，畜慉二字。周氏經史避名彙攷謂：「朱子嘗言向薌林藏邵康節親寫陶詩一册，實贋本也；詩中避畜諱，當是熙寧以後人書（見語類）。則知神宗之世，畜字未嘗不避也。高宗石經易大畜小畜，畜彖字上半皆缺末一點，而論語孟子畜字又不缺，或云避聖祖偏諱，非也。」

(七)宋哲宗（一〇七六—一一〇〇）名諱煦，初名傭。神宗子，元豐八年（一〇八五）三月神宗崩，帝繼位，逾年改元。

神宗元豐八年四月十九日，禮部言：高魯王名（即高遵甫，英宗高皇后之父，封魯王），正字並廻避，有難廻避者空點畫，仍以黃紙覆之；嫌名於禮不諱，亦無廻避事故。詔可。仍自今進呈幷入奏文字，雖嫌名亦覆之。（見宋會要稿儀制類帝諱條。）

元祐元年正月十二日，禮部言：翼祖皇帝奉藏夾室，伏請依禮部例不諱。謹依。（見宋會要稿廟諱條。）　元祐五年七月，禮部准太學博士孫諤等陳乞，舊頒廟諱外，無明文而私輒回避者，庸字。（見韻略條式。）

元符二年十一月二十日，太常少卿曾旼言：黑帝配座名號，帝顓下一字，與神宗皇帝廟諱音同，請改稱高陽氏。從之。（見宋會要稿廟諱條。）

按：①宋史云：「神宗遵（高皇）后爲太后，哲宗即位尊爲太皇太后，因聽政，令中外避太后父名。紹聖元年太后崩，詔依章獻（即劉太后）故事，罷高遵甫諱。」此亦避外戚諱不久即解除之例。施元之蘇詩註云：「鄧潤甫字伯溫，建昌人，宣仁（即高皇后謚宣仁聖烈皇后）垂簾，以字行，改字聖求，紹聖間始復名。」②周氏經史避名彙攷云：「翼祖先祧于哲宗時，故元祐諸公著書不避敬字，至徽宗朝，蔡京建立九廟（三朝遺法爲七廟）復還翼祖以足九世之數，重頒廟諱。朱子謂中間祧去，所以不諱敬字得幾時是也。」至紹興三十二年欽宗祔廟，又祧翼祖（詳後）。就現存宋版以觀，敬字避諱缺筆者多，但亦有少部分不諱者，蓋因翼祖應祧不應祧，因時而異，故宋版於敬字有時不避，並非全是避諱不嚴之故也。③避庯字之例，僅見於宋孝宗朝刊之「豫章黃先生文集」（詳後表）。④顓頊爲黃帝孫，初國於高陽，因號高陽氏；此因頊字同神宗廟諱，因改稱其號以避。宋版遇「顓頊」多改作「顓帝」，如南宋刊本「容齋隨筆」是也。（註三）

(八)**宋徽宗**（一〇八二——一一三五）名諱佶。神宗子，元符三年（一一〇〇）正月哲宗崩，帝繼位，逾年改元。宣和七年十二月禪位於欽宗，被尊爲道君太上皇帝。靖康之變，與欽宗同被金人擄至北方，卒於高宗紹興五年。

崇寧四年閏二月五日詔：翼祖皇帝未應祧遷，已還本室，所有翼祖皇帝廟諱，並依元豐公式，諱字仍添入集韻所載。

大觀元年十一月八日，宣德郎范之純言：……，今祖宗廟諱著令當避，天下宜曉然知之矣，然邊鄙之民，猶或沿襲舊姓，仍因不改，欲望下有司，詳定姓氏犯祖宗廟諱者，隨文更易，如苟字商字之類。詔：申明行下。　四年五月十九日詔：士庶姓軒轅，去轅字。

政和元年九月二十六日，太常寺言：姓氏犯宣祖皇帝廟諱者，乞作商字。從之。　二年五月二日詔：姓氏犯聖祖名者改爲明字。八月一日禮部奏：凡姓氏犯翼祖皇帝廟諱，乞改作恭字。從之。　三年九月二十九日，禮部言：知開德府觀城縣事張隨狀，爲母故姓氏犯太祖皇帝廟諱，乞擬定合改姓氏，欲取聲音相近，改作康字。詔從之。（以上見宋會要稿廟諱條。）

政和五年七月八日詔：姓氏犯濮安懿王諱者，改爲遜字。（原註：金玉新書，諸犯濮安懿王、秀安僖王諱者，改避；若書籍及傳錄舊事者，皆爲字不成；其濮安懿王在貞宗（按：即眞宗，避諱改眞爲貞）皇帝謚號內者不避（按：眞宗之謚號爲『應符稽古神（成）功讓德文明武定章聖元孝皇帝』），應奏者以黃紙覆之。（見宋會要稿帝諱條。）

按：①如前述，將哲宗時已祧遷之翼祖神位，又遷回本室，恢復避諱。（註四）②政和初統一避諱之改字，以免淆亂；如「殷」改作「商」，「朗」改作「明」，「敬」改作「恭」，「匡」改作「康」，「讓」改作「遜」等，皆取一同義互訓之字以相代，有如漢諱。③據淳熙文書式，徽宗諱亦避兩音：徽宗名佶字，原註「極乞切」；嫌名吉字，原註「其吉切」。屬「極乞切」者有姞等九字；屬「其吉切」者有吉咭二字。禮部韻略入聲五質：吉字別音「其吉切」者，與廟諱音近，合避；其「激質切」者許用。故現存宋版中有「吉」字不缺筆者，或因其讀音屬「激質切」，可以不避？

㈨**宋欽宗**（一〇九六——一一五六）名諱桓，初名亶，又名烜。徽宗子，宣和七年（一一二五）十二月徽宗傳位於帝，逾年改元靖康，二年四月爲金人所執北去，卒於高宗紹興二十六年。

按：欽宗在位僅年餘，未見有避諱令之頒布，但南宋諸帝詔令避其諱之文字頗多，或因欽宗爲金人所執北去，南宋臣民懷念甚深之故也。

㈩**宋高宗**（一一〇七—一一八七）名諱構，徽宗子。欽宗靖康二年（一一二七）四月，金人執徽欽二帝北去，五月帝即位於南京，改元建炎，紹興八年遷都臨安，三十二年六月禪位於孝宗，帝自稱太上皇，崩於孝宗淳熙十四年十月。

紹興二年十一月二十六日勑：……禮部尚書洪擬狀，……禮部太常寺申准紹興二年九月十六日勑。中書門下省吏部尙書兼權翰林學士沈與求劄子，奏：「臣伏見自漢以來，御名皆有佗字代之，用爲定制。淵聖皇帝御名（指欽宗之名諱桓字），涉前代姓謚最多，而臣下遷就回避，有可槩見者，如魯公則謂爲允公，濟（他本作齊）公則謂爲小白，皆以名易其謚也；周王則謂爲壯（莊）王，漢帝則謂爲剛帝，或謂齊魯二公爲安公，佗皆倣此，隨意更易，無復質據；至於姓則去木爲亘，而有司行移有不可通曉者，士人科擧程文，枉被黜落，往往有之。……臣愚伏望睿慈特詔禮官，議以佗字代之，使姓謚名物義例相通，略如漢制，庶幾四方臣子得以遵用。……」。九月十六日，三省同奉聖旨，令禮部太常寺，同共議定，申尙書省：「伏覩淵聖皇帝御名，見於經傳義訓不一，或以威武爲義，或以回旋爲義，又爲植立之象，又爲亭郵表名，又爲圭名，又爲姓氏，又爲木名，又爲水名，當各以其義類求之。……凡此皆以威武爲義也，若此之類，今欲定讀曰威。……凡此皆以回旋爲義也，若此之類，今欲定讀曰旋。……凡此皆以植立爲義，若此之類，今欲定讀曰植。若姓氏今欲定去木姓亘。……今來淵聖皇帝御名，欲定讀如前件外，其經傳本字，即不當改易，庶幾萬世之下，有所考證。……推求義類，別無未盡，伏候指揮』。十一月二十六日三省同奉聖旨，依洪擬看詳到事理施行。（見禮部韻略所附韻略形式。）紹興三十二年正月，禮部太常寺言：欽宗祔廟，翼祖當遷，於正月九日告遷翼祖皇帝簡穆皇后神主，奉藏夾室，所有以後翼祖皇帝諱，依禮不諱。詔恭依。（見宋會要稿第五十一册儀制類廟諱條。）

按：①據沈與求劄子，可推知紹興二年以前，對欽宗名諱「桓」字之避諱改字，皆隨意更易，極爲混亂。②紹興二年十一月以後，對欽宗之桓字，見於經傳者，就其義類，採用如上述之改音避諱法。其經傳本字不當改易，庶幾萬世之下，有所考證。就現存南宋版以觀，桓字仍採用缺筆避諱法爲多；間亦作「淵聖御名」以代之，如紹興二十一年刊本「臨川先生文集」是也。因其時欽宗尚未崩，故仍稱御名，而上加「淵聖」，以有別於當今皇帝。至於實行改音避諱法之例證，並不多見。（註五）③紹興文書令已佚，從南宋岳珂嘉定十三年十月五日之奏文中，可見其殘文：「臣常伏考國朝之制，太宗仁宗英宗神宗舊諱二字者凡八，皆著令不許並用。考紹興文書令有曰『廟諱正字皆避之』；又令之注文曰『舊諱內二字連用爲犯』。夫廟諱之盡列嫌名，舊諱則惟存其正，列聖相授，酌禮用中，」云云（見宋會要稿廟諱條）。此段紹興令之逸文，亦存於岳珂撰之「愧郯錄」（卷二宗廟舊諱條）。但

「廟諱」與「正字」間多「舊諱」二字，令之注文「犯」字下，多「若文雖連，而意不相屬者非」十一字。就此殘文，與其後之紹熙、慶元文書令相對照，可推知後者係承襲前者而來。

(十一)宋孝宗（一一二七——一一九四）名諱昚，初名伯琮，更名瑗，又名瑋。太祖七世孫，秀王子偁之子。高宗紹興三十二年（一一六二）六月受禪即位，逾年改元，淳熙十六年二月禪位於光宗，光宗尊帝爲壽王，崩於光宗紹熙五年六月。

紹興三十二年十月五日勑：禮部狀，據太常寺申：「本寺契勘，今來人姓，有犯御名，及同音從忄從眞字（按：即孝宗嫌名愼字），若從其便改易，慮恐不一，今欲改作塡字（原註：音鎭）。所有經史書籍文字內，有犯御名，及同音從忄從眞字，如係謹戒之意，即定讀曰謹；如係地名人姓山川國名，即定讀曰塡（原註：音鎭）；其經傳本字，依紹興二年十一月二十六日指揮，即不當改易。欲乞候指揮下日，令都進奏院遍牒施行」。本部今欲依本寺申到事理，伏乞朝廷詳酌，指揮施行，伏候指揮。十月五日奉聖旨，依禮部所申。（見韻略條式。）

淳熙陸年伍月貳拾柒日樞密院劄子，奏：禮部申契勘太祖廟諱，上一字從匚從王，所有士民姓氏相犯者改爲王氏；政和間以民姓王爲嫌，並改康氏，今看詳欲依政和間已行事理施行。奉聖旨依。（見宋謝深甫等撰慶元條法事類卷第三，中央圖書館藏有鈔本，不全。）

淳熙十年十一月六日詔：州縣文移、市肆牌額，不得輒犯廟諱，違者依法坐罪。（見宋會要稿第一六六册刑法二下。）

按：①據此可知，若姓氏犯當今皇帝之御名及同音之愼字，皆統一改作「塡」字。但在經史書籍文字內，犯御名及愼字者，則仍依紹興二年十一月二十六日敕令，採用改音避諱法，定讀如上述，其經傳本字不當改易。②經傳爲聖賢之著述，爲免淆亂其言，故不易其字，而採用改讀法；但闡述經傳之文字（並非經傳原文），及一般書籍仍須改易。宋淳祐十二年刊之「四書章句集註」，凡宋諱諸字，於經文皆闕筆，於注文則易其字，如愼字即以「謹」字代之，間亦有不代而缺筆者（詳後表）。此種不改易經傳本字之制度，或承襲唐代之慣例；顏師古注漢書（成於高宗時），凡舊注所有世字民字，皆仍之，至己說則易世以代，易民以人。③就現存南宋版調查，凡遇孝宗之愼字，不論經史子集，仍以採用缺筆者爲大多數，少部分改作「謹」字；至於孝宗朝刻本，除缺筆外，遇眘愼字，間亦有以「今上御名」或「御名」代之者（詳後表）。（註六）④若州縣文移、市肆牌額，輒犯廟諱，依法坐罪，可見當時避諱頗嚴。⑤「淳熙重修文書式」（見附表）完整地保存於「禮部韻略」卷末所附之「韻略條式」中，此文書式係紹興年依舊式增修，淳熙重修。詳載自宋太祖迄孝宗，兼及宋之始祖之名諱與嫌名，即應避之諱字悉加收入，以便臣民之遵避。現存之版本係宋紹定間重刊本（四部叢刊續編影印收入），故移掇添補至理宗之御名爲止。

(十一)**宋光宗**（一一四七—一二〇〇）名諱惇。孝宗子，淳熙十六年（一一八九）二月受禪即位，逾年改元，紹熙五年六月帝稱疾不出，太皇太后詔嘉王擴即位，尊帝爲上皇，崩於寧宗慶元六年八月。

淳熙拾陸年貳月貳拾肆日勑：禮部狀，據國子監申，皇帝御名並同音貳拾伍字數內，鶉錞貳字並係殊倫切，與淳字同音，不合迴避；又都昆切，即係與御名同音，合各從經傳子史音義避用。

奉聖旨依。（見慶元條法事類卷三。）

紹熙重修文書令：諸犯聖祖名、廟諱、舊諱（原註：舊諱內貳字者連用爲犯，若文雖連，而意不相屬者非）、御名，改避；餘字（原註：謂式所有者。按：即指與諸帝名同音之嫌名，載於文書式者）有佗音（原註：謂如角徵之類），及經傳子史有兩音者，許通用（原註：謂如金作贖刑，其贖字一作石欲切之類）；正字皆避之。若書籍及傳錄舊事者，爲字不成；御名易以佗字。

諸犯濮安懿王諱者，改避；若書籍及傳錄舊事者，皆爲字不成；其在眞宗皇帝謚號內者不避，應奏者以黃紙覆之。

諸文書不得指斥援引黃帝名，經史舊文則不避。（原註：如用從車從干，冠以帝字，或繼以后字，合行回避；自餘如軒冕、軒輊、轘轅、車轅之類，即不合回避。）（以上並見「韻略條式」所載「紹熙重修文書令」。）

紹熙元年三月詔：秀王（按：即孝宗之父，諱偁）襲封等典禮，依濮安懿王故事，避秀安僖王名一字，仍置園廟。（見宋史新編卷二十九禮志。）

紹熙元年四月九日詔：今後臣庶命名，並不許犯祧廟正諱，如名字見有犯祧廟正諱者，並合改易。（見宋會要稿儀制類廟諱條。）

按：①據此可知宋人之避諱，所重在音而非體；即同爲一字，若其讀音不同，不合迴避。例鶉錞二字同有兩音，若作殊倫切者，與御名惇字（都昆切）不同音，可不避；但若作都昆切，則與御名同音，應避。其避諱與否應各從經傳子史音義爲據。②文書令之規定其文意爲：甲、避諱之對象，包括宋之始祖，及自太祖之高祖父以下迄當今皇帝之名諱，皆須改避。乙、各皇帝未即位以前之舊名亦須避諱，但爲免泛濫，若舊諱有二字者，其避諱以二字連用，且文意相屬者爲限。丙、各皇帝之嫌名亦須避諱，但若有兩音以上，除與諸帝名同音外，其他音皆可使用，即不須避諱；但各帝之正諱，則不論其是否有兩音，皆避之。（註七）丁、刻寫書籍及傳錄舊事者，僅須缺筆，使不成字即可，但當今皇帝之御名，仍須以佗字改易。③避黃帝名始自眞宗大中祥符七年，避濮安懿王諱始自英宗治平三年；避秀安僖王諱始自光宗紹熙元年。此既已明載於文書令式中，可推知爲宋代各有關朝代臣民所共遵避者。

㈩㈢**宋寧宗**（一一六八—一二二四）名諱擴。光宗子，紹熙五年（一一九四）七月即位，逾年改元，嘉定十七年閏八月崩。

紹熙五年七月十七日，禮部太常寺言：伏覩皇帝御名并同音計一十八字，擴（原註濶鑊切）廓郭𢉖𡶳**霩**鞹鞟彉彍𠞊𠠥𢸁籗篧藿𠹭漷（按：末五字與紹定增補之淳熙文書式略有不同），乞下刑部國子監，於文書式并韻略內添入，從禮部行下都進奏院頒降回避。從之。（見宋會要稿第一六六册刑法類。）

紹熙五年十一月二十三日指揮節文：哲文神武成孝皇帝（即孝宗）神主祔廟畢，所有僖祖皇帝忌及諱，宣祖皇帝忌及諱，依禮不諱不忌。（見韻略條式。）

（慶元）文書令：諸犯聖祖名、廟諱、舊諱（按：原註同前之紹熙令。以下凡註同者，不錄）、御名，改避；餘字有佗音及經傳子史有兩音者，許通用；正字皆避之。若書籍及傳錄舊事者，爲字不成；御名易以他字。

諸犯濮安懿王、秀安僖王諱者，改避；若書籍及傳錄舊事者，皆爲字不成；其濮安懿王諱在眞宗皇帝謚號內者不避，應奏者以黃紙覆之。

諸文書不得指斥援引黃帝名，經史舊文則不避（原註：如用從車從干，與帝字或后字相連，幷文義應係指黃帝名者，並令廻避；自餘如軒冕、軒輊、轘轅之類，即不合廻避。（以上慶元文書令載於「慶元條法事類」卷三中。）

本所看詳，前項指揮（按：指前錄之光宗淳熙拾陸年貳月貳拾肆日勑）恭爲太上皇帝御名同音貳拾肆字數內，鶉錞貳字若用殊倫切，不合廻避。所有今上皇帝御名同音壹拾柒字數內，郭字若在姓，係古博切，即合從國子監看詳，不合廻避，今聲說照用。（見慶元條法事類卷三。）

嘉定十三年十月二十九日，準禮部太常寺討論到司農寺丞岳珂劄子節文……所有欽宗皇帝舊諱，一從亘從旦，一從火從亘二字，各合回避。孝宗皇帝舊諱，一從伯、一從玉從宗，若二字連用，照條合回避，今指定欲從本官所請，刊入施行，……奉聖旨依禮部太常寺討論到事理施行。（見韻略條式。）

按：①寧宗紹熙五年七月即位，同年七月十七日，禮部太常寺即開列出避諱字十八字，「乞下刑部國子監，於文書式幷韻略內添入，從禮部行下都進奏院頒降回避。從之。」據此可知當今皇帝御名及其嫌名之避諱，皆在即位後極短時間內，就頒降天下，令臣民遵避。故採用「卒哭乃諱」之古禮，以鑑定宋版，蓋不明宋代避諱法令也。②承襲傳統祇避同音之規定，寧宗嫌名之「郭」字，若作姓氏用係「古博切」，與寧宗名諱「擴」字之「闊鑊切」，不同音不必避諱。禮部韻略入聲十九鐸部及廿陌部內，郭字除作「苦鑊切」，與御名同音外，尚有作「忽郭切」、「霍虢切」者，照式許用。經詳查現存自寧宗以下宋版，未見有避「郭」字者，蓋因有上述法令之規定，遂演變成所有「郭」字在刻書時皆不廻避。故不能以「郭」字缺筆不缺筆爲據，以推定刻版年代。③據上述詔令，紹熙五年祧了僖祖及宣祖之諱；但調查此時之宋刻本，於弘殷二字（朓字不常用，未見。）亦多缺末筆，不缺者少，可見雖有「已祧不諱」之規定，臣民基於尊敬之心，仍照避之。（註八）④慶元文書令除添入避秀安僖王諱令外，其內容幾乎全同紹熙重修文書令，可推知宋代各朝文書令，大多承襲前朝而增訂之。

（十四）宋理宗（一二〇三—一二六四）名諱昀，初名貴誠。太祖十世孫，榮王希瓐之子。嘉定十七年（一二二四）閏八月繼位，逾年改元，景定五年十月崩。

行在國子監准寶慶元年二月二十七日喬侍郎劄子，……禮部韻於光宗御名下，明注鶉錞二字，與淳字同音者即不回避，若作都昆切者，即合回避。今巡字當用此例，若作俞倫養純二切者，即合回避，餘皆不避；但尚書既於巡守字下有徐邈一音，則他經應連言巡守二字者，雖無音切，宜一等回避。馴字若作俞倫切，訓道字者，即合回避；餘如用易坤卦馴致字，似遵切，訓從也之類，皆不回避。皇帝舊名二字從貴從誠，亦合如列聖舊名例，連用二字即合回避，若單用即不合回避。云云。（見韻略條式。）

按：①此亦沿襲傳統，對嫌名有二音以上，祇避同音之規定。理宗之嫌名中，「巡」字若作俞倫、養純及徐養切者（按紹定增修之淳熙文書式，於理宗諱巡字下，原註：「尙書巡守徐邈讀」。據尙書音釋，似遵切不與御名同音，徐養切則與御名同音），皆與御名同音，即應廻避；其餘如作似遵切、松倫切者（按丁度集韻十八諄內，巡字有二音，其中作松倫切者，與御名昀不同音），與御名音不同，不避。同理，理宗嫌名之「馴」字，亦本同音才須避諱之規定，如上所述。②理宗舊名之避諱，亦遵照列聖舊名例避之。各皇帝之舊諱，淳熙、慶元文書令均已列載其中。

(十五)**宋度宗**（一二二二——一二七四）名諱叡，本名禥，初名孟啓，又名孜。理宗從子，景定五年（一二六四）十月理宗崩，帝繼位，逾年改元。

(十六)**宋恭宗**（一二七一——？）名諱㬎。度宗子，咸淳十年（一二七四）七月度宗崩，帝繼位，逾年改元。

(十七)**宋端宗**（一二六八——一二七八）名諱昰。度宗庶子，封益王。德祐二年（一二七六）三月伯顏擄恭宗及太后北去，五月益王昰即位於福州，是年五月改元景炎。

(十八)**宋帝昺**（一二七一——一二七九）名諱昺。度宗庶子，景炎三年（一二七八）四月端宗崩，衞王昺繼位於碙州，是年五月改元祥興，二年二月兵潰，陸秀夫負帝赴海，同溺，宋亡。

按：自宋度宗後，宋勢已衰，諸帝爲時甚暫，未見有避諱令。宋刻本中度宗諱字尚見缺筆之例，如咸淳七年進呈之咸淳志，凡遇璿璇旋及咨孜字皆注御名，還字注御嫌名。又諱略云：「縣避作縣。」避恭宗諱。此外，則罕見其例。

二、宋代版刻避諱之調查

〔說　明〕

1. 資料來源：國立中央圖書館藏（簡稱「央館」）十六部　國立故宮博物院藏（簡稱「故宮」）八部　中國版刻圖錄（簡稱「中版錄」）六部　寶禮堂宋本書錄（潘宗周撰，簡稱，「潘錄」）五部　鐵琴銅劍樓書目（清瞿鏞撰，簡稱「瞿目」）三部　日本宮內廳書陵部藏（簡稱「宮內廳」）三部　日本靜嘉堂文庫藏（簡稱「靜嘉堂」）二部　日本國會圖書館藏（簡稱「日國會」）一部　日本尊經閣文庫藏（簡稱「尊經閣」）一部　日本天理圖書館藏（簡稱「天理」）一部　日本茶水圖書館藏（簡稱「茶水」）一部　武田科學振興財團杏雨書屋藏（簡稱「武田」）一部　涉園序跋集錄（張元濟撰，簡稱「張錄」）一部　藏園羣書題記（傅增湘撰，簡稱「傅記」）一部。以上共計五〇部。

2. 取樣之依據以有刻書「刊記」，或有序跋並言及刻書之事者爲主，而且大多能以刻工印證其刊刻年代。

3. 日本方面之藏本，大多以日本阿部隆一撰「日本國見在宋元版志經部」之調查爲據。北宋版則以日本尾崎康撰「關於通典之諸版本」一文內之調查爲據。（分別載於斯道文庫論集第十八輯及第十四輯中。）

4. 國立中央圖書館、國立故宮博物藏本之宋代避諱字調查，係綜合該館院出版之宋本圖錄、阿部隆一之「中國訪書志」，以及筆者之抽樣調查爲據。

5. 其他各藏書志、圖錄之調查，則據原撰者之調查爲據。

表一　北宋刻本之避諱調查

書名・卷數	版本	諱字	藏（出）處	備註
孝經一卷	宋天聖明道間刊本	炫敬竟匡胤恒通諸字缺末筆，敬字有不缺者；仁宗之貞，英宗之曙等字，本書無字；英宗之父讓字不避。	宮內廳藏	1.
通典存一八〇卷（中有二〇卷補寫）	北宋刊北宋修補本	原版：玄弦炫紘鮌懸朗敬驚警竟境弘泓殷匡胤恒貞徵懲諸字缺筆。補版：英宗之父讓字有缺筆之例（6/1）。	宮內廳	2.
重廣會史一〇〇卷	北宋刊本	玄弦紘縣朗敬擎驚警竟境鏡貞徵懲諸字缺筆；唐之「貞觀」年號作「正觀」之例不少。	尊經閣	3.

書名・卷數	版本	諱字	藏（出）處	備註
姓解三卷	北宋刊本	玄弦[illegible]敬鏡弘殷匡胤炅恒貞徵諸字缺末筆，即避至仁宗之諱字，英宗以下則不避。	日國會	4.
新雕入篆說文正字一卷	北宋刊本	弦絃鉉鷩殷諸字有缺筆，玄朗樹不缺筆。	茶水	5.

【備註】

1. 據前記避諱令，宋仁宗繼位時，因年幼，由皇太后劉氏臨朝，乾興元年十一月詔令避其父諱「通」字；明道二年皇太后崩，八月詔中外毋避其父諱。據此推定本版當刻於天聖明道間。

2. 原刻每册首鈐有「經筵」方印，每册尾鈐「高麗國十四葉辛巳歲藏書大宋建中靖國元年大遼乾統元年」長方印，故可推爲宋徽宗建中靖國元年以前之版本。經筵印約爲李氏朝鮮王府世宗十一年（一四二九），高麗國十四葉辛巳年爲高麗十四代肅宗六年（一一〇一）之印章。藏印中之「建」字，缺末筆，蓋避高麗之太祖王建之諱。詳考及諱字之調查見尾崎康「關於通典之諸版本」一文。

3.
4.
5. 每册首尾皆鈐有同右之經筵印、高麗國十四葉印。

表二　南宋初期刻本（包括高宗、孝宗）之避諱調查

書名・卷數	版本	諱字	藏（出）處	備註
五代史記七四卷	南宋初刊宋修本	玄朗敬弘殷匡胤貞勗（4/6等）諸字有缺筆；修補版則除上記外，又有弦鉉驚讓缺筆；但勗字原版與修版皆間有不缺者。哲宗以下之諱，原與修皆不避。	央館一五六一號	1.
周禮疏五〇卷	南宋初兩浙東路茶塩司刊宋元明遞修本。	避諱不嚴，玄弦敬驚警弘殷恒貞徵禎讓桓等字有缺筆者，補刻溝慎敦諸字偶缺末筆。	故宮	
劉賓客文集三〇卷外集一〇卷	南宋初刊南宋遞修本	玄眩懸弦鉉朗敬擊驚儆竟境鏡弘泓殷慇匡筐胤耿恒絙貞楨偵徵懲署樹屬讓桓完皖莞構購遘轂等字有缺筆；避諱止於高宗，慎等孝宗以下諱不避；但此等避諱字亦有不缺筆之處，頗不嚴格。	故宮	
資治通鑑	宋紹興三年兩浙東路茶塩司公使庫刊本。	宋諱缺筆至構字，慎字間有剜去末劃痕跡，知是孝宗朝或稍後印本。	中版錄頁二〇	2.

3.	毛詩正義四〇卷	宋紹興九年紹興府刊本	玄弦絃敬警竟境弘殷匡筐胤炅恒貞徵樹姞桓垣完覯諸字缺末筆；孝宗慎字以下不缺。	武田
4.	羣經音辨	宋紹興十二年汀州寧化縣學刊本	宋諱缺筆至高宗嫌名覯字，慎敦字不缺筆。	中版錄頁四一
5.	冥樞會要三卷	宋紹興十五年湖州報恩光孝禪寺刊本	除恒字或缺筆或不缺筆外，其他諱字皆不見缺筆。	央館〇八九八〇
6.	事類賦三〇卷	宋紹興十六年兩浙東路茶塩司刊本	宋諱缺筆至構字。又軒轅二字連用者亦避。	潘錄
7.	建康實錄	宋紹興十八年荊湖北路安撫使司刊遞修本。	原版仁宗諱禎字注「今上御名」；補版構字注「太上御名」	中版錄頁四二
8.	臨川先生文集一〇〇卷	宋紹興二十一年提舉兩浙西路常平茶塩王珏刊宋元明初遞修本。	玄眩弦絃舷懸驚警竟殷慇恒懲（修版）署樹讓勗垣完洹篝遘溝（修版間有不缺）諸字缺筆，慎敦等孝宗以下諱字不避；桓字改作「淵聖御名」，構字作「御名」或「今上御名」，「宗實」二字爲英宗繼位前之原名，亦避諱注云「英宗舊名」。	央館一〇一五〇

書名	版本	諱字	藏處	題跋
文選三〇卷	宋紹興三十一年建陽崇化書坊陳八郎宅刊本	玄弦朗敬驚警檠竟殷匡恒貞禎楨赬徵讓桓構搆等字多缺筆（樹字不缺），孝宗以下諱字不避。又諸諱字多以紅筆圈圍之，廓字（2/21）不缺筆以紅圈圍之，則可推知閱讀者爲宋寧宗以後之宋代人。	央館一三五七三	有紹興卅一年江琪之刊語及「建陽崇化書坊陳八郎宅善本」刊記。
宣和奉使高麗圖經四〇卷	宋乾道三年江陰軍主管學事徐葳刊本。	敬驚完屭諸字偶缺末筆，遇構字以「太上御名」，慎眘字以「今上御名」代之。又「貞觀」改作「正觀」。	故宮	有乾道三年刻書跋。
史記集解索隱	宋乾道七年蔡夢弼東塾刊本。	卷中宋諱缺筆至慎字。	中版錄頁三五	有乾道七年刻書題識。
禮記存八卷	宋淳熙四年撫州公使庫刊紹熙迄淳祐間遞修本	原版玄殷筐恒貞徵樹讓完溝慎諸字缺筆，光宋以下宋諱不避。補版敦字（16/14）亦見缺筆。	央館〇〇四〇八	原有淳熙四年公使庫刻書人銜名、此本佚。
文選六〇卷	宋淳熙八年尤袤貴池刊本	玄弦眩祛朗敬驚警弘泓殷匡筐恒貞楨徵樹讓桓完溝轂慎等字缺筆，徵樹間有不缺筆處。	央館一三五二八	有淳熙八年尤袤刊書跋。

集韻存九卷缺卷一	宋淳熙十四年金州軍州學刊本	宋諱字極多，共七十九字缺筆：計玄字偏旁者三〇字，敬字偏旁者十四字，弘字偏旁者五字，殷字偏旁者六字，匡字偏旁者十七字，恒字偏旁者六字，加上愼字一字；但愼字亦有不缺筆者。	宮內廳	有田世卿跋云刻自淳熙十二年至十四年畢工。
北山小集存四卷	宋孝宗朝刊本	卷廿五末行「淑御名之儀」、卷廿六第七行「恪御名不懈」，此「御名」二字，當爲避孝宗之「愼」字。	央館一〇三九九	此本用記有乾道六年之公牘紙印刷。
春秋經傳集解三〇卷	宋孝宗朝刊宋元明初遞修本	原版：玄弦縣懸敬儆警弘殷匡筐恒貞徵懲樹讓項桓完媾溝愼瑗（孝宗舊名）諸字多缺筆。宋修：弦敬弘殷恒貞徵桓覯溝愼諸字多缺筆。但愼字原與修或缺筆或不缺不一定，光宗之惇字以下則不避。元明修版匡筐恒桓諸字亦有照樣缺筆者。	靜嘉堂	
豫章黃先生文集三〇卷	宋孝宗朝刊寧宗朝修補本	避諱至愼字，惇敦廓等光宗以下諱字原刻修刻皆不避。遇構字作「太上御名」以代之。又原版卷廿二頁二九「庸」字亦缺末二筆半（修版不缺），避哲宗舊名「傭」字之嫌諱。	央館一〇二四七	

〔備　註〕

1. 本版之刻工皆杭州地區南宋初迄初期之人，故推爲南宋初刊本。避諱至北宋之神宗止，則由於覆刻北宋版之故。有關宋元刻工之調查，讀者可參照日本長澤規矩也之宋元刻工表，及阿部隆一之「中國訪書志」與「日本國見在宋元版志經部」。以下諸宋版之推定，主要根據刻工與避諱字爲證，不再一一註之。

2. 與本版同版之別本，卷末有紹興二年兩浙東路提舉茶塩司公使庫校勘官銜名，此本脫去。

3. 卷末刻有「紹興九年九月十五日紹興府雕造」之刊記。

4. 卷末有紹興十二年知汀州寧化縣王觀國刻書後序，又有汀州寧化縣學鏤板及校勘監刻人銜名十二行。

5. 卷末尾題後有「湖州報恩光孝禪寺住持嗣祖比丘道樞重開時紹興十五年歲次乙丑端午日謹題」之刊記。

6. 本版諱字極多，詳見潘氏寶禮堂宋本書錄。此版卷末有紹興十六年邊惇德刻書序與校勘銜名。

7. 末有嘉祐三年江寧府校正官銜名，又有紹興十八年荊湖北路重雕校勘官諸銜名，可知係紹興時重刻嘉祐本；重刻時之諱字仍照原本，故禎字注「今上御名」。但補版構字注「太上御名」，則係孝宗時修版印行所改。

8. 卷前有紹興二十一年提舉兩浙西路常平茶塩公事王珏題辭，從刻工所刻他書，亦可證本版刊於紹興年間。

表三　南宋中期刻本（包括光宗、寧宗）之避諱調查

書名卷數	版本	諱字	藏（出）處	備註
禮記正義七〇卷	宋紹熙三年兩浙東路茶塩司刊本	玄絃弦眩鮌縣頫敬警驚竟鏡弘殷匡筐胤酳炅恒禎貞偵赬徵讓署樹豎頊勗桓完構溝搆媾購覯雊愼蜃惇敦等字缺筆。	潘錄	有紹熙三年刊書題識及校刊官銜名。
經進新注唐陸宣公奏議存十一卷	宋紹熙間刊本	卷中宋諱，弘改作洪、殷改作富、匡輔改作裨補、恒改作常、貞改作正、尊讓改作相遜、煦改作撫、勾當改作管當、愼改作謹、敦改作崇。除易字避諱外，卷十倒數第三葉，愨字則作缺筆。元代刊本則將宋本所改之字，悉復其舊。	央館〇四六九〇	
和靖先生詩集存上卷	宋光宗朝刊本	樹字缺筆，構字以「高宗廟諱」代之，敦字以「御名」代之。	瞿目20/3	
纂圖分門類題註荀子二〇卷	宋紹熙間建刊本	玄弘殷匡筐恒貞徵樹讓桓完構溝愼敦諸字有缺筆，廓等寧宗以下諱不避。	央館〇五三三五	

陸士龍文集	宋慶元六年華亭縣學刊本	宋諱缺筆至廓字。	中版錄頁二八	原有華亭縣學監刊校正人銜名，此本佚。
文苑英華	宋嘉泰元年至四年周必大刊本	宋諱缺筆至廓字。	中版錄頁三二	
皇朝文鑑存六三卷	宋嘉泰四年新安郡齋刊嘉定端平元明遞修本	玄眩懸朗樹讓桓完構愼敦擴等字有缺筆；又構字易作「高宗御諱」，惇字易作「光宗御名」或「光宗御諱」，敦字易作「光宗嫌名」；又有「英宗廟諱」「哲宗廟諱」「徽宗廟諱」等；理宗嫌諱筠均馴俱不避。	央館一四一八〇	與此同版之完本，有嘉泰四年及嘉定端平諸序跋。
西漢會要殘卷	宋嘉定八年刊本	卷中凡遇帝諱皆變文以避之，如易匡爲正爲康、易徵爲召爲聘、易署爲書爲盧爲補、易樹爲木爲植、易讓爲遜、易完爲全、易愼爲謹、易敦爲崇爲淳，皆極謹嚴。	傳記2/39	

資治通鑑綱目存五七卷缺二卷	宋嘉定十二年溫陵郡齋刊宋末元明初遞修本	玄朗敬儆警驚殷匡筐恇胤恒峘禎楨偵徵樹讓戌朂桓峘構購愼敦廓等字缺筆；其中愼敦廓亦有不缺筆之處。	央館	
中興館閣錄存九卷續錄九卷（各缺一卷）	宋寧宗朝刊至咸淳間遞增修本。	樹字缺末筆，惇字以「光宗廟諱」，擴字以「今上御名」代之。續錄則廓字缺末三筆。正續皆有關宋室字上空一格。	央館〇四九〇三	續錄有嘉定三年重行編次之題識
詩集傳二〇卷	宋嘉定紹定間刊本	玄畜朗殷匡筐恒貞楨禎赬徵樹讓桓構覯溝彀愼敦鄭諸字缺筆。	靜嘉堂	
淮海先生文集存二六卷	宋寧宗朝蜀刊本	愼敦廓字缺筆。	瞿目	板心有「眉心文中刊」五字

表四　南宋末期刻本（包括理宗、度宗迄宋亡）之避諱調查

書名卷數	版本	諱字	藏(出)處	備註
吳郡志五〇卷	宋紹定二年李壽朋平江府刊本	舷殷貞幀徵樹讓完構遘愼敦暾廓筠（3/2缺末二筆，以墨筆補添）等字缺筆；絃敬警殷弘溝有不缺者；馴鹿之馴（6/6）不缺；又擴字作「寧	央館〇三二五二	有紹定二年趙汝談序及校刊者官銜名。

		宗御名」（4/3），亦作「從才從廣」（4/8），廓字作「從广從郭」（4/7）等。		
昭德先生郡齋讀書志五卷後志二卷	宋淳祐間黎安朝袁州刊宋末元初間修補本	避諱不嚴謹，玄炫鉉朗弘殷匡禎貞徵讓勗頊桓烜（欽宗舊名）瑗（孝宗舊名）慎惇敦焞廓筠等字偶缺末筆，缺筆者往往以墨筆補之。	故宮	有淳祐九年及十年黎安朝二跋、淳祐十年趙希弁序等
毛詩要義二〇卷毛詩譜序要義一卷	宋淳祐十二年魏克愚徽州郡齋刊九經要義本	避諱不甚嚴，紘弘匡筐恒禎貞吉桓完覯溝慎惇敦往往缺筆；即止於光宗，寧宗以下之擴等字不諱。	天理	九經要義之一，魏克愚知徽州時刊
四書章句集註二六卷	宋淳祐十二年金華馬光祖跋刊本	凡宋諱弘殷匡恒貞讓桓等，於經文皆闕筆；於注文則以洪代弘、商代殷、康代匡、常代恒、正代貞、遜代讓、威代桓、謹代慎，亦間有不代而闕筆者。	瞿目	有淳祐十二年馬光祖跋
致堂讀史管見三〇卷	宋寶祐二年江南宛陵郡齋刊元明遞修本	避諱不嚴，玄朗匡筐恒貞楨徵樹讓勗煦桓構慎惇敦諸字偶缺末筆，廓字不避。	故宮	有寶祐二年劉震孫跋

通鑑紀事本末存三九卷缺三卷	宋寶祐五年趙與篡湖州刊元明遞修本	玄鉉朗敬弘泓殷匡恇炅恒貞偵徵樹豎讓項勗煦桓垣完構搆媾瑗愼惇敦廓等字缺筆，避諱止於寧宗；又桓或作亘，或作「欽宗御諱」，構字作「太上御名」	故宮	有淳熙元年楊萬里敘及寶祐五年趙與篡序
音點大字荀子句解存十卷	宋景定元年序建安刊本	宋諱縣懸貞徵樹豎桓完愼敦廓諸字均以墨圍為記，不闕筆，又避崩字却甚罕見。	潘錄	有景定改元石廬龔士卨
張狀元孟子傳	宋理宗時坊刊本	宋諱殷匡筐恒貞徵勗桓完愼敦讓等字均闕末筆，擴廓諸字末避。	張錄	
河東先生集四十五卷外集二卷	宋咸淳間廖氏世綵堂刊本	玄朗匡筐眶胤恒貞偵楨徵署樹豎讓項勗戌煦桓完莞構轂雊愼敦廓等字闕筆，亦有僅闕半筆者，又圜旋二字亦闕末筆，此却罕見。	潘錄	有「世綵廖氏刻梓家塾」刊記
新編方輿勝覽七〇卷	南宋末年刊本	朗頲匡筐洭禎貞楨湞偵赬戌桓完構愼惇敦筠等字闕筆。	潘錄	原有嘉熙三年祝穆自序及咸淳二年福建轉運使司禁止麻沙書坊翻版榜文等均佚去

書名	版本	避諱	藏處	備註
伊川先生點校附音周易二卷	南宋末建刊本	玄弘殷恒貞桓媾慎敦槨等字或缺筆或不缺。	央館〇〇〇〇一	
音註河上公老子道德經二卷	南宋後期麻沙劉通判宅仰高堂刊本	玄昡匡恒徵讓慎敦等字或缺筆或不缺。	故宮	有「麻沙劉通判宅刻梓于仰高堂」刊記。
增廣注釋音辯唐柳先生集四三卷外集二卷附錄一卷	南宋末元初間建刊本	玄朗兆弘匡筐恇眶恒貞偵楨徵讓勗桓完構搆購覯遘慎敦等字或缺筆或不缺。	故宮	
宋太宗實錄存十二卷（全八〇卷）	南宋理宗時館閣寫本	玄朗貞徵署樹讓旭昫構詬慎敦廓筠巡等字皆闕筆。	央館〇一九四四	每卷卷後皆有書寫人及初對覆對姓名。有錢大昕等家手跋

三、結論

綜上所論宋朝避諱令及宋版書之調查，可知宋朝避諱制度之嚴密，以致宋版書籍展卷皆見諱字。總之，宋朝自太祖即位就開始避諱，至眞宗時避諱法令已頗完備；南北宋之際，因兵荒馬亂之故，避諱制度，稍嫌紊亂；紹興以後又漸趨嚴謹，淳熙文書式所載高宗諱字竟達五十餘字之多；迄今猶存之紹熙、慶元文書令，爲宋代最完整之避諱法令，由國子監印行廣爲發布，故此時期之宋版避諱皆極嚴格；約自理宗後半期始，國勢趨衰，避諱亦漸鬆懈矣。就此時期之宋版以觀，若係覆刻前代版本者，避諱字多沿襲原本，而未避原版刊刻時代以後諸帝廟諱及今上皇帝諱，故此時用諱字考定年代，祇能推斷覆刻所據之原版刊於何年，而無法推定此覆刻本刊於何時。又南宋初之刻本大多覆刊北宋本，其避諱字多照底本之原樣上木，即祇避北宋諱不避南宋諱，前人每多誤以爲是北宋版，亦爲此種情況。若就出版機構而言，則官方刊本避諱較嚴，坊間刊本較鬆懈，尤以宋末建安刻本爲甚。再析而論之——

㈠就宋諱之範圍而言：包括聖祖名、廟諱、御名、各帝之舊諱以及黃帝名號皆須迴避。此外，仁宗、哲宗因年幼即位，由太后掌權，則須加避其父諱；但避外戚之諱，於太后崩後即解除之。英宗、孝宗之繼位，非傳自其父，故亦須加避其父諱；此等避諱永著於文書令中，代代尊避。

㈡就避諱之方法而言：凡奏章等一般文書及科場文字，大多採用改字避諱法，不得直書各帝名諱。若書籍及傳錄舊事者，則有缺筆法、改字法、加墨圍法、改音法、覆以黃紙法，以及空其字不寫出而加注「今上御名」「太上御名」「某帝廟諱」云云。或一種獨用，或二種兼用，或三種參用，並非一律。但就調查所得，宋代刻書大部分採用缺筆法，其次爲改字法；御名正諱常用加注法，嫌諱則多用缺筆法。缺筆者即缺其點畫，使不成字，以達到隱諱之意。所缺之點通常爲末筆，間亦有缺在首、在中、在旁者，所缺之筆數間亦有二筆以上者。此種缺筆避諱法，唐明皇撰之唐六典已明載：「若寫經史羣書，及撰錄舊事，其文有犯國諱者，皆爲字不成。」可見唐人已採行，但就唐鈔、唐碑以觀，各代寬嚴不一。改字法則由來已久，如古書多邦字，史記援引皆改爲國是也。但宋諱之改字並無定準，周氏經史避名彙考云：「宋時諱禮但多列嫌避之字，而正諱並不立訓，其應書某字亦無定準。皆聽人臨文隨便換易，此沿唐人之失，而未知遠衷漢法故也。」漢法者，各諱皆有一同義互訓之字以相代，如以國代邦，以滿代盈，以常代恒，以開代啓之類是也。有關宋諱之代字，參見上述各帝避諱法令；就刻書而言，改字之例見於南宋中期刊本者較多。

㈢就宋諱之特徵而言：周氏彙考謂：「宋諱所辨在音，不似唐人概避字面，故聖祖太祖上一字（玄、匡）禮部韻略收入，許士人用以押韻，全不避忌，惟同音則在所必避（按：禮部韻略凡與廟諱音同之字多不收，如太祖諱，十陽部「去王切」十三字，二十一震部「羊晉切」十一字皆不收）。」（見影印本頁三四六）。「蓋音同者雖形製迥殊亦避；音異者雖點畫全同，不避。」經查紹興三十二年毛晃進「增修互註禮部韻略」之上表中有云：「更有聖祖名、廟諱、舊諱、御名，字同音異，准式不爲礙，隨韻收入，陳乞許用，如蒙可采，乞國子監雕印施行。」如禮部韻略去聲三十二霰部：「縣字胡涓切者避，去聲許用。玄眩玹等字胡涓切並避，餘去聲許用。」周氏彙考謂「而去聲之本字許用，其辨全在音不在體。」就現存宋版調查，往往有同一諱字，却有缺筆有不缺者，除了校勘不嚴外，或有音不同之故也。由於宋諱所重在音不在體，而我國文字同音者甚多，故宋諱之嫌名特多，可謂空前絕後。宋洪邁容齋三筆十一云：「本朝尙文之習太盛，故禮官討論，每欲其多，廟諱遂有五十字者。舉場試卷，小涉疑似，士人輒不敢用，一或犯之，往往暗行黜落。方州科舉尤甚，此風殆不可革。」但諱字多之弊，用之於宋版之鑑別，却有非常方便之利。

㈣就「二名偏諱」、「已祧不諱」而言：曲禮有「二名不偏諱」說，但唐以前兩字兼避，已成風俗，至太宗時始禁之，然禁者自禁，唐時二名仍偏諱，詳見陳氏史諱舉列。宋諱二字者有始祖、宣祖、太祖等三祖；據宋版調查可知，此三祖之二名兼避者，觸目皆是也。但宋代各帝之舊諱有二字者，則以「連用爲犯，若文雖連而意不相屬者非。」故宋版罕見舊諱缺筆。「已祧不諱」之規定，屢見於前載諸帝之諱令，然因宋代禮法有七廟、九廟之爭，終宋一代，似祇祧了僖祖（朓）、翼祖（敬）、宣祖（弘殷）等三祖。其中僖祖、翼祖皆有已遷入祧廟之後，又奉令遷出，至某帝時又遷入者。其遷入遷出之時期見前載各帝諱令。由于神主遷入祧廟後即不必迴避其名諱，故宋版書於此三祖諱，有或避或不避之例，其中必有部分是因遵守此種法令規定之故。故若「敬」等諸字不缺筆，除了校勘不謹之外，因已祧之故。當然，法令雖有規定，但刻書者未必徹底遵守，亦所在多有。王氏文祿堂訪書記所著錄「監本纂圖重言重意互註禮記」及「論語」條，皆引楊氏手跋曰：「書中宋諱並缺筆，唯敬字不缺，蓋南渡已祧之故。」云云。

㈤就宋諱推定年代而言：

①若書籍避了宋諱字，而又能判明非覆刻（或翻刻）本照樣刊刻之諱，亦非習慣之寫法，則不論避諱字之多寡、寬嚴，通常皆可斷定爲宋版。楊氏楹書偶錄云：「遇宋諱僅匡恒垣等字間有缺筆，然

相其字體版式，的屬宋槧；宋槧固不以避諱之詳略辨眞贋也。」（宋本大戴禮記）

②由上戴法令及調查得知，宋朝各代皆避當今皇上之御名，因此推定宋版年代，祇須視其避至某帝之諱字，並能確定下一帝之諱字不避者，通常即可推定爲某帝時之刊本。若無法確認下一帝之諱字是否不避，但有其他刊記、序跋之紀年可互相印證者，亦可推定爲某帝時期之刊本。

③欲確定是否避某帝諱，祇須某帝之諱字中有一字避諱，即屬避及某帝之諱；但欲確定某帝諱是否不避，却不能僅以一字爲定，而須追查全部諱字，排除各項原因後仍不諱者，方爲眞正之不諱。

④若有修補版，則須先區分原版與補版，分別查其諱字，方能推定原刻於何時，修補於何時。否則以修版之諱字，作爲推定原刻年之依據，豈不大謬也。若能以他法推定原刻年，則以諱字亦可反證何者係補刻葉。此外，若諱字有缺筆或不缺，則不缺者亦可能爲修改之葉。

⑤由上面宋版諱字調查表中，可知有時缺筆是印刷時所刮去，蓋避印刷當時之帝諱也（參見資治通鑑條）。

⑥宋本書中之諱字，除本朝之諱外，尚偶見有前朝遺存之諱，及私家之諱。前朝遺存之諱，如宋本中亦見有避「世」「民」等唐諱者，蓋刻書者對唐諱之處理，常有存改不定之失誤。私家之諱，如中國版刻圖錄所載宋刻本「鉅鹿東觀集」條云：「此書乃陸游幼子子遹，知嚴州時所刻。卷中游字缺筆凡十餘字，避其家諱可證。」以上均爲由諱字以證版刻年代，所應知者。

一淳熙重修文書式

聖祖名

玄（胡涓切）懸縣駭玹𢿝頍伭昡

弦泫訇肱胘閎訩蚿犳

妶弦獧

朗（盧黨切）俍筤樃宸朖悢誏眼

烺稂眼䁁䁁硠狼筤宸

閬浪埌

廟諱

太祖

匡（去王切）筐邼眶恇劻洭髼距蛆

筐軭頣眶框闓眶迋軖

胤（羊晉切）酳𨟻螾引朄鈏軸酌

戭酳濥軸戭叉杓螾靳

太宗

炅（古迥切）熲炯絅熒泂熲耿昚

熒蝸顯昚鑾扃憬㗊

真宗

恒（胡登切）峘姮很揯

仁宗

禎（陟盈切）楨貞偵鄭媜徵㭽瀓

湞隕賓禎鄭

英宗

曙（常恕切）署抒睹諸藷薯潳𡡾

樹（殊遇切）尌毄僜裋澄豎尌位

侸尌媜蔌禂澍瀆屬瀆

神宗

頊（吁玉切）旭勖朐顒髑珝郁

哲宗

煦（吁句切）昫朐酗酗姁呴欨休

咻蝺蚼霱逵

徽宗

佶（極乙切）姞郅趌狤鮚䞕佶芞

趌吉（其吉切）咭

欽宗

桓（胡官切）垸䱾捖完丸杬䴋寏

院峘（亦作岏）峗（亦作屼）峞洹沆絙紈

綄垸芄雈莞蒝萓萑茬

雈鸛鳺莧䝐羦獂豲貆

睆欸麑鴕貆梡狟𧸘耷

皖垣䡛亶蜿蒝

高宗

搆古候切遘媾覯購⿰口冓⿱宀冓⿰石冓煹

傋⿱艹冓⿱艹購篝韝⿱宀冓姤詬逅

骺⿰貝后呴鴝句軥怐佝雊

朐鉤訽袧岣⿰句瓜玽彀彀

彀彀彀搆彀彀彀⿱廾冓彀

彀怐鸜購夠彀彀傋冓

褎霸

孝宗

昚時忍切慎眘蜃蜄㖘蜄鋠欣鋠

光宗

惇都昆切敦𡏢饔墩鐓蘋蕤憝

驐𢾾犜憝弴弫郭䥫鶉

蜳蹾錞錞撴撴擊

内敦錞二字並係殊倫切與淳字同音不合回避若作都昆切即係與今廟諱同音合各從經傳子史音義避用

寧宗

擴闊鑊切廓郭鞟崞霩鞹鞾礦

彍廓劆擲籱矍矌鄺郟

舊諱

光義匡乂德昌元休元侃受益

宗實仲鍼傭置烜伯琮瑗瑋

今上皇帝御名

昀俞倫切勻昀馴㚬洵巡尚書巡守徐邈讀畇

御舊名

貴誠

第二節　金元明三朝之避諱

一、金代刻書之避諱

金起自朔漠，史稱景祖以前尚無文字，天輔以後漸啓文明。自太宗天會三年（宋宣和七年）滅遼後，與宋人接觸頻繁，受其影響而有避諱制度之採行。宋洪遵松漠紀聞補遺云：「金人廟諱尤嚴，不許人犯，嘗有武弁經西元帥投牒，誤斥其諱，杖背流遞。武元初只諱旻（金太祖諱），後有申請云旻閔也，遂併閔諱之。」可見金人避諱之嚴。

有關金人之避諱制度，尚可見之於金張暐等撰之「大金集禮」中。據該書卷廿三所載，天會十四年、皇統三年、大定元年、九年、十四年均有諱令之頒布；避諱之範圍包括御名、廟諱及其同音字，兼及欽慈、貞懿二皇后之諱。茲僅摘錄其要者：

天會十四年六月齋國，申乞降下御名音切及同音字號，下禮部檢討開具，申覆施行。

大定九年正月二十三日，檢討到唐會要該『古不諱嫌名』，若禹與雨是也。後世廣避，故諱同音，別無迴避相類字典；故今御名同音，已經頒降迴避外，有不係同音相類字，蓋是訛誤犯，止合省諭各從正音。餘救切二十八字，係正字同音，合廻避；尤救切十六字，不係同音，不合廻避。敕旨準奏。」（註：餘救切，指金世宗初名褎也。）

此外，金史章宗紀云：「泰和元年三月辛巳，敕官私文字避始祖以下廟諱小字，犯者論如律。七月己巳，初禁廟諱同音字。」

由此可知金人之避諱制度大致與宋朝相同。唯「金一人二名，其國語之名，便於彼此相呼；漢名則用之詔令章奏。其避諱之法，則專避漢名，而國語之名不避，蓋國語本有音無正字也。」見清趙翼撰二十二史劄記卷廿八所述。

至於金人避諱之方法，亦採行改字法與缺筆法。金史孫即康傳：「章宗承安六年，參知政事賈鉉曰：太宗廟諱（晟）同音字有讀作『成』字者，既非同音，便不當缺點畫，睿宗廟諱（宗堯，初名宗輔）改作『崇』字，其下却有本字全體，不若將示字依蘭亭帖，寫作『未』字；顯宗廟諱『允』，『充』字合缺點畫，如『統』傍之『充』似不合缺。上問即康，即康奏曰：康太宗諱世民，偏傍犯如『葉』字作『𦯧』字，『泯』字作『汦』字。乃擬熙宗廟諱（亶）從『面』從『旦』；睿宗廟諱上字從『未』，下字從『𠀤』；……從之。自此不勝曲避矣。」

金代刻版存者不多，張秀民「遼金西夏刻書簡史」一文（載圖書印刷發展史論文集續編），列舉金本避諱之書有：「明秀集注，凡『曉』字均作『暁』；崇慶本五音集韻，堯曉等字均不缺，而十二笑『堯』字作『垚』；增廣分門類林雜說『堯』字缺筆；這些都是避睿宗宗堯諱。明秀集注『恭』字作『恭』，避顯宗允恭諱。」可證金人刻書亦大多採行缺筆避諱法。

二、元代刻書之不避諱

元朝爲蒙古人所建立，皇帝之名原即使用蒙古文，不像遼金諸帝兼有漢名；縱然譯成漢字，但譯音之用字無定準；況元朝規定「全用御名廟諱」才爲犯諱，故終元一代，避諱之例，不甚多見。

明葉子奇草木子云：「歷代諱法甚嚴，至元朝起自漠北，風俗渾厚質朴，並無所諱，君臣往往同名；後雖有諱法之行，不過臨文略缺點畫而已，亦不甚以爲意也。」

明朗瑛七修類稿亦稱：「元主質而無文，諱多不忌，故君臣同名者衆，後雖有諱法之禁，祇臨文缺其點畫，豈如宋室，一字而有數十字之避。」

清周廣業經史避名彙考（見影印本頁三六〇）云：「元之避諱，大率始于成武之世，世觀刑法志所載，則朝臣宜無不避者矣。皇慶設科又有不考之格，則士子宜無不避者矣。今觀其史，成宗並時諸王有鐵木兒，駙馬有搭海鐵木，而絕無避忌；武宗時有太師鐵木迭兒，……皆犯太祖成宗偏諱。……至順帝首禁御名之犯，而至正年右平章政事達世帖睦邇，翰林學士承旨逵識帖睦邇，未始不君臣同名也。蓋字不連呼，即不引避，此其所以迴異于宋歟。……。」

案大元聖政國朝典章卷二八載：「延祐元年十一月，行省准中書省咨，科學事件，送禮部約會翰林院議得：擬作稱賀表章，元禁字樣太繁，今擬除全用御名廟諱不考外，顯然凶惡字樣，理宜迴避。至於休祥極化等字，不須迴避。都省請依上施行。」此雖針對科舉而發，但可知元朝之避諱，須「全用御名廟諱」才須迴避，而文字上連用御名廟諱之處甚少，因此不但元版書罕見避諱之例，連文書上之避諱亦甚少見也。至於元人所避之凶惡字樣，據元大德十年平水王氏中和軒刊本「新刊韻略」，書前即載有「章表迴避字樣」，計有「極盡婦化忘……」等一百六十餘字，謂其餘可以類推，或止避本字，或隨音旁及。古帝王名號不用，數目字亦不許用多。

就刻書避諱而言，中央圖書館所藏三百餘部元版書考之，除一部分覆刻或翻刻宋本時照宋諱缺筆外，未見有一避元諱而缺點畫者，因此不避諱是元版的一大特徵。翻刻時避宋諱之例，如元前至元十九年建刊本「黃氏補千家集註杜工部詩史」，玄匡筐恒貞桓溝愼諸宋諱字間有缺筆，或不一定。元孔齊撰「靜齋至正直記」三，稱：「經史中往往承襲故宋俗忌避諱，字畫減省，如匡字貞字，敬字恒字，朂字玄字，殷字構字朗字，皆不成文。以讓爲遜，玄爲元，愼爲順，桓爲威，匡爲康，弘爲洪，貞爲正，敬爲恭；又追改前代人名，甚是紕繆。國朝翰林院及諸處提舉司儒學教授官，當建言前代之失，合行下書坊，訂正所刻本，重新校勘，毋致循習舊弊可也。」明張志淳南園漫錄亦云：「元滅宋後，刻諸史，如殷敬恒構之類，皆諱。又如恒字省下一畫，至今不改。」

此皆爲元初翻刻或覆刻諸經史時，承襲宋諱不改之例，但往往不嚴謹，同一字或缺筆或不缺，祇要細心查檢，並依照首章辨認覆刻本之要領，加以鑑別，就不致誤元翻宋本爲宋本了。

三、明天啓以後刻書之避諱

明繼元後，避諱之法亦甚疏。明代刻書除覆刻宋本，缺筆避諱悉仍宋舊外，天啓之前罕有避諱者。然明代並非無避諱制度，祇因其避諱法令係遵守「二名不偏諱」、「嫌名不諱」之古禮；而明代諸帝除成祖外，悉以二字爲名，於是在一切文字中，除有二字相連者必須迴避外，多不諱；而且洪武間太祖就立下了「寫字之際，不必缺其點畫」之規定。因此明天啓前所刻寫之書籍，就罕見有避諱之例也。

㈠明代的避諱法令：

從大明會典（註九）及明史禮志等，尚可見明代諱令之一斑，玆依年列載如左：

大明會典卷七四「表箋」章「洪武禮制」條：「凡進上位表箋及一應文字，若有御名、廟諱，合依古『二名不偏諱』，『嫌名不諱』；若有二字相連者，必須迴避；寫字之際，不必缺其點畫。」

周氏經史避名彙考（影印本頁三六八）引「政記」：「宣德元年七月己酉，申洪武表箋舊式，二名不偏諱，無以他字更易。」

大明會典卷七七「鄉試」條：「成化十三年，令舉人文字，凡遇御名廟諱，下一字俱要減寫點畫。」（註一〇）。「弘治七年，御名廟諱及親王名諱，仍依舊制，二名不偏諱，不必缺其點畫，違者黜落。」（註一一）。明史禮志：「天啓元年正月從禮部奏，凡從點水加各字者，俱改爲雒；各王府及文武職官有犯廟諱者，悉改之。」（註一二）。「天啓元年正月從禮部奏，凡从木加交字者，俱改爲較；惟督學稱較字未宜，應改爲學政；各王府及文武職官有犯者，悉改之。」（註一三）。

顧炎武日知錄卷二三云：「崇禎三年禮部奉旨頒行天下避太祖成祖廟諱，及孝、武、世、穆、神、光、熹七宗廟諱，正依唐人之式；惟今上御名亦須迴避，蓋唐宋亦如此；然止避下一字，而上一字天子與親王所同則不諱。」（註一四）。

大明會典卷一二八「大明律」篇「上書奏事犯諱」條云：「凡上書若奏事，誤犯御名及廟諱者，杖八十；餘文書誤犯者，笞四十；若爲名字觸犯者，杖一百；其所犯御名及廟諱，聲音相似，字樣各別，及二字止犯一字者，皆不坐罪。」（註一五）。

(二)明代刻書之避諱：自天啓後因有法令之明確規定光宗廟諱及熹宗御名之改字法，刻書之避諱方可見其例，至崇禎趨嚴；然因國勢已衰，明季書籍之避諱，或改字，或缺筆，或不缺，或祇避下一字，或間亦避上一字，皆無定準。周氏經史避名彙考（頁三七七）謂：「考明世之諱，天崇始有令式，然光廟以上諸字作何？更代之法史無明文，傳記亦缺，明季書籍又往往自亂其例，如張溥、王啓榮等重刻陳祥道禮書，太常既改書太嘗矣，他處文多作甞，常缺末筆矣，而又有甞隶之字，則于成祖仍去木旁也。……而「由」作「甴」，「校」作「挍」，又用省筆法。李嗣京文翔鳳等重刻册府元龜，「常」作「嘗」，「洛」作「雒」，「校」作「較」，「檢」作「簡」，「鈞」作「均」，「照」作「炤」，而「標」從手，「鎭」缺末筆。……凡此之類，頗惑讀者之目，歷觀唐宋舊例，止宜爲字不成，故以音學五書爲正也。明末版本常見避下列三帝之諱：

光宗，名常洛。避諱字是「常」作「嘗」，「洛」作「雒」，「常」字間亦缺末筆。

熹宗，名由校。避諱字是「由」、「油」皆缺豎畫之末半筆（作甴、油），「校」作「較」或作「

敎」，間作「効」，又有省作「挍」。

思宗，名由檢。避諱字是「由」改作「繇」，「檢」改作「簡」，或缺筆作「撿」。

㈢結論：

①據王重民撰「中國善本書提要」所附之校訂者索引統計之，凡各卷首尾所題校訂者姓名，其「校」字改作「較」者（如較訂、參較、較正、重較、較輯、仝較、較梓、較刊等），皆爲從天啓以降的刊本；在八十餘種題「較」字者中，未見有一例是天啓以前的刊本。間有少數天啓以前刻版作「較」者，經查考知皆爲天啓後印刷時所挖改以避諱者（註一六）。但入清朝以後，約迄嘉慶時，以「較」代「校」者，仍不乏其例，此蓋清人沿襲明本之習慣，並非避明諱也。若分析言之，改作「較」字以崇禎版最多，天啓版於校字或改作「較」或不改，蓋天啓時避諱尚不嚴之故。（註：以上統計亦包括部分校字改作「挍」或「効」者在內。）

②明崇禎間毛氏汲古閣所刻十三經注疏、十七史及唐宋人詩文詞，凡由油字有缺筆有不缺筆；校字省筆作「挍」或作「較」；其讐校書籍之校，有作「敎」者，如吳郡本「晉書」，題「錢塘鍾人傑敎」是也。「檢」字減筆作「撿」（如芝檢、石檢、玉檢、防檢、閑檢等檢字改作「撿」）。其他明版避「由」字缺筆或改作繇者不多，間有將「檢討」、「檢校」、「巡檢」、「檢驗」等「檢」字改作「簡」者，而不作缺筆之「撿」者。

③用避諱字以推定版刻，須注意是原版之諱字，修版之諱字，或是印刷時刮除末筆之諱字。常見明末

刻版書，却將清初之諱字亦缺末筆，此蓋因此版印於清初，印刷時避清諱所追改。如明崇禎十六年刊「四素山房集」，遇玄胤等字有缺筆（玄字尙有挖除未盡之痕），蓋雍正時刷印，而刊削之也。

④四庫提要「劉彥昺集」云：「又舊本中書元國號皆作原字，蓋以明初刊刻之時，猶未奉二名不偏諱之詔，故以原代元，而傳寫者仍之歟。」陳垣元典章較補釋例卷三云：「原免之原，與元來之元異，自明以來，始以原爲元，言版本學者輒以此爲明刻元刻之分；因明刻或仍用元，而用原者斷非元刻也。今沈刻元典章，元多改爲原，古今用字混淆，不幾疑明以前已有此用法耶。」

⑤廟號因係死後所追封，亦可作爲推定年代之佐證；如書中於嘉靖帝稱廟號（世宗），則可推知此版刻在嘉靖年以後。因明版書避諱不甚嚴，以諱字推定刻版，往往有困難，而書中稱廟號者不少，可用來協助推定年代，故附識於此。

第三節　清代寫刻書籍之避諱

清朝自入關以後，皇帝名字方使用漢名；惟自康熙始有避諱之事，至雍正後加避孔子諱。乾嘉之世，避諱趨嚴，尤以乾隆爲甚；當時文字獄中，至以詩文筆記之對於廟諱御名，有無敬避，爲順逆憑證。道咸而後，諱法漸寬；尤自咸豐繼位，即詔令毋庸改避御名上一字，前此則二名皆諱。同治、光緒、宣統諸帝亦沿襲不避上一字之例；蓋上一字與諸親王相同，故不諱也。

有關清朝的避諱制度，大清會典（註一七）尚保存有頗完整的避諱法令。茲依年代先後爲次，附加按語剖析之；並引實際調查清代刻本寫本爲之佐證。

一、清代避諱法令剖析

㈠**清世祖**（一六三八——一六六一）　名諱福臨。太宗子，崇德八年八月繼皇帝位，以明年爲順治元年（一六四四）。

按：順治帝時不避諱，此從其第二子名福全，與帝名上一字相同，可證當時並無避諱之習；而順治年間之寫本、刻本，亦未見避帝諱之例。

㈡**清聖祖**（一六五四——一七二二）　名諱玄燁。世祖子，順治十八年正月繼位，以明年爲康熙元年（一六六二）。

按：①清代諸帝之避諱令，詳載於大清會典中，唯未載康熙帝之避諱令，或已缺佚。但從康熙間刻本、寫本之調查中（詳後），已見有許多缺筆或改字以避諱之實例，可推知清代之避諱，自康熙帝之漢名「玄燁」始。

②清光緒元年張之洞撰「輶軒語」（註一八）云：「聖祖仁皇帝廟諱，上一字，書『玄（按：凡清諱之正字，原文皆不刻出，作□避之，此皆改之。）德升聞』，用『元』字恭代；然元德、元黃、元鳥等字皆不可用。　弦絃炫昡衒等字敬缺末點。率字亦缺點，惟慉蓄鄐畜等字不缺點。今茲之茲从

艸，上半不得寫作丷；其上从丷，下从𢆶者，別是一字，即兩諱字相並，義同，黑也；今音茲，古音與諱字同，不可用。牽字上寫作兩厶。下一字（燁），……用「煜」字恭代。又从火从曅之字（爗），……从日从華之字（曄），三體本是一字，一律敬避。」

③經抽樣調查清版可約略推得：「玄」字自康熙朝始，迄清末，各朝均嚴避之；以缺末筆爲多，亦有改作「元」字者。玄字偏旁之「絃弦鉉眩炫舷伭」等字，就康熙版而言，缺筆者少，不缺筆者多；自雍乾而後。才逐漸嚴避之。率衒畜蓄等上中嵌有玄字者，自乾隆朝始見有避諱之例，然不避者略多。乾隆廿八年詔令謂：「如有弓金等字偏旁者，並缺一點。」三十年詔令謂率衒等「上中嵌寫之字，與本字全無關涉，更可毋庸迴避。」（詳後）。法令規定之避諱字，調查發現皆頗嚴格；未規定者，則或避或不避，蓋臣民基於尊君之心，有私下迴避者。至於「牽」字罕見有避諱者；茲茲字等，俗寫與避諱相混淆，很難區別之。康熙帝諱之下一字「燁」，自康熙起即有缺筆避諱之例，但亦間有不缺筆者；乾隆纂修四庫全書時諭令以「煜」字代之；至於曄爗二字，康熙版未見缺筆，自乾隆版以下有缺筆之例。

④康熙帝諱之上一字「玄」，與宋始祖諱之上一字「玄」同字；雍正帝諱之上一字「胤」，與宋太祖諱之下一字「胤」，亦同字；乾隆帝諱上一字「弘」，亦與宋太祖之父諱上一字同。故鑑別清版時，應就其他鑑別法，區別是否爲覆刻宋版時依樣缺筆者。此外，明末刊本，如毛氏汲古閣所刻諸書，印刷於清朝時，往往將「玄」字等挖去末筆以避諱，鑑別版本時須注意區分之。

⑤康熙版書籍有避胡虜夷狄字例，凡遇此等字，或缺筆，或易字以代。前者如康熙四十年刊本「刪定唐詩解」（詳調查表）；後者如康熙間刊本「宗澤集」及「楊繼盛集」，內將夷字改爲「彝」字，狄字改爲「敵」字，或空格加圈。但至雍正乾隆時，以「若有心改避，轉爲非禮」，故先後頒令嚴禁避此等字樣（註一九），據此亦爲鑑別康熙朝版本之一法。

㈢清世宗（一六七八—一七三五）名諱胤禛。聖祖子，康熙六十一年十一月繼位，以明年爲雍正元年（一七二三）。

雍正三年諭：「朕臨御以來，屢降諭旨，凡與御名聲音相同字樣，不必迴避。近見各省地名，以音同而改易者頗多；朕爲天下主，而四海臣民，竭誠盡敬如此。況孔子道高千古，自天子以至於庶人，皆受師資之益，而直省郡邑之名，如商丘章丘之類，今古相沿未改，朕心深爲不安；自今凡直省地名，有同聖諱者，或改讀某音，或另易他字，其於當用之際，作何迴避，著九卿會議具奏。欽此。」遵旨議定：「至聖諱，除祭天於圜丘，丘字不用迴避外，若各府州縣地名，有字相同者，交內閣選擇字樣，進呈欽定；其山川市鎮等處命名，交該地方督撫更易字樣報部；其姓氏相同者，按通考云太公望之後，食采於謝丘，爲得姓之始，今擬將丘姓加阝旁。」（見欽定大清會典事例卷三百四十四。）

按：①據此詔令可知，清代不避御名之同音字，故清諱雖嚴，但所避之字數並不多。從調查清版可知，清諱主要爲皇帝名諱及其偏旁，但偏旁亦須兼顧音義相同者方避之。②雍正諱「胤禛」，乾隆二十五年諭令上一字以「允」字代；下一字以「正」字代，纂修四庫全書時則諭令以「禎」字代（皆見後）。③就實際調查，刻書時以缺筆避諱爲多，間有易字以代者，如乾隆四十七年朱氏家刊本「梅崖居士文集」，遇「崇禎」改作「崇正」，則連「禛」字（從示從眞）之代字「禎」（從示從貞）亦避諱矣。張之洞輶軒語謂：『禎祥之禎，別是一字，音義不同不避。』清雍正四年彭維新重刊本「張龍湖先生文集」，於禎楨字皆缺末筆，但「禎符」之「禎」則不缺筆。此外，極少數刊寫本，於貞眞二字亦有缺筆之例。胤字之缺筆，大多缺右旁之鈎筆，間亦有缺左側之撇畫者；酳[illegible]亦有缺筆之例。④自雍正三年起開始避孔子諱「丘」字。經調查康熙版及以前之歷代刊本，從未有避「丘」字者。如商丘、章丘、青丘、安丘等地名，康熙版及以前刊本皆作「丘」字，自雍正三年以後，全改爲「邱」字。就姓名而言，丘濬、左丘明、丘處機等，自雍正三年後，丘字皆改成邱字。但圜丘、丘壇則依規定不避。此外，丘字亦有缺豎筆作「丘」字者。

(四)清高宗（一七一一—一七九九）名諱弘曆，世宗子，雍正十三年九月繼位，以明年爲乾隆元年（一七三六）。嘉慶元年（一七九六）正月傳位於仁宗，自稱太上皇帝。

雍正十三年九月諭：據大學士鄂爾泰等奏請迴避朕（指高宗）之御名，上一字擬書宏字，下一字擬書曆字，朕思尊君親上，乃臣子分誼當然，但須務其大者以將恭敬；至於避名之典，乃文字末節，無關大義，所謂改寫宏字曆字不必行；嗣後凡遇朕命之處不必諱，若臣工名字有同，而心自不安者，上一字少寫一點，下一字中間禾字書爲木字，即可以存迴避之意矣。」

「乾隆二十五年議准字面違式，有干例禁者，宜豫行頒示，俾多士知所程式；其應敬避字樣，如聖祖仁皇帝聖諱，上一字寫元字，下一字寫爗字；世宗憲皇帝聖諱，上一字寫允字，下一字寫正字；至聖先師諱，偏旁加阝字，如作邱字者，仍以違禁論，如用圜丘字者，仍不加阝旁。

乾隆二十八年議准鄉會試應行敬避字樣，科場久有定例，惟坊本經書，尚全刻本字，自應仿唐石經，宋監本之例，敬避重刊。今恭擬聖祖仁皇帝聖諱上一字，如有弓金等字偏旁者，並缺一點；世宗憲皇帝聖諱，無加偏旁之字，毋庸另爲校正；御名上一字，如有水糸等字偏旁者，並行缺筆，所有經書，悉依此更正。至科場文字，及一切文移書奏，凡遇應用御名上一字者，俱寫宏字，應用御名下一字者，俱寫歷字，庶爲臣子敬謹之道。

乾隆三十年諭：前據福建學政紀昀條奏敬避廟諱御名一摺，經大學士會同禮部議覆，請將偏旁各字，缺筆書寫，原屬臣子敬避之意；嗣經武英殿校改書板，推廣字數，如率衒等字，亦俱一律缺筆。朕思廟諱御名偏旁字畫，前代如石經刊本，俱係缺筆，自應仿照通行；但止可令現在臨文繕寫，及此後續刊書板，知所敬避；若將從前久經刊刻之書，一概追改，未免事涉紛擾；至上中嵌寫之字，與本字全無關涉，更可毋庸迴避；嗣後如遇廟諱御名，應行敬避缺筆之處，仍照舊例遵行外，所有武英殿頒行字樣，及紀昀所請改刊經書之處，俱不必行。

乾隆三十四年年諭：本日內閣進呈河南巡撫題本一件，票籤內於宏字缺寫一點，甚屬無謂。避名之說，朕向不以爲然，是以即位之初，即降旨於御名上一字，止須少寫一點，不必迴避，後因臣僚中有命名相同者，心切不安，屢行呈請始許其易寫宏字；其實臨文之體原可不必，故於前代年號地名，凡有引用之處，概行從舊不准改易。……且宏字已屬避寫，即於本字無涉，若因字異音同，亦行缺筆，輾轉相似，必至八紘等字，概從此例，勢將無所底止，復成何字體耶？此籤即著補點，嗣後俱照此寫。」（以上見大清會典事例卷三四四。）

按：①據上記避諱令可知，乾隆即位之初避諱稍鬆，不久即趨嚴。乾隆二十五年、二十八年、三十年、三十四年各有避諱令之頒布，統一規定避諱之改字及缺筆。先代廟諱之尊避已如上所述，乾隆之御名「弘曆」，規定科場文字及一切文移書奏，皆改作「宏」「歷」；刊刻書籍時，弘字如有水糸等偏旁者，並行缺筆。但廟諱御名偏旁字畫之缺筆，「止可令現在臨文繕寫，及此後續刊書板，知所敬避」，凡已出版者不必追改（註二〇）。②就清版調查得知，弘字及其偏旁泓紭鞃諸字，刊寫時缺末點爲多；弘字間改作「宏」字，亦有極少部分連「宏」字都缺末點者（註二一）。至於年號弘治之「弘」，除缺筆外，亦常改作「宏」字。③曆字之避諱改字頗爲混亂，計有改作暦歴歷歷厤壢及缺末筆之曆等體。據法令規定，乾隆初是規定將中間禾字書爲木字（即「暦」字），即視作避諱，乾隆二十八年則改作「歷」字。但「暦」字，明版書亦有如此寫法（註二二），是否諱字難予區分。「歷」字爲「歷」字之俗寫，「央館」所藏乾隆間寫文瀾閣四庫全書本「曆體略」，卷首及各葉版心書名皆寫作「歷」字，與法令規定符合。元刊玉篇云：「曆、力的切，象星辰，分節序四時之逆從也；又數也，本作歷，古本厤。」因此明版書亦有少數將「律曆」刻成「律歷」者。大致言之，常見年號如慶曆、天曆、萬曆等「曆」字改作歴歷懕曆者，多屬避諱無疑；若萬曆之曆作「曆」字，則明南監刊本亦有此刻法，並非一定是避清諱，須就其他諱字以判之。

㈤清仁宗（一七六〇——一八二〇） 名諱顒琰，初名永琰，高宗子，嘉慶元年（一七九六）正月受禪即位。

嘉慶四年諭：現在會試屆期，士子文藝詩策內，於朕名自應敬避。如遇上一字，著將頁字偏旁，缺寫一撇一點，書作顒字；下一字，將右旁第二火字改寫又字，書作琁字；單用禺字頁字炎字，俱毋庸缺筆。至乾隆六十年以前所刊書籍，凡遇朕名字樣，不必更改；自嘉慶元年以後所刊書籍，均照此缺筆改寫。又奏准：……現在考試所用官韻，係屬舊刻，於廟諱尚未盡避，而上聲第二十八部之首，又直同御名下一字，應於本韻內，請旨另定一字爲部首，交武英殿重刻頒行，以符體制。奉旨，詩韻內上聲第二十八部，已改儉字爲部首，業於春閒經武英殿奏明刊刻通行矣。

嘉慶八年議定：字體有古今之分，避寫之字，有筆畫雖殊，究屬一字者。又恭代之字，須與本字相近，於選用之中，仍不失本文意義，方爲明備。今條例內開聖祖仁皇帝聖諱，下一字恭代之字，係屬本字古體；世宗憲皇帝聖諱，下一字恭代之字，與本字體制迥殊，音義亦別；是以從前纂修四庫全書時，高宗純皇帝諭令館臣，於聖祖仁皇帝聖諱下一字，以煜字恭代；世宗憲皇帝聖諱下一字，以禎字恭代；聖慮周詳，互精至當，自應敬謹遵照，以昭畫一。並通行內外大小各衙門，一切官私文字，一體遵照書寫。各直省學政及監臨，明白出示，俾士子敬謹避寫；其有仍用舊文者，以違式論。」（以上見大清會典事例卷三四四。）

按：①就此時期之刻本寫本調查，嘉慶諱之缺筆改字，大多符合上載諭令之規定。少部分亦有避及炎談淡等字者，如道光四年刊之「歷代帝王年表」，即將炎字改作⿱火又字；筆者亦偶見鈔本有將談淡寫作⿰言⿱火又⿰氵⿱火又之例。又後面調查表亦有琰⿰王⿱火又缺末筆之例。大漢和詞典引「六部成語」云：「顒改作顒，琰改作瑗，頁炎等字單用無妨。一百六韻之一，上聲第二十八，清仁宗之諱，避顒琰有用儉者。」改作「顒」「瑗」之例罕見。②大清會典事例卷三五八「磨勘處分」項內載：嘉慶二十四年奏准，廟諱未能敬避，雖經缺筆，仍罰停三科。硃卷改寫恭代字，主考同考等官免議。」蓋歷代避諱制度，對科場文字及文移書奏之避諱均頗嚴厲，多採用改字避諱法；刊寫書籍則大多缺筆即可存避諱之意。此嘉慶八年之避諱令，主要亦爲針對科場文字及文移書奏而言。但刻書時若須避改，自應以統一規定之字代之；故若有未照規定代字避諱者，其刊寫年代大部分當爲嘉慶八年以前。

㈥**清宣宗**（一七八二—一八五〇）　名諱旻寧，初名綿寧。仁宗子，嘉慶二十五年八月繼位，以明年爲道光元年（一八二一）。

嘉慶二十五年八月（宣宗）諭：乾隆四十一年十一月，恭奉皇祖高宗純皇帝諭旨，綿字爲民生衣被常稱，尤難迴避，將來繼體承緒者，當以綿作旻，則係不經用之字，缺筆亦易，等因欽此。今朕欽遵成命，將御名上一字敬改；至臣下循例敬避，上一字著缺一點，下一字將心改寫一畫一撇；其奉旨以前所刻書籍，俱毋庸追改。（大清會典事例卷三四四。）

按：①據此諭令「旻」字之避法是缺一點；道光間鈔本「學海」有缺中點作「旻」之例。②「寧」字之避改，道光帝之詔令是改寫成「寕」字；自咸豐四年後，又諭令改爲「甯」字（見後）。就調查清版得知，道光時作「寕」字者較多，但亦有改作「甯」或「寗」字者；自咸豐以後大多改作「甯」字，亦有作「寍」或「寧」缺末筆者，作「寕」字較少見，與法令前後之規定頗相一致。③但須注意者，將「寧」字俗寫成「寕」字，自東漢王羲之即已有此種寫法，未必即避道光諱，須就其他諱字以判之。而甯殖、范甯等姓名中之「甯」字，原來即以「甯」爲姓爲名，並非避道光諱。至於以「甯」字爲地名者，「中國古今地名大辭典」僅收錄有「甯縣、甯母、甯韋堡」三地而已，其餘地名皆使用「寧」字。康熙字典引諸書注云：寍爲寧之古文。寗同寧，願也；又乃定切，音佞，邑名。寧之義有願詞也、安也、女嫁歸省父母曰寧，又州名、又姓等。甯，所願也，徐諧曰甯猶寧也；又姓，又邑名。觀以上諸字音義相通，故可取爲避諱之代字。

(七)清文宗（一八三一—一八六一） 名諱奕詝，宣宗子，道光三十年正月繼位，以明年爲咸豐元年（一八五一）。

道光三十年正月（文宗）諭：御名上一字，仍舊書寫，毋庸改避；下一字缺寫末一筆，書作詝字，以示改避之意；其奉旨以前所刻書籍，俱毋庸議。

咸豐四年諭：嗣後凡遇宣宗成皇帝廟諱，缺筆寫作寕者，悉改寫作甯。（以上見大清會典事例卷三四四。）

按：①咸豐帝諱上一字「奕」字，與諸親王同，故不諱。自此令頒布之後，同治光緒宣統各朝均承襲此一規定，不避帝諱之上一字。下一字之「詝」字，極爲罕見，臣民可免觸諱之難，但欲鑑定咸豐間刊本寫本，反而不便。張之洞輶軒語云：「當宁、絺紵、積紵、延佇等字，形近音同，寫刻舊書有缺筆作宁者，場屋不用。」「央館」藏之咸豐八年刊本「四照堂詩集詞集文集」，即有佇貯紵等字缺末筆之例；同治十年刊之「守默齋詩稿雜著」亦有「佇」字缺末筆之例；但從調查中得知，避此等字者頗少，不缺筆者爲多，故不能以此等字之缺筆或不缺筆，以斷定刊寫年代。

(八)清穆宗（一八五六—一八七四）　名諱載淳，文宗子，咸豐十一年七月立爲皇太子，十月繼位，以明年爲祺祥元年（一八六二），隨即改爲同治。

咸豐十一年七月（穆宗）諭：御名上一字，仍舊書寫，毋庸改避；下一字毋庸缺筆，凡臣工章奏內，遇有此字，著用湻字改避；其奉旨以前所刻書籍，俱毋庸議。

同治三年諭：御史陳廷經奏，詩文敬避御名，請毋庸兼避偏旁等語。朕御極之初，曾經降旨，將御名上一字毋庸改避，下一字凡臣工章奏，著用湻字改避，本未嘗諭令兼避他字偏旁；茲覽該御史所奏，近來各省奏牘及考試詩文，凡字之偏旁從享者，一概改作亯字，殊與前降諭旨不符；嗣後諸臣章奏，及各項考試文字，於御名下一字，仍止敬避本字。（以上見大清會典事例卷三四四。）

按：①據此可知同治帝之諱，法令祇規定避「淳」字，改作「湻」；其上一字諱「載」及「享」字之偏旁皆毋庸改避。大漢和詞典引清國行政法汎論稱：「穆宗毅皇帝廟諱曰載淳，淳改作湻，凡從享字者皆作亯。」作亯有違諭令。張氏輶軒語謂：「从酉从享之字，音同義近，場屋不用。單用享字，不得寫作亯，緣諱字，篆文非从享故也；敦惇錞等偏旁皆然。孰熟等字，不得寫作孰。郭字左畔，篆文本非享字，更不可寫作郶。」②就實際調查可知，清版圖書祇嚴避「淳」字，改作「湻」。「醇」字則有避有不避；其他享字之偏旁則罕見有避者。但須注意者，明版書及清乾隆版亦偶見有將淳字刻作「湻」之例，須就其他諱字以辨之，究爲俗寫？或爲避諱？如萬曆三十一年吳萬化刊本博古圖錄，書前洪世俊序係用行書刻成，即將「淳」字刻作「湻」字。但就其紙墨字體版式等觀之，不難鑑別爲明版。乾隆紅樹樓刊本「歷朝名媛詩詞」，宋思敬序中亦有如此寫法，則須就其他諱字以別之。

(九)清德宗（一八七一——一九〇八） 名諱載湉。宣宗孫，同治十三年十二月繼位，以明年爲光緒元年（一八七五）。

清同治十三年十二月（德宗）諭：御名上一字仍舊書寫，毋庸改避；下一字著缺寫末一筆，書作湉字，以示改避之意；其奉旨以前所刊書籍，俱毋庸議。

光緒三年諭：奉天府府丞王家璧奏士子試卷，於穆宗毅皇帝廟諱及朕御名偏旁相同之字，誤會避寫，請飭通諭各等語。穆宗毅皇帝廟諱下一字，欽奉諭旨，用湻字敬避；朕御名下一字，亦經降旨缺寫末筆；其偏旁相同之字，本毋庸避寫，著禮部再行知照各直省學政，曉諭士子，一體遵循，以免歧誤。（以上見大清會典卷三四四。）

按：此重申同治帝諱祇避「淳」本字；光緒諱亦祇避「湉」本字；其偏旁相同之字毋庸避寫。就實際調查此時之刻寫本，其避諱情形大抵符合法令規定；僅見「恬」字偶而有缺末筆之例。張氏輶軒語云：「恬惔，神恬等字，形全、音同、義近，皆不可用。若止用舌字者，不宜缺。」（此處之恬字即缺末筆，因此書刻於光緒元年也。）

(十)清末帝　名諱溥儀。宣宗曾孫載灃子，光緒三十四年十月嗣立，逾年改元為宣統（一九〇九），宣統三年退位。

按：溥儀在位為時不過三年，然此時所刻寫之書，遇「儀」字，仍須缺末筆；如宣統元年刊「藝芸精舍」，凡遇「儀禮」之「儀」字，皆缺末筆也。

二、清代刻本寫本之避諱調查表

資料來源：國立中央圖書館藏書（計二七部）

書名・卷數	版本	諱字	備註
寒瘦集一卷	清康熙三十八年刊朱墨套印本	絃字共六字皆缺末筆；丘字不作「邱」，此時尚未避孔子諱。寧字不避。	前有康熙三十八年岳端序，言及刻書之事。

删定唐詩解二四卷	清康熙四十年刊本	玄字皆缺末二筆，有玄字偏旁者，如弦絃舷炫及牽等皆不缺筆，曄字亦不缺；乾隆之弘曆，孔子之丘字皆不避。凡遇胡虜夷字皆缺多筆，其中卷廿一葉八胡字缺筆有挖除未盡痕。	有康熙四十年吳昌祺自序，言及刻書事。
玉篇三卷	清康熙四十三年吳郡張士俊覆宋刊澤存堂五種本	據宋本覆刻，刻工姓名及宋諱字皆仍其舊，清諱字玄（下/5）燁（下/7）缺末筆，曆顒寧諸字不避。又爗（下/7）曄（中/85）率衒丘字等亦未缺筆，胤字（上/70）缺右鈎半筆。	有康熙四十三年朱彝尊重刊序
道園遺稿六卷	清康熙間鈔本	卷一玄絃不缺筆，卷二以下玄絃弦多缺末筆；又薛玄卿之「玄」字改作「元」（卷五之目及正文篇題），館藏另兩本舊鈔本不改；弘曆等乾隆以下諱不避（雍正諱字未見），但弘字翁氏校勘時塗去末點，或改作弔以避乾隆諱。	末有乾隆三十八年翁方綱手校及題款
張龍湖先生文集十五卷	清雍正四年彭維新浙江重刊本	「維禎維祉」之「禎」（1/3等）「鳳巢之禎」之「禎」（1/4）及「楨幹」之「楨」（4/5）皆缺末筆；但	有雍正四年彭思眷序，言及刻書事。

		「禎符」之「禎」（1/2）則不缺筆。又絃伭間亦缺筆，但不缺筆者爲多。乾隆之弘曆諱字不避。貞字亦全不缺筆。燁字（1/21）亦不缺筆。	
重訂李義山詩集箋註三卷集外詩一卷年譜一卷詩話一卷	清乾隆九年汪增寧東柯草堂刊本	玄絃眩炫胤（年譜葉五）弘皆缺末筆（率字不缺），乾隆諱字之曆作「歷」，嘉慶之「琰」字（卷中葉九）不避。卷末所鈐之「海寧陳琰友年氏曾觀」朱文方印，亦不避琰、寧二字。	汪增寧序云刊於乾隆九年
昭代詞選三八卷	清乾隆三十二年經鉏堂刊本	弦絃鉉舷弘（1/5、2/22等）皆缺末筆；丘字改作「邱」字，避孔子諱；琰寧淳嘉慶以下諱字不避。	扇葉題「乾隆丁亥年新鐫，經鉏堂藏板」。
安南志略二〇卷（原缺卷二十）	清乾隆五十五年錢大昕父子手鈔本	弦曄（9/8）缺末筆，曆改作歷，寧淳等諱字不避。錢氏校字之「玄」缺末筆。	
文則二卷	清乾隆間寫翰林院藏四庫全書本	避諱字之修改頗嚴，胤改爲缺末筆之胤，丘旁加阝，鞃弘字末點塗去，公孫弘」之「弘」改作「宏」，玄弦缺末筆。	有四庫館臣改字及翰林院印

明末稗史十七種十七卷	清乾隆間鈔本	册五「風倒梧桐記」中，永曆之曆作「壢」者多處，亦有作「歷」作「曆」者。	
爾雅三卷	清嘉慶四年武進臧氏拜經堂刊本	玄胤弘宏顒（上/15缺末二筆）及丘字（缺末第二筆之豎畫）皆缺筆；即避至嘉慶帝止，旻寧等道光帝以下諱字不避。	有嘉慶四年武進臧鏞堂重刻跋
說文解字注三〇卷	清嘉慶二十年段氏經韻樓原刊本	絃弦鉉字缺末筆，玄字以「元」字代，並加墨圍；顒（九篇上葉五）字缺末兩筆，琰字（一篇上葉廿四）改作「琰」	有嘉慶二十年王念孫序
爾雅匡名二〇卷	清嘉慶二十五年仁和勞氏刊本	嘉慶以上之廟諱玄胤弘字皆以「廟諱」二字代之；嘉慶之顒諱（3/10）則以「御名」二字代之；鉉率缺筆，玆改作「玆」，兩玄字皆缺末筆。丘字很多，皆作「邱」。旻（8/1）寧（8/2）以下不避。	
抱朴子外篇五〇卷附九卷	清嘉慶間長白繼昌校刊本	玄弦爗曄皆缺末筆；曆改作歷，琰改作琰。凡諱字，顧氏皆朱筆圈出。	清顧廣圻等批校並跋

緯略十二卷	清嘉慶間白鹿山房活字本	絃泫眩畜（1/20）丘缺筆，率字或缺或不缺；胤字正文缺左撇，注文缺右鈎；公孫弘之弘改作「宏」（2/15），曆字改作「厤」；「琰」字正文缺末筆，注文改作「琰」（5/12），炎字亦改作「炎」（7/16）。寧字等道光帝以下諱不避。	板心下方有「白鹿山房校印」刊記，書口上下邊欄整齊如線，活字版無疑。
北山小集四〇卷	清嘉慶間鈔本配丁氏八千卷樓補鈔本	弦鉉等缺末筆，琰字作「琰」字缺末筆（19/3、19/6），炎字或作「炎」或不改。寧淳道光以下諱不避。	
東溟文集六卷外集四卷後湘詩集九卷二集五卷	清道光十二年江陰刊本	眩鉉炫衒蓄泫率諸字皆缺筆（率字或不缺，不一定）；丘字改作「邱」；寧字或作甯，或作寕，或作甯，不一定。即避至道光帝諱止，佇淳醇等字不避。	扇葉題「道光十三年刊」。
學海二六卷	清道光間鈔本	凡玄字改作「元」，弦鉉絃等字缺筆；丘字改作「邱」，但「圜丘」之丘（26/50）、「丘壇」之丘（26/49）「圓丘」之丘（26/44）皆不改；曆字改作「歷」或「歴」；道光帝諱之旻作「旻」缺一點，寧改作寕；淳字不避。	

望溪先生全集三二卷	清咸豐元年至二年戴鈞衡校刊本	絃弦炫泫率泓諸字缺筆；曆字改作「歷」或作「厤」作「歴」；寧字作「甯」；佇（11/14）淳儀等字不避。	有戴氏刊書序。
四照堂詩集十五卷詞集一卷文集一卷	清咸豐八年撰者刊本	玄弦絃紵（3/1、3/7）佇（3/9）貯（7/11）等字缺末筆；即避諱至咸豐帝止，淳（4/15）醇（3/18）同治帝以下諱不避。	扇葉題「咸豐八年三月刊于武昌寓邸太倉王臣弼書首」。
柏梘山房集三一卷	清咸豐六年刊同治三年修補本	弦炫泫畜率等字有缺筆；丘字改作「邱」；曆字改作「厤」；寧字改作「甯」，間作「甯」；紵佇貯淳醇等字不避。（咸豐之名諱詝字未見。）	扇葉題「咸豐六年三月刊成」。
漢書一二〇卷	清同治八年金陵書局重刊汲古閣本	玄眩畜丘弘曆（缺末筆，少見）諸字缺筆；寧改作「甯」或作「寍」；淳字改作「湻」，即避至同治帝諱。	扇葉題「同治八年九月金陵書局刊」。
守默齋詩稿一卷雜著三卷	清同治十年撰者刊本	絃舷率弘佇缺筆；茲改作「茲」，丘改作邱，寧改作「甯」，淳改作「湻」，醇改作「醕」。	有同治十年撰者刊書序。

紀元通攷十二卷	清同治十年秀水葉彥侯重刊本	按：此版係據道光八年鍾秀山房刊本翻刻，避諱字照舊，如玄胤（缺左撇）弘缺筆，曆作「歴」，寧作「寍」，即避至道光帝止，而未避同治重刊之帝諱「淳」字。	有同治十年王凱泰重刊序
輶軒語一卷	清光緒元年刊本	眩率缺筆；玆作「玆」、滋作「滋」，醇作「醕」，恬字缺末筆，張氏謂恬愉、神恬等字，形全音同義近，皆不可用。	有光緒元年張之洞自序。
日本訪書志	清光緒二十三年刊本	玄弦燁（14/15）曅（10/13）胤（1/5）丘弘諸字缺筆；弘字又有改作「宏」，改作「弘」缺末筆，曆字改作「歴」；寧字作「甯」作「寍」作「寗」，不一定；淳字改作「湻」；而宣統帝之「儀」字不避。	有光緒丁酉開雕之刊記。
藝芸精舍	清宣統元年刊晨風閣叢書本	凡「儀禮」之儀皆缺末筆。	以上三部皆取自書目類編影印本。

三、結　論

綜上所論清朝避諱法令，及實際調查所得，可知清代除順治朝不避諱外，自康熙迄宣統退位止，皆尊避廟諱、御名。孔子諱自雍正三年始，亦尊避不輟，爲鑑別雍正前後版本之一大基準；蓋雍正以前我國歷朝所出版之書籍，尚未見有避「丘」字者。

就避諱之方法而言：清版圖書仍以缺筆法爲主，間有改字法，及加注廟諱御名法。科場文字及一切文移書奏，多以改字法爲主。改字法如康雍乾三朝皇帝，皆有一定之代字，如以「元」代「玄」、以「燁」或「煜」代「燁」；以「允」代「胤」、以「正」或「禎」代「禛」；以「宏」代「弘」、以「歷」代「曆」是也。其中除乾隆帝諱之代字，係自行頒布外，康雍諸代字是否自行規定不得而知，但上載乾隆之避諱法令，已予以著錄。自嘉慶後，並無恭代之字，而採用改寫偏旁法，如「琰」字將右旁第二火字改寫又字，書作「琂」字。「寧」字先改寫作「寗」，咸豐四年又諭令改寫作「甯」。「淳」字改寫作「湻」字，亦有缺末筆者。其他無恭代之字，又無改寫者，則採缺筆法以避之。改寫之字容易與俗寫之習慣混淆，以之推定年代較爲困難，詳細之研究參見上文。

就清諱之特徵而言：清諱所重在偏旁，與宋諱所辨在音不同。如宋諱清諱皆避「玄」字，宋諱中縣懸等字因同音皆避，清諱則不避；而清版中私避「率」「畜」「蓄」等有玄字旁者不乏其例，宋版則罕見（韻略條式有「舊頒廟諱外，無明文而私輒回避者畜慉）。由於與清諱同一偏旁之字少，且偏旁之諱亦須兼顧音義相同者方避，故清諱雖嚴，但所避之字並不多；宋諱則嫌名之多已如上述。至同治光緒時更下令只避本字，連偏旁皆毋庸避寫，但刻寫書籍時，仍有私輒迴避者。

至於就清諱以推定年代，則上文及調查表皆已詳述之，讀者細閱之可也。清代之覆宋本，雖爲忠實原本而照樣遇宋諱缺筆，但大多也避了清諱，故不難鑑別之。此外，須注意者，如清初印刷明季刻本，往往挖改以避清諱，至乾隆時才下令禁止。稱：「若將從前久經刊刻之書，一概追改，未免事涉紛擾。」嘉慶諭令亦有「至乾隆六十年以前所刊書籍，凡遇朕名字樣，不必更改；自嘉慶元年以後所刊書籍，均照此缺筆改寫。」道光、咸豐、同治、光緒諸帝之避諱令，亦一再重申「其奉旨以前所刻書籍，俱毋庸追改。」由於有此禁令不得追改奉旨以前所刻書籍，故以諱字鑑別清版，較爲可靠，祇須詳查其避至某帝諱，而下一帝不避，自可推定爲某帝時之刻本。但亦有少數翻刻本，如上面調查表中之「紀元通攷」條，其諱字祇照原本，及於道光，而未避同治重刊時帝諱「淳」字，諸如此類，亦不乏其例。至於寫本之避諱，從調查中可知亦同刻本。總之，利用避諱學來推定版本年代，須參酌其他鑑別法，相互爲證，方不致有誤斷之虞。

【附　註】

註　一　東都事略云：「眞宗大中祥符五年十月戊午，九天司命，眞君降于延恩殿，諭以本人皇九人之一，乃趙始祖，再降爲黃帝，後唐時復降生趙氏之族。閏月己巳上天尊聖號，壬申詔避聖祖名。十二月壬申，改謚孔子爲至聖文宣王。」

註二　老學菴筆記引北史杜弼傳謂：「齊神武相魏時，法曹辛子炎讀署爲樹，神武怒其犯諱，杖之（神武帝之父名樹生）。則署與樹音不同，武人亦知之，而今學士大夫不能辨。」五雜組謂：「宋時避諱極嚴，宋版諸集中，凡嫌名皆缺不書；如英宗名曙，而署樹皆云嫌名，不知樹字原不同曙也。」。

註三　「書中貞元、貞觀、貞定、貞惠，並作正，桓公作威公，魏徵作魏證，殷武作商武，顓頊作顓帝，愼戒作謹戒，完顏亮作元顏亮；至匡朗勗樹讓則缺筆，字體端嚴，紙質堅緻，當爲宋時印本。」（見鐵琴銅劍樓藏書志卷十六「容齋隨筆十六卷」條。）

註四　周氏經史避名彙攷引事略云：「徽宗崇寧二年詔曰：本朝僖祖至仁宗始備七世，當英宗祔廟，上祧順祖；暨神考祔廟，又祧翼祖，則哲宗祔廟，父子相承合爲一世，祧遷之序，典禮可稽，令禮官詳議聞奏。後禮官言當祧宣祖。三年詔，已祧翼祖宣祖廟並復。」（見影印本頁三〇二一。）

註五　改音避諱之實例難見，周氏經史避名彙考卷二十引墨客揮犀稱：「趙侍讀師民仁廟時，講易後殿，說乾卦四德至貞字，不以他音代呼，直言其字，近侍皆掩口；公徐曰：臨文不諱。講罷帝目送之，顧左右言：眞古儒也。」正字通謂：詩經「亦既覯止」，「覯」宋儒讀若遇，避高宗諱。

註六　周氏經史避名彙攷云：「朱子注學庸，『愼』皆以『謹』代之；如曰謹獨、不可不謹。注論語，則曰敬謹之至、無所不謹、謹齊、謹疾、謹言；而愼終、愼於言、愼言行之類，皆依經文不改。正字通謂朱子集注無愼字非也。」朱彝尊經義考云：「淳熙十二年林栗進周易經傳集解，貼黃，云：其間有犯廟諱及御名者，並依經傳本文不敢改易，只令書不成字，覆以黃紙，伏乞睿照。」

註　七　毛晃父子增修之禮部韻略，詳載有一字多音，何音應避，何音許用之註解。如平聲十五灰部：敦字有多音，如詩經「敦琢其旅」，其音爲「都回切」；如作丘名，其音爲「丁回反」；「又都昆切係廟諱同音，合當迴避，其餘照式許用。」又上聲十八諄部，「惇」字云：「又都昆切係廟諱，合當迴避，其朱倫切照式許用。」惇字爲光宗正諱，有兩音者亦可通用，與「紹熙重修文書令」之「正字皆避之」之規定不符？按顧氏音學五書音論云：「禮部韻略始于景祐四年，今所傳毛晃增注，于紹興三十二年十二月表進；宋刻卷端有云『男進士居正校勘重增』，而光宗諱及寧宗御名並已回避，則此乃寧宗以後刻也。」中央圖書館藏有元建安刊本「增修互註禮部韻略」，對一字多音何音應避，均有記載；但四部叢刊續編影印之宋紹定重刊本「附釋文互註禮部韻略」，則已刪去之。

註　八　顧炎武音學五書音論謂：「廣韻二十一欣仍出「殷」字，必是已祧不諱在高宗祔廟之後（周廣業案高宗當作孝宗），而居正所增也。」

註　九　大明會典通行者有弘治十五年修正德四年李東陽等奉敕重校正之「正德版」，及萬曆重修之「萬曆版」。有關避諱之詔令，「萬曆版」多承襲「正德版」之規定。此所錄係據「正德版」。

註一〇　清周廣業經史避名彙考按云：「徐溥謙齋文集載：英宗時黎文禧公淳見天下鄉試錄多舛謬，或犯國諱，摘奏數十條，下禮部翰林院，議治考試提調官罪，且申定格式，行之至今。（黎淳神道碑）。據此，則減少筆畫之例，蓋始于天順之末，至此復申其令也。」

註一一　周氏彙考案：「此制與成化相違，而續通考孝廟諱作「祐堂」，明季書又作「佑裳」，或作「樘」，又與此制相違。」

註一二　周氏彙考案：「凡常字皆改爲嘗，如旂嘗、奉嘗、倫嘗，綱嘗、天嘗、官嘗、尋嘗之類，明詩綜等書尙襲用之，或缺末筆作", "

又明志：「常州府萬曆末避諱曰嘗州府。……陝西華州雒南縣注云：元曰洛南，天啓初改洛爲雒。」

註一三　周氏彙考案：「初制尙不諱由字，後乃改爲繇。崇禎遺錄云：『上諭禮部，孝思永言，施必繇于親。』是也。」

註一四　周氏彙考謂：「蕭彥太嘗記太廟七宗，始睿宗，次武宗；祧殿藏主自德祖訖孝宗，與此首孝宗者不同，此顧氏誤也。至由並改繇，則上一字亦未嘗不諱。」

註一五　明萬曆間勅定之大明律集解註云：「見御名廟諱，皆臣下所當諱避，或有誤犯，均屬有罪，但中間有輕重不同耳。上書陳言，奏啓事務，則直達御前，其誤犯者不敬莫大焉，故杖八十。其餘文書誤犯，與直達御前者不同，止是欠謹失檢點，故笞四十。若公然取作名字觸犯者，是終身爲人呼喚，又不特一時書奏文移之間而已，杖一百，所以重責其無忌也。或上奏文書及爲名字，所犯御名廟諱聲音相似，字樣各別者不坐，不諱嫌名也；二字止犯一字者不坐，二名不偏諱也。」

註一六　如嘉靖間刻本「王氏存笥稿」，王重民提要云：「此本校作較，乃後人剜改而成，因此本爲崇禎間印本也。」（見頁六二三）。又如中央圖書館藏之明弘治間王溥校刊本「淮南鴻烈解」，各卷首均題「後學王溥較刊」，經細查此書，板印模糊，部分「較」字墨特濃，可看出係挖改版木所致，當亦爲印刷在天啓以後也。

註一七　清代的會典，最早修於康熙二十三年，以後雍正、乾隆、嘉慶、光緒又先後四次重修，此所引之「欽定大清會典一千二百二十卷」係清光緒十二年敕撰，光緒二十五年刊行。有關避諱之法令，詳載於大清會典事例卷三百四十四頁舉中之繕卷條規項內。

註一八　清光緒元年張之洞撰之「輶軒語」，（成文書局出版之書目類編第九十三冊內收入。）列有「敬避字」篇，云：「前代諱忌繁多，嫌名動輒改寫；國朝法令寬大，應避之字，並不難記；今見鄉曲諸生，屢屢觸犯，大不可也。」

至至聖先師諱，動輒用入，尤可怪詫，不特違式自誤，且身在學校，此而不曉，可謂不知禮矣。別紙條舉於後（略）。

註一九　陳垣史諱舉例有「清初書籍避胡虜夷狄字例」，引雍正十一年四月己卯諭內閣：「朕覽本朝人刊寫書籍，凡遇胡虜夷狄等字，每作空白，又或改易形聲，如以夷爲彝，以虜爲鹵之類，殊不可解。揣其意蓋爲本朝忌諱，避之以明其敬愼，不知此固背理犯義不敬之甚者也。嗣後臨文作字及刊刻書籍，如仍蹈前轍，將此等字樣空白及更換者，照大不敬律治罪。其從前書籍，若一槩責令塡補更換，恐卷帙繁多，或有遺漏，著一併曉諭，有情願塡補更換者，聽其自爲之。」

乾隆四十二年十一月丙子諭：「前日披覽四庫全書館所進宗澤集，內將夷字改寫彝字，狄字改寫敵字，昨閱楊繼盛集內改寫亦然，而此兩集中又有不改者，殊不可解。夷狄二字，屢見於經書，若有心改避，轉爲非禮，……因命取原本閱之，則已改者皆係原本妄易，而不改者原本皆空格加圈。二書刻於康熙年間，其謬誤本無庸追究。今辦理四庫全書，應鈔之本，理應斟酌妥善。……所有此二書之分校覆校及總裁官，俱著交部分別議處。除此二書改正外，他書有似此者，並著一體查明改正。」

按：此諭載四庫全書總目提要之卷首，據此詔令規定，凡避胡虜夷狄等字者，大致可鑒別爲清初期間刊本。國立中央圖書館所藏明嘉靖四十三年刊本「陸子餘集八卷」，原爲四庫全書底本，書中有館臣塗改處，如醜虜改爲敵人，匈奴亦改爲敵人等不勝枚舉。又明成化十年李顒刊本「謚忠文古廉文集十卷」，亦爲四庫底本，除誤字校改外；凡胡虜等字亦皆塗抹改易他字。

註二〇　明末毛氏汲古閣刊本「三唐人集」，於「弘」字，有挖去末筆，亦有不挖者，或刷印於乾隆未頒令禁止追改之前。

註二一　清乾隆間怡寄齋鈔本「大觀錄」，宏字卽缺末點。（央館藏）。

註二二　明萬曆間南監刊本「五代史記」、「南齊書」、「三國志」等版心上方所刻雕版年代，卽常將萬曆之曆刻成「曆」字。

第六章　其他版本類型之鑑定法

以上各章所探討的，主要爲一般刻版之鑑定法；其他版本類型如活字印本、套色印本、石印本、影印本，以及寫本等，其鑑別法則亦大抵同版刻，但各有其特徵。本章即針對其特徵，而探討其特殊的鑑定法。凡適用於版刻鑑別法者，即不再重覆贅述。

第一節　活字印本之鑑定

雕版印刷是在一塊整體的木板上，依據原稿逐字刊刻而成。活字版印刷術，是預先製成單個的字，再據原稿檢出所需之字，組成版面，然後印刷之；印完後，版可拆散，單字仍可用以排其他版的一種技術。

活字印刷依材料分爲泥活字、木活字、銅活字、錫活字、鉛活字、磁活字等印本。以下先探討造活字印書的文獻，以了解活字製造及組版印刷之過程；後再綜述活字版之鑑別法。

一、活字印書之文獻

活字版印刷術是宋慶曆年間（一〇四一——一〇四八），由畢昇所發明，時在德國谷騰堡發明西洋活字的前四百年。畢昇首創的膠泥活字印刷法，宋沈括（一〇三二——一〇九六）「夢溪筆談」（註一）卷十八云：

板印書籍，唐人尚未盛爲之，自馮瀛王始印五經，已後典籍，皆爲板本。慶曆中有布衣畢昇又爲活板。其法用膠泥刻字，薄如錢唇，每字爲一印。火燒令堅。先設一鐵板，其上以松脂臘（蠟）和紙灰之類冒之。欲印，則以一鐵範置鐵板上，乃密布字印，滿鐵範爲一板，持就火煬之，藥稍鎔，則以一平板按其面，則字平如砥。若止印三二本，未爲簡易，若印數十百千本，則極爲神速。常作二鐵板，一板印刷，一板已自布字，此印者纔畢，則第二板已具，更互用之，瞬息可就。每一字皆有數印，如『之』、『也』等字，每字有二十餘印，以備一板內有重復者。不用則以紙帖（貼）之，每韻爲一貼，木格貯之。有奇字素無備者，旋刻之，以草火燒，瞬息可成。不以木爲之者，文理有疎密，沾水則高下不平，兼與藥相粘不可取。不若燔土，用訖再火，令藥鎔，以手拂之，其印自落，殊不沾污。昇死，其印爲予群從所得，至今保藏。

膠泥活字印書的可行性，經過清代翟金生試用畢昇遺法，費三十年之心血，製造了十萬多個泥活字，於道光廿四年印成自著詩集「泥版試印初編」，獲得證明（註二）。蓋膠泥活字不但非一般人想像中的脆弱，而且「堅貞同骨角」，所印字畫，清楚美觀。但畢昇草創之時，或許着墨效果不佳，且膠泥活字燒造繁雜，不合經濟原則，故未能流行。其後又經過錫活字的試驗，但因難於使墨，亦不能久行。到了元代大德二年（一二九八）王禎「命匠創活字」，用木活字試印「旌德縣志」成功。並發明轉輪排字架，使字就人，加速印書效率。其詳細過程，附記於王禎所撰「農書」後，名曰「造活字印書法」（註三），云：

……後世有人別生巧技，以鐵爲印盔，界行內用稀瀝青澆滿，冷定、取平，火上再行煨化，以燒熟瓦字排於行內，作活字印板。爲其不便，又有以泥爲盔，界行內用薄泥，將燒熟瓦字排之，再入窯內燒爲一段，亦可爲活字板印之。近世又有注錫作字，以鐵條貫之，作行，嵌於盔內界行印書；但上項字樣，難於使墨，率多印壞，所以不能久行。今又有巧便之法：造板木作印盔，削竹片爲行，雕板木爲字，用小細鋸鎪開，各作一字，用小刀四面修之，比試大小高低一同。然後排字作行，削成竹片夾之。盔字既滿，用木屑屑（牛結切）之，使堅牢，字皆不動，然後用墨刷印之。（以下有寫韻刻字法、鎪字修字法，作盔嵌字法、造輪法、取字法皆略而不錄」。作盔安字刷印法：用平直乾板一片，量書面大小，四圍作欄，右邊空，候擺滿盔面，右邊安置界欄，以木屑屑之，界行內字樣，須要箇箇修理平正。先用刀削下諸樣小竹片，以別器盛貯，如有低邪，隨字形襯墊（徒念切）屑之，至字體平穩，然後刷印之。又以椶刷順界行豎直刷之，不可橫刷，印紙亦用椶刷順界行刷之。此用活字板之定法也。

到明清兩代，木活字印書頗盛，江南各省祠堂，多用以排印族譜與家譜。明崇禎十一年後，北平發行的「邸報」亦改以活字印行（註四）。清乾隆三十八年出身朝鮮之金簡奏請以活字版刷印各種書籍，以省工料；乾隆帝從其奏，遂於翌年刻成大小棗木活字二十五萬三千五百個，先後印成「武英殿聚珍版叢書」一百三十八種，二千三百多卷。可謂集我國活字印書之大成。

金簡將此次印書過程與辦法，分別條款，著為圖說，名曰「欽定武英殿聚珍版程式」。計分「成造木子、刻字、字櫃、槽版、夾條、頂木、中心木、類盤、套格、擺書、墊版、校對、刷印、歸類、逐日輪轉辦法」諸條款。

金簡之方法與王禎「造活字印書法」之最大差異，在於王禎是先在一塊整版上雕字，用細鋸鎪開，再加以修整；金簡則先將棗木裁成大小高低一律之單獨木子，次將字樣覆貼于木子之上面，而後再刻字。其次王禎削竹片為界行，金簡則「用梨木版，每塊面寬七寸七分，長五寸九分八釐。與槽版裏口畫一，周圍放寬半分為邊。按現行書籍式樣，每幅刻十八行格線，每行寬四分，版心亦寬四分，即將應擺之書名、卷數、頁數暨校對姓名，先另行刊就，臨時酌嵌版心」（名曰套格）。印刷時先印框欄格子，再印文字於套格內。故武英殿聚珍本，每葉四周邊欄銜接處，如同版刻般的嚴絲合縫，與一般活字本大多露出缺口不同。此外，王禎用小竹片來墊板；金簡則用紙摺條。云：「木子雖按式製準，然經刷印之後，乾濕不勻，則木性究有伸縮；故擺書完後，視其不平之處，將低字抽出，用紙摺條微墊，即能平整。」至於檢字法，王禎發明轉輪排字架，以字就人；金簡則改用字櫃，按部首及畫數取字。總之，金簡的活字版法，是在王禎活字印書法的基礎上加以改進，使書籍之印刷，更加完美、快速、便宜。

我國使用銅活字印書始于何時？由於文獻無徵，不得而知。現存銅活字印本，以中央圖書館所藏明弘治三年（一四九〇）華氏會通館印的「宋諸臣奏議」（圖版六二）爲最早。比朝鮮及歐洲有金屬活字印書之記錄，皆稍晚（註五）。明代的銅活字印書，以江蘇無錫爲主要中心。其次爲江蘇的常州、蘇州、南京，和福建的建陽、芝城等地。其中以無錫華氏、安氏兩族最著。華氏以華燧會通館、華堅蘭雪堂爲出名。安氏則以安國桂坡館爲代表。清代銅活字印書，以內府在雍正四年用銅活字所印之「古今圖書集成」最著；民間則以福州林春祺福田書海銅活字板「音學五書」爲著名，印行於道光二十六年後。

銅活字的製作方法有二：一爲用手雕刻，一爲用字模鑄造。明代的銅活字是雕是鑄？或兩者皆有，論者紛紜，莫衷一是。張秀民云：「在文獻中有時也互相矛盾，如明秦金說安國『鑄活字銅板』，而安國的後代安吉又說『鐫活字銅板』。明華渚撰『燧傳』，稱『範銅板錫字』，既然有模範，自然是澆鑄的，並且不但有銅字，而又有錫字。而唐錦說『近時大家鐫活字銅印』。蘭雪堂有『刊字蘆寬』，金蘭館印本也寫『金蘭館刻』（圖版六三），建陽游榕自己稱『梓製活板』，似乎又多是雕刻的。實物既無，文獻又不足，也只好缺疑了。」（註六）

清代內府銅字是刻是鑄？亦有爭論。據張秀民「清代的銅活字」一文（註七）云：「清吳長元宸垣識略以爲『武英殿活字板向係銅鑴，爲印圖書集成而設』。龔顯曾亦圓朓牘以爲『康熙中武英殿活字板，範銅爲之』。而乾隆帝却稱『康熙年間編纂古今圖書集成，刻銅字爲活板』。……『武英殿刻銅字人每字工銀二分五釐』（按：見大清會典事例卷一一九九）……當時不說鑄銅字人，而說『刻銅字人』，可見銅字是刻的。……英國目錄學家波拉特指出，書中同一個字而有顯著的區別，實際上這在一副鑄造的活字中是不可能有的，那就是說這些活字一定是刻的，而不是用字模鑄造的。根據以上各家說法，印圖書集成的大批銅字可以肯定說是手工雕刻的。」

道光時林氏福田書海銅板所印之音學五書（圖版六八，中央圖書館藏），書前有林春祺自撰之「銅板敍」，云：「世有銅板之書，而銅板之傳甚少。春祺髫年即聞先大父與先君論說古銅板書，恆惋惜世無銅板，致古今宿儒碩彥有不刊之著述，而無力刻板，……春祺心焉誌之，……歲乙酉損資興工鐫刊，時春祺年十八，至丙午而銅字板告成。古今字體悉備，大小書籍皆可刷印，爲時二十載。計刻有正韻筆畫，楷書銅字大小各二十餘萬字。爲之實難成，更不易中間幾成而不成者屢矣。今幸成此銅板，則古今宿儒碩彥有所著述無力刻板，與夫已刻有板而湮沒者，皆可刷而傳之於不朽。是春祺不惜耗貲二十餘萬金，辛苦二十年，半生心血銷磨殆盡，……春祺世籍本古閩福清之龍田，因即名此銅板爲『福田書海』云。」據此可知林氏福田書海銅活字板，亦用手工逐字雕刻也。細觀此銅字板，所有字畫畢現剞劂痕跡，是鐫刻無疑。從書中玄率琰及丘字皆缺筆，寧作寍，淳字不避諱，可推知此套銅活字爲道光乙酉（五年）至丙午（廿六）年間所刻成。音學五書之印刷年，當在道光廿六年後。

韓國的金屬活字，則全用鑄造。其鑄字之法，十五世紀末韓國成俔撰「慵齋叢話」卷三云：「大抵鑄字之法，先用黃楊木刻諸字，以海浦軟泥平鋪印板，印着木刻字於泥中，則所印處凹而成字。於是合兩印板，鎔銅，從一穴瀉下，流液分入凹處，一一成字。遂刻剔重複而整之。」（註八）據此記錄，可推知韓國的鑄字方法，或許受我國古代鑄銅錢、鑄銅印之影響（註九）。蓋雕木成字樣，做細沙反模，再澆注銅液等基本方法，幾乎一樣。

二、活字印本之鑑別法

活字版雖有泥活字、木活字、銅活字、鉛活字等分別；但其檢字組版而印刷之過程是相同的。故凡屬活字印本，皆有共同之特徵。把握其特徵，即能鑑別活字印本或版刻印本。若要進一步鑑定是木活字本或銅活字本，則必須研究其因材料有別所帶來的差異處。

清方苞「奏重刻十三經廿一史事宜劄子」（註一〇）論校勘事有云：「刻字之板材有老稺，乾久之後，邊匡長短，不能畫一，故自來書籍止齊下線；惟殿中進呈之書，並齊上線。臨時或烘板使短，或煮板使長，終有參差，仍用描界取齊。數烘數煮，板易朽裂。凡字經剜補，木皆突出散落；再加修補，則字畫大小粗細不一，而舛誤彌多。經史之刊，以垂久遠，若致剝落，則虛糜國帑。伏乞特降諭旨，即進呈之本，亦止齊下線，不用烘煮，庶可久而不敝，爲此，請旨欽定程式，以便遵行。謹奏。」

據此可知，木性因乾而縮小，因濕而漲大。雕板之木料，有老幼之分，上材下材之別；雕板時雖鋸成同一尺寸，但日久乾燥後，各板片縮短之比率不一，遂造成邊框之長短不齊。裝訂時依照規矩須以下邊欄爲基準線；因此自書口望之，但見下邊欄成一直線，上邊欄則高低不一，參差不齊。初印本高低之差較小，愈後印本，則高低之差距愈大。此種邊欄不齊之狀，爲版刻印本之共同特徵；經筆者隨意抽查中央圖書館的古書，大多如此。除非有上述殿中進呈之書，爲求美觀，採用「烘板使短」或「煮板使長」之術，方能使上線較整齊些。或者在雕板之前，嚴選同等品質之木料，充分乾燥之，並且雕印皆在極短的時間完成者，或能使上下邊欄均能齊整也。大致而言，部分明清內府所刻，及少數初印本（註一一），其上線較爲整齊。

而活字版印刷，是由分別雕刻的單字、行界、邊欄等合組版面，而後印刷者。即其邊匡與行界、文字皆分離，而非連在一起；字與字間亦是分離的。因此即使乾久之後而縮短，亦各自縮短，彼此之間的空隙加大，而不會像雕版般整塊木頭縮短，造成邊匡長短不一。而且活字版在拼板時，其上下欄線距離皆有一定尺寸；版刻若爲新設計版式，其尺寸亦爲一定，但若爲覆刻，其尺寸悉如原本各葉之長短不齊。又活字版印完即拆板，祇印一次，非如版刻有先印後印之分。此外，活字版若爲金屬類活字，並無乾燥問題，而有熱脹冷縮之變化。

總之，由於活字組版之方法，與印完即拆板等特殊技術，使凡屬活字印本，甚各葉邊匡之尺寸，必甚爲整齊；自書口側視之，上下邊欄各呈一直線。故欲鑑別版刻與活字，祇須將一部書之各册疊齊，從書口側望之，若上下邊欄皆呈現一直線者，即爲活字印本；反之，若祇見下邊欄呈一直線，而上邊欄有如鋸齒狀，高低不齊者，即爲版刻印本。但須注意者，清代武英殿聚珍版（即活字版，圖版六七），因採用「套格」方式，其上線不整齊有如版刻印本（間亦有較整齊者，或經特殊處理）。因此，鑑別活字版，尚須審查其他特徵，才不致有因例外情形，而誤斷之虞。

活字印本之其他特徵及鑑定法，綜述如左：

1. 活字版之上下欄線與左右欄線交接處之四角，不甚嚴密，多有缺口。銅活字缺口較小（有的僅見一線大之間隙），木活字因乾縮，缺口較大。若爲整版雕成之版刻印本，絕無此種現象，但須多翻幾葉觀察，以免誤將木版之裂痕，視爲活字版之缺口。武英殿聚珍本之板匡及行格，是先刻在整塊木板上，印刷時先印出，再印文字於「套格」內，故其四角如版刻印本一樣嚴絲合縫。

2. 活字版之魚尾，與其兩旁之界行線分離，因係各別拼排的；版刻印本是整體雕刻在一起的（但有極少數將其切開，印出後有像活版般之分離痕）。故活版可見隔離痕迹，版刻則連而不分。另外活字版之行界線亦與上下邊欄線分離；版刻則銜接在一起，但因界行線條太細，往往因受損而印不出來；而活字版之行界線雖有分離，但因距離不大，往往有墨沾連著。以上所述爲大部分活字版之特徵；但須注意者，另有一部分活字本，其印板係將邊欄、魚尾，甚至界行皆相連而固着於板面（用藥黏），而非用裝配方式，故其四角未見缺口等特徵。

3. 各行文字之排列不整齊。尤其是明代較早期之活字印本，其歪扭不正，傾斜不直之狀，最爲明顯。版刻印本，則排列整齊者居多數；蓋通常雕刻時須對準中心線，而且講求上下筆勢、刀勢之一貫，此從觀各字撇捺之刀勢，最能體會出來。

4. 活字本之特性，係由每一字組合而成，若活字不夠用時，須臨時再刻（或鑄）補充。補刻之活字，與原刻之活字，其字樣、大小、高低及製作活字之材料、品質等皆難完全相同；以致印出後，每有濃淡粗細之別，與原活字不調和，一望可知。版刻雖亦有修補幾字之情形，但皆在版片漫漶時爲之，其印面之濃淡情狀，與活字版之濃淡情狀是不同的，細觀自悟也。

5. 排字有時凹凸不平，印出來的墨色就輕重不勻。

6. 一行之內，不但字有大小，而且筆畫粗細不勻稱。但活字印刷術極爲發達的朝鮮，其金屬活字多用模鑄，大小一律，排列整齊。

7. 活字本每字一刻，各自獨立，字與字間皆保持一定距離，絕不可能重疊、交叉；版刻印本則間有重疊、交叉之現象。又若上一字之某一筆畫，較次一字之某一筆畫爲低，則必爲版刻無疑。

8. 活字印書，印完即拆版，再印再排，絕無斷版裂版現象。版刻印本，若年久後印，風吹日曬，書板即會斷裂；常見書葉上自右至左有一道白痕者，即爲斷版所致。此亦爲鑑別活字與版刻之簡便方法。

9. 排版時難免有極少數字，有倒置或臥排，而未被校對出來。如清代以來公私收藏所謂宋活字本「毛詩」，在唐風山有樞篇內，「自」字橫排，宋諱匡筐缺筆，據此被前人定爲宋活字本。版刻印本通常不會有倒字現象；但中央圖書館所藏明正德十七年陳鳳梧汴中刊本「儀禮」，第十一卷十葉「以下爲無服之殤」七字皆倒植，乃剜補後嵌入誤倒之故，而非活字版之倒排也。

10.活字本行界線若拼排不平，則着墨不勻，常出現時有時無現象。版刻印本有時因甚細而受損，或刻時不平，亦有此現象，但較居少數，通常以後印本爲多。

11.活字版較有立體感。嵌入紙中之痕，較版刻爲深，尤以銅活字爲甚，以放大鏡望之，甚爲明顯。

總之，按上記十一條特徵，加上前述自書口側望上邊欄是否成一直線之法，即可明確鑑別活字與版刻，即使影刻活字本，亦不難加以區別也。

至於欲鑑別活字的種類，須從製作活字的材料特性、製造方法、技術優劣、印本特徵及墨色等作徹底的研究，若能利用顯微照相機，將活字放大攝影下來，從各種不同活字材料，因吸墨性不同，所呈現著不同墨痕，作細密觀察比對，則活字類別之鑑定，必能獲得較明確的答案。大致而言，銅活字因堅硬、光滑，製作不易，墨色較浮而不勻。若用刀刻，字畫粗細不定，從印本觀之，有刀在光滑硬物上雕刻，筆畫無法駕馭自如之感；若用模鑄，則字體大小、筆畫粗細皆尙整齊，但點畫波折，不露鋒鋩；若先用模鑄，再用刀修飾，則難予分辨。幸好名家的銅板活字，多有牌記可徵。如華燧的「弘治歲在○○」「會通館活字銅版印」，華堅的「錫山蘭雪堂華堅允剛活字銅版印行」（圖版六四），安國的「安國活字銅版刊行」或「錫山安氏館」，建寧府城的「芝城銅版活字」，建陽游氏、饒氏的「宋板校正、閩游（饒）氏仝（即銅）板活字印一百餘部」（太平御覽，圖版六五）等牌記。而且初期的銅活字，金屬受墨之技巧尙未精，印在紙上，但見墨色模糊，有的字只印出一半，且墨汚紙面空白處，不難鑑別。自清代以後，銅活字已趨成熟，墨色施刀皆較精工，但是印本存者不多。

木活字印本（圖版六六）多未標明爲木字的，鑑別之法除了把握上述活字版之各項特徵外，其墨色一如雕版印本，較銅活字精純、均勻；但若植版不平，則濃淡不一與銅活字相同。木性軟而易刻，雕刀若能操鍊純熟，則點畫波折，皆能恰到好處，故一般較銅活字精美。木性因乾久而縮，四周欄角缺口，一般較大些。木堅不如金、泥，印多則易漫漶；入紙之凹痕較銅活字爲淺，較雕版印本爲深。此外，點畫多露鋒鋩，細觀鈎趯處，銳利者爲木；鈍者爲銅（若銅活字用模鑄）；最鈍者爲泥；亦有助於鑑別也。附誌一言，有關韓國古活字印本，讀者可參見「韓國古活字年表」（註一二），載有活字名稱、製作年代、字本、活字材料、尺寸、鑄字數、印本諸項，頗便於鑑別之用。

第二節　套印石印影印本之鑑定

一、套印本

套印本是泛指用多色印刷的圖書。其方法有三：早期的套印本，是用同一塊雕板，先後用不同的顏色刷印不同的部位，可稱之爲「套色」。然刷印不準，容易混淆不清；於是將不同的顏色，各別刻成同樣尺寸的版，印刷前先擬定版和紙的固定位置，然後逐版加印在同一張紙上；由於印刷時必使兩版版框密切吻合，故稱「套版」或「套印」。套印術應用在彩色版畫上，其技術更爲複雜，不但須要一色一板，十色十板，而且顏色的深淺濃淡，以及圖畫的陰陽向背，皆要表現出來，於是一幅圖畫往往要刻數十版，運用各種技巧，才能套印出來，可稱之爲「彩色印刷」了。

套色印刷始於何時，文獻無徵。「北宋時所印的交子、錢引等，使用到朱墨藍三種顏色」（註一三）。「南宋唐仲友令工雕造花板數十片，作爲彩帛鋪印染斑纈之用」（註一四）。此種彩印紙幣及印染的彩帛，或與套色印刷圖書之發明，有密切的關係。

全世界現存最早的木刻套色印本，是元朝至正元年（一三四一）湖北資福寺刻印的「金剛般若波羅蜜經（中央圖書館藏。見圖版六九）。經文朱印，注文墨印，燦爛奪目，卷尾並附朱墨套印的寫經圖。這部金剛經的朱墨兩色，就是採用早期的套色方法，刻在同一版上，而分刷兩色。此從若干地方原該是墨色的注文，却誤刷成朱色；以及頁次或用朱或用墨，可推知爲同版雙印。

此後直到明萬曆年間，套色印書才大量盛行。根據粗略統計，吳興閔齊伋及其族人齊華、昭明、暎壁、爾容、振業等；吳興凌濛初及其族人瀛初、汝亨、杜若、毓枏、以棟、啓康、弘憲等，兩族所套印的圖書，不下三百種，顏色且由二色遞增至五色。如明萬曆間凌瀛初套印的「世說新語」（圖版七〇），即爲朱墨黃藍四色；明吳興凌雲刊的「文心雕龍」，即爲朱墨紫藍綠五色套印。閔、凌二族的套印本，多屬分色分版的「套版」所完成；此從各色文字、圈點的互相重疊，可推知爲多版先後套印所致。

清代套色印書，以內府套印本最爲精美，如康熙間內府刻的「古文淵鑒」，用朱墨橙黃綠五色套印；乾隆間內府刊的「勸善金科」，用朱墨黃綠藍五色套印。民間套印之風則趨衰，但間有極精且多達六色者，如書林清話卷八「顏色套印書始於明季盛於清道咸以後」篇載：「道光甲午涿州盧坤刻杜工部集二十五卷。其間用紫筆者明王世貞，用藍筆者明王愼中，用朱筆者王士禎，用綠筆者邵長蘅，用黃筆者宋犖也，是幷墨印而六色矣。斑爛彩色，娛目怡情，能使讀者精神爲之一振。然刻一書而用數書之費，非有巨貲大力，不克成功。」

至於將套色印刷的技巧，應用到木刻版畫上，現存最早的是上述金剛經卷尾的寫經圖，用朱墨二色同版雙印。其次爲明萬曆間印成的「花史」與程君房「墨苑」，亦爲同版多色印成。至明末而有「餖版」「拱花」的發明，使版畫發展成一專門而獨立之藝術。

餖版水印之術，不但使我國的版畫藝術達到了極高的境界，在世界印刷史上也開了一個新紀元。現存餖版水印最早的作品，爲金陵吳發祥在天啓六年完成的「蘿軒變古箋譜」。但最突出的代表作品是胡正言的「十竹齋畫譜」與「十竹齋箋譜」；前者刊成於天啓末崇禎初間，後者成於崇禎十七年（前後）。崇禎十七年李克恭「十竹齋箋譜敍」云：

……箋繪亦猶之。昭代自嘉隆以前，箋制樸拙；至萬曆中年，稍尚鮮華，然未盛也，至中晚而稱盛矣！歷天崇而愈盛矣！十竹諸箋，滙古今之名蹟，集藝苑之大成，化舊翻新，窮工極變，毋乃太盛乎，而猶有說也；蓋拱花、餖板之興，五色繽紛非不爛然奪目，然一味濃裝，求其爲濃中之淡，淡中之濃，絕不可得，何也？餖板有三難：畫須大雅，又入時眸，爲此中第一義；其次則鐫忌剽輕，尤嫌痴鈍，易失本稾之神；又次則印拘成法，不悟心裁，恐損天然之韻。去其三疵，備乎衆美，而後大巧出焉。……是譜也，創稾必追蹤虎頭龍瞑，與夫彷彿松雪雲林之支節者，而始倩從事。至於鐫手，亦必刀頭具眼，指節通靈；一絲半髮，全依削鐻之神；得手應心，曲盡斵輪之妙，乃俾從事。至於印手，更有難言：夫杉杙欆膚，考工之所不載；膠清彩液，巧繪之所難施。而若工也，乃能重輕匠意，開生面於濤箋；變化疑神，奪仙標於宰筆。玩茲幻相，允足亂眞。並前二美，合成三絕。

蓋水印木刻欲臻完美境界，必賴繪、刻、印三者的精巧孰鍊，缺一不可。胡氏此譜據李氏之評論，在這三方面，皆已達到極高度的水平。

至於餖版水印的技術過程，未見有詳細的文獻記錄。大致是按彩色畫稿先行分色，鈎摹下來，每色各刻一版。印者乃對原本逐色依次套印。其色彩分版，動輒數十片以上，而每一版的刷印，又分成許多種不同的方法。甚至也運用了「指法」。因「門外偶錄」（註一五）謂十竹齋的「良工，十指皆工具也。指肉捺印有別指甲，指尖有別于拇指也。初版尤可見曰從指紋，豈不妙哉。」十竹齋的這種「指法」，輕重緩急，純賴心領神會。是一種「匠心獨運」的創造，非僅限於工藝而已。

胡正言的畫譜純用餖板印刷術，箋譜則兼用拱花。其法是用凸凹兩板，將紙夾在中間，互相嵌合，把白紙壓成凸出的花紋；用來襯托畫中的流水、白雲、花葉的脈紋。間亦有全用拱花構成一幅畫者，可謂是一種無色的印刷。入清以後，畫家王概兄弟在康熙間創作的「芥子園畫傳」，以及蘇州、楊柳青等地出版的民間年畫，皆用餖版而不用拱花，都是彩色套印的；尤其芥子園畫傳，在彩色套印方面，更有其重要的地位。

套色印書盛行的時間既短，甚少有重刊本，在鑑定上頗為單純。其年代的推定，跟一般版刻的鑑定方法無異。彩色版畫，如十竹齋畫譜，則翻刻者衆；翻刻時不加入翻刻年月，或佚去者不少。鑑別之法，須先從搜集衆本之書影加以比對入手。其次從刻印的技巧、色彩的優劣、序跋題署的異同、各畫葉上的題款鈐印、避諱情形、以及紙張、字體畫風等詳加研究；再與近年來海內外學者的研究論文，相互參研，方不致誤認翻刻為原刻，後印為早印了。

二、石印本、影印本

現代的印刷術，依印版的形式，可分為凸版、平版、凹版、孔版四類。印版必須具有選擇附着印墨的能力，附着印墨的部分稱為畫線部分；不附着印墨的部分稱為非畫線部分。

凸版是畫線在凸起的平面上，非畫線在凹下的部分。印刷時，畫線部分能接觸到印墨而印出；非畫線部分則因較低而不附着印墨。例如現代的鉛字印刷，以及古代的木活字印刷與雕版印刷皆屬於凸版印刷類。

平版是畫線與非畫線，大致在近似同一的平面上。印刷時，畫線部分為油脂性，故能接受印墨而印出；非畫線部分為親水性，不能容受印墨。即利用水有反撥油墨之原理而製版。例如在紙上滴油之後，即無法用鋼筆在上面書寫，同樣道理。現代影印古籍、書畫的金屬平版（鋅版、鋁版等），以及早期的石印版、珂羅版等，皆屬於平版印刷類。

凹版是畫線部分低於平面，非畫線在平面上，即與凸版相反的版型。印刷時，先將印墨全面塗佈，再以刮墨或拭墨裝置，拭去平面上的印墨，祇留印墨在凹下的畫線部分，印刷時利用凹印機將紙壓進版裏將油墨壓印出來。例如銅版畫即用凹版印刷術製作而成。凹版印刷分雕刻凹版與照相凹版。前者係利用手工或化學的蝕刻法製成原版，再由原版製成複製版，利用凹印機印刷。後者利用照相製版將畫像形成在版筒上，加以腐蝕製成印版，使用輪轉機以行印刷。

孔版是使畫線部分成爲表裏貫通的印版，印墨被非畫線部分阻止，而從貫通的畫線部分滲過去。故印出之字或畫，與版相同，左右不相反。例如在蠟紙上寫字或打字，然後用油印機印刷的謄寫版，以及絹版印刷（用手工或照相方法在網屏上形成孔版，再以網屏印刷機印刷，可印平面或曲面），都是讓油墨通過「孔」而印出來的，故稱之爲孔版印刷。

有關現代印刷術，屬於專門學科範圍，若欲獲得一般性的概念，可參閱林啓昌、余成添編的「印刷科學概論」一書（註一六）。本文旨在探討與翻印古籍有關的平版印刷術。平版印刷由石版印刷開始，其初期的製版以手工爲主，後因照相技術的開發，製版材料的演進，金屬版材（鋅、鋁爲主）的開發利用，以及印刷機的革新、進步，照相平版的利用才普遍起來。

石印術的發明者是奧人施納飛爾特（Alois Senefelder），其時當西元一七九六年，即清嘉慶元年。我國引進其法始於清光緒二年（一八七六）。時法人翁相公（天主教教士）與華人邱子昂在上海設「土山灣石印所」，首以石印術印刷教會畫報。其後英人美查（F.Major）在上海設「點石齋石印局」，初印「聖諭詳解」，繼印「康熙字典」，爲我國有石印書籍之始。由於獲利之鉅且易，石印書局遂紛紛設立（註一七）。其中最著名者爲光緒七年，粵人徐鴻復（裕子）的同文書局，購置石印機十二部，雇用職工五百名，專事翻印善本古籍，如二十四史、康熙字典及佩文齋書畫譜等書。上海之外，武昌、蘇州、寧波、杭州、廣東等處，亦相繼開設石印書局，但其出品皆不如上海之精良。（註一八）

清末民初翻印古書，大半用平版印刷術製成。由於有的石印本書籍，刻意仿古，比較原形不爽毫釐，若不講究鑑別之術，恐有將照相石印本誤爲原刻之虞。此一時期的平版印刷術，大致有採用手工描繪的石印與套色石印；採用照相製版的照相石印與彩色照相石印；以及珂羅版印刷（Collo type）。至於今日盛行的照相平版製版用的鋅版、鋁版，其中鋅版當時亦有採用的記載。手工製版的石印，在版本的著錄上稱之爲「石印本」。照相製版的照相石印，以及珂羅版、照相鋅版等統稱之爲「影印本」。但諸家的著錄，亦有將照相石印與手工石印統稱之爲石印本者。

手工石印之製版法有二：一爲直接描繪製版法，即在石版石表面，用脂肪質解墨（註一九）直接形成畫線的方法。一爲轉寫製版法，係在其他轉寫材料（註二〇）先形成畫線，再將此畫線移至石版面成爲印版，爲間接形成感脂性畫線的方法。直描法會使印出來的文字左右相反，轉寫法可印出正字來。故除圖畫外，文字印刷多用轉寫法。

照相石印之製版法是一八五九年（咸豐九年）奧司旁（John W. Osborne）所發明。其法以照相攝製陰文濕片，落樣於特製膠紙，再轉寫於石版上。吾國初期石印書籍，多用是法製版。然此法以膠紙轉寫，筆畫較細之物，未能翻製清楚。至民國九年，上海商務印書館始用直接照相石印法，不用膠紙，以陰文直接落樣於亞鉛版，出品既精而速。至民國二十年更有傳眞版，其法尤見便捷矣。至於彩色照相石印版，吾國亦以商務印書館最先採用。手工式的套色石印製版法甚複雜，一色一石，各印一次；印十色者，須十石，而印十次；與古代的木刻套印一樣。迨彩色照相石印術出，則無論若干顏色之圖畫，均能以四色或多至七色印版印成之。此法於民國十年由美人漢林格（L.E.Henlinger）輸入中國。其原理與三色照相網目版相仿，惟以亞鉛版製成平面版，用膠版機印刷。」（註二一）。

珂羅版印刷（Collo type）係一八六八年德人海爾拔脫（Joseph Albert）所發明。「其法將陰文乾片與感光性膠質玻璃版密合晒印，其感光處能吸收油墨，其餘印版則吸收水性，用紙刷印，即得印樣。該項印刷在照相製版中最爲精細，印名人書畫及其他美術最爲適宜。我國於光緒初年似已有珂羅版印刷，當時徐家滙土山灣印刷所安相公以之印刷聖母等敎會圖畫。」（註二二）。

石印本與影印本之鑑別，主要是看印墨。傳統的雕版印刷使用水性墨，容易表現柔軟微妙的質感，且愈久愈黑，不患污漬。石印、影印則採用油性之油墨。用油墨印刷較用水墨均勻，其優點在於能夠將版上微細的線條都清楚的印出來。但早期的油墨調配不佳。就今所見的石印本之墨，在每字筆畫之四周，及邊欄之兩側，常見有如黑影般的淡褐黃色油跡（註二三，圖版七一），一望可辨。早期的鉛印本、影印本，亦略有此種因墨料調合不得法而滲油之現象（註二四）。其他特徵及鑑別法綜述如左：

1. 石印本、影印本皆屬平版印刷。平版印刷是利用水與油不相滲和的原理製版；文字是用特製墨料書寫，或用照相方式，落樣於平版（石版、鋅版、鋁版、玻璃版、塑膠版等）上，再放在印刷機上印刷之。其文字與平版幾乎在同一平面上，而且使用油墨，用機器印刷。故其印出之墨色，與手工雕版使用水性墨刷印者，在質感上是不同的。大致而言，石印本與影印本之墨色，皆極均勻，烏黑而醒目，但墨色較浮。木刻本則濃淡較爲不勻，有古樸之美，及立體之感；並且水墨滲入紙內較油墨深沉而富變化。以十五倍放大鏡觀之，木刻本之墨多凝聚在各筆畫之兩側；石印本及影印本皆無此種現象，但墨跡未乾之濕潤狀，則有如手寫本般帶點亮光。

2. 凡屬凸版印刷，無論木刻本或鉛印本，印在紙上皆有凹痕；平版印刷則無此種現象。用十五倍放大鏡觀之，此一凹痕清楚可見；視紙質及壓印之輕重，而有深淺不一之痕。

3. 清末科舉未廢時，流行的石印本，多半密行細字，筆畫清晰，書型袖珍，以便考場攜帶。

4. 石印本、影印本，由於其印刷特性，字跡雖細若蠶絲，無不明同犀理。木刻本若筆畫過細，往往印不清晰。故一般大衆喜愛的舊小說如三國演義、水滸傳、紅樓夢等書，也都以石印印行；蓋繩頭小字，物美價廉，自爲大衆所歡迎。

5. 手工的石印本清末最盛，入民國稍衰，爲影印本（包括照相石印本、珂羅版等）所取代。蓋影印本用照相製版，可省書寫之勞，保存固有面目，不失毫髮。字體、行款、收藏印章、名人題跋，無不保留匡廬眞面，毫髮無訛。書版尺寸又可任意縮小，節省成本。故當時翻印善本古籍，無不採用影印之術。

6.影印本大多採用當時生產的機製紙張，但亦有刻意仿古者，其辨別之道除上述各法外，諸如觀察印章之顏色，若由紅變黑，自屬影印本；若發現有將原本之破洞痕照相出來，而本身並無破洞，必爲影印本。諸如此類，細心觀察，自能辨之。若爲彩色照相影印，則必有一粒粒的網點。最近中央圖書館利用特製仿古楮皮紙，用套色複印機，複製善本古書，亦極逼眞；但複印機的印墨爲碳粉，以放大鏡觀之，有一粒粒的碳粉可辨。

總之，鑑別之道多端，除養成敏銳的鑑定眼外，對古今印刷科學亦必須有基本的認識，才能勝任愉快。

第三節　寫本書籍之鑑定

在雕版印刷術未發明以前，圖書的形成，端賴手寫。先用竹木、縑帛；但因「縑貴而簡重」（後漢書蔡倫傳），皆非理想的書寫材料，因此有紙張的發明，以取代竹帛。

用毛筆沾墨書寫在竹、木上的，稱爲竹簡和木牘（合稱之爲簡牘）。把許多根竹簡用絲線、皮繩等編連起來稱爲册（或策），此即爲我國最古老的書册，亦爲正式寫本書籍的開始。以簡寫書，殷商時已有記載，凡歷一千四百餘年，至東漢和帝元興元年（一〇五），蔡倫發明（或改良）紙後，才逐漸減少，而致輟用。自西元一九〇〇年來，經各國考古學家的發掘，出土的簡牘（包括戰國、漢、魏、晉諸代簡牘），已近兩萬件。

縑帛之用於書寫，據近人的考證，至遲當在西元前六、七世紀，其後延續使用，將近千年。帛書的發現，以西元一九七三年在長沙馬王堆西漢墓中出土者，數量最豐，也最重要。此次「出土的古代圖書計有十多種，凡十二萬多字，黑墨書寫，字體爲小篆和隸書，當係公元前二世紀或較早之物。其中有老子寫本兩種，上下篇的次序與今本相反；戰國策一萬二千多字，大半爲今本所無；易經較今本多出四千餘字。另有關於陰陽、刑德的書籍和中國現存最早的地圖。」（註二五）

現今所存較早期的紙本圖書，大部分爲清光緒廿六年（一九〇〇），在甘肅敦煌石窟中所發現，俗稱「敦煌卷子」。除少數的石刻拓本、木刻印本、美術品外，這些紙卷大多是六朝、隋、唐、五代間的手寫卷子。根據粗略估計，約四萬號。現分藏於中、英、法、蘇、日等國。以文字分，則漢文居多，次有西藏文、梵文、于闐文、粟特文、回紇文等。以內容分，則以佛經爲主，次爲儒道各家經典、公私文件，以及諸子、史籍、韻書、詩賦、小說、契據、度牒、星曆等類。這些敦煌遺珍，爲研究我國中古時期經濟、社會、政治和文化的新材料。

自唐初印刷術發明以後，圖書採用刻版印刷，既省傳寫之勞，復能大量應世，遂逐漸取代寫本。但天下圖書至多，安得盡行刊刻，況有的書僅供保存而非供流行；或是卷帙鉅大，刊雕非易；像歷朝的實錄，明代永樂大典，清代四庫全書等，過去都只有寫本傳世。歷代的藏書家，每遇有珍本秘笈，流傳稀罕的，也往往抄錄以藏。尤其明末以來，藏書家珍重宋元版，每遇宋元孤本，不能獲致的，往往請名手影摹臨寫。如明末的毛晉汲古閣、清嘉道間的黃丕烈士禮居、及張蓉鏡小瑯嬛福地等，皆以影寫宋元本精絕著稱於時，其珍貴不下於原刻。而名家的手稿本及批校本，尤爲珍貴。

總之，寫本的價値具有內容、校勘、版本、藝術等方面的價値：①未有刻本，或雖有刻本而世已無存，寫本遂成爲孤本。②書寫年代比刻本爲早。③與刻本有段落、字句之異同，可訂補刻本之訛闕。④是學者及名家的批校本。⑤書寫年代古舊。⑥寫本出自名家手澤。⑦與流行的刊本系統有別，出自另外一個系統。⑧有名家的手書題跋及舊藏印記。⑨紙墨俱佳，書寫精好，裝訂古雅，具有藝術上的價値。⑩稿本亦爲寫本之一。爲著者的原本。後來的抄本和刻本，總難免有抄錯或刻錯的字句，皆應當取正於稿本。

寫本年代的鑑定，同版刻一樣，仍須綜合直觀法與理攻法；版刻中所述的鑑定法，大半亦適合用來作寫本的鑑定。尤其第四章所研究的紙墨鑑別法，與第五章詳細探討的避諱鑑別法，亦爲鑑定寫本年代的主要方法。略有差異的是寫本所用的紙墨，一般較刻本講究，尤其是用墨，寫本用上品爲多，印書因需要量大，多用下品，祇有宋版紙墨俱精爲例外。現存寫本大半爲清代鈔本，清代避諱頗嚴，不但公開發行的刻本要避諱，私下傳鈔的寫本，據筆者實際的編目經驗，亦避諱極嚴，祇要徹底釐清清代的避諱規則，大半寫本的年代，皆可從避諱字去推斷。

其他有關各代寫本之鑑別法，按朝代爲次，簡述如左。凡版刻中所研討過的而有助於寫本之鑑別法，不再重覆，讀者彼此類推可也。

㈠六朝隋唐五代寫本（圖版七二、七三、七四）

此一時期的寫本，現存者大多爲上述所謂「敦煌卷子」本，裝訂皆爲卷軸裝。紙類多屬麻紙與皮紙，澗簾紋，在第四章中已論述之。就字體而言：若字形橫扁，結構緊密，筆勢流動；以及撇捺之筆多帶隸意，主橫畫特長，左輕而尖，左重而下按等特徵者，多書寫於南北朝時代。若字體平正，分間布白排列整齊者，則多屬唐楷，而非帶有自由書風之六朝楷書體。

從現存海內外之敦煌寫卷有年代可稽者加以統計：凡紙質良好之精鈔，且其每紙行數、字數有一定格式者（自南北朝後半期迄中唐安史之亂以前，以楷書抄寫之佛經，甚至道經，絕大部分爲每行十七字，極少數爲十八字及其他），皆不在安史之亂以後。反之，行款不整齊，紙劣字惡者，皆不在安史之亂以前。以此爲基準，來審定其他無年代記載之卷子，可靠性頗大。

此外，凡敦煌寫經，卷尾有「一校」、「二校竟」，且字帶隸意者，多爲北朝人寫本。若使用武周新字者（註二六），根據統計，或書寫於武則天統治時期；或係後代（約至五代止）依樣抄寫，沿襲不改，應綜合諸法鑑定之。若避唐諱者，則必爲唐人寫本。有關敦煌寫卷避唐諱之實例，讀者可參見王重民之「敦煌古籍敍錄」。但有唐一代之避諱令，各帝寬嚴不一，前後規定有別，若非徹底研究清楚，不可冒然推定爲某帝時寫本。此外，就中央圖書館所藏一百五十餘卷敦煌卷子之調查研究，發現除敦字一〇五號「大灌頂卷六」，避唐太宗之「民」字諱（缺末筆凡有七字之多，但世字治字則不諱。）外，其他百四十餘卷佛經皆不避諱。三卷道經中，有一卷（註二七）民字缺末筆者二處，不缺者一處，治字不諱。案自六朝起，即有「沙門不敬王者論」之說，故當時佛經卷子若爲佛敎徒鈔寫者，也許多不避諱？待考！

其他特徵，如邊欄行界，皆以鉛畫線（註二八）。每紙間之接縫如線，千年不脫，其糊劑係採用白芨粉與麵筋等混用，可見棕黃色跡。另外，滿紙可見別體俗字，亦爲敦煌寫卷之共同特徵。

(二)宋元寫本

宋元人寫本流傳迄今者，甚爲罕見。蓋用手抄寫，生產量有限，未若刊刻之能化身百千，故歲久而無存，亦自然之理也。孫從添「藏書記要」第三則鈔錄篇云：「宋人鈔本最少。字畫墨氣古雅，紙色羅紋舊式，方爲眞本；若宋紙而非宋字，宋跋宋款而非宋紙，即係僞本。或字樣、紙色、墨氣，無一不眞，而圖章不是宋鐫，印色不舊，割補湊成，新舊相錯，終非善本。元人鈔本亦然。常見古人稿本，字雖草率，而筆法高雅，紙墨圖章，色色俱眞，自當爲希世之寶；以宋元人鈔本較之宋刻本而更難也。」又云：「古人鈔錄書籍，俱用黃紙，後因詔誥用黃色紙，遂易以白紙。宋元人鈔本用册式，而非漢唐時卷軸矣。其記跋校對，極其精細；筆墨行款，皆生動可愛。」

就筆者所見而言，中央圖書館所藏唯一宋代寫本，是宋理宗時館閣寫本「宋太宗皇帝實錄」（圖版七五）。此爲現今僅存的宋代皇帝實錄。原八〇卷，現存十二卷，每卷後有書寫人、初對、覆對姓名。字畫精妙，有顏體筆意。避宋諱極嚴，缺筆至理宗之「筠」字止（缺末二點），故可推定爲宋理宗時寫本。紙料同宋刻本之皮紙類，紙色米黃。凡有誤字，先塗抹以雌黃，再將正字改於其上。行間界欄猶有六朝隋唐遺制，以鉛絲畫成，唯上下邊欄則用濃墨畫粗線；左右邊欄則同行界之細鉛絲。原爲黃氏士禮居舊藏，有鈐印可證。清錢大昕、吳大澂、翁同龢、費念慈等各手書題跋以誌之。

元人寫本，中央圖書館藏有兩部：一爲有清康熙間朱彝尊手鈔補並跋之「敦交集」（圖版七六）。此元鈔極雅古，紙色淡黃，質料精緻，厚實。四周及行界仍畫以鉛闌。逐葉黏貼於厚紙上，而成摺疊裝式。字體娟秀圓活，帶有趙體書風。書中記年最晚爲至正廿五年，當爲元末人所寫。一爲宋蔣捷撰「竹山詞」一卷，紙料爲潔白棉紙，質同明初棉紙，唯略變有少許斑黃現象。紙簾紋有二・一公分。書前有「至正乙巳（廿五年）秋七月錄」之無名式題記，書後有明天啓三年孫胤伽手校跋，及嘉慶十五年黃丕烈手跋。黃跋略云：「舊題元人鈔本，以他書元人抄本對之，良是；若明人抄不及如是之古拙矣。且竹山詞以此爲祖本。」（按：書面題簽：元人抄本，得于乾隆壬寅秋九月。枚庵吳公藏本。墅鶴拜書。）

總之，宋元鈔本之鑑別，須從字畫、墨氣，紙料、簾紋，避諱、款式，以及諸家題跋、鈐印等審辨之；而界欄之畫以鉛絲，明代以後罕見，此亦有助於鑑別。

㈢明清寫本（圖版七七、七八）

明清兩代雕版印書極爲興盛，而鈔書之風仍與之並行不輟者，誠如孫從添「藏書記要」所謂：「書之所以貴鈔錄者，以其便於誦讀也。歷代好學之士，皆用此法。所以有刻本，又有鈔本，有底本。

底本便於改正，鈔本定其字劃。於是鈔錄之書，比之刊刻者，更貴且重焉。況書籍中之祕本，爲當世所罕見者，非鈔錄則不可得，又安可以忽之哉。從未有藏書之家，而不奉之爲至寶者也。」故明清兩代藏書家，往往竭盡平生精力，互相假借傳鈔，手校眉批，朱墨爛然，得之者皆視之爲善本。

明清鈔本之鑑別法，綜述如左：

1. 凡不具備上述宋元及以前各代寫本特徵者，皆屬自明以降之鈔本。

2. 葉德輝「藏書十約」鑒別篇云：「抄本有元抄、明抄之分；有藍格、綠格、朱絲闌、烏絲闌之別；且有已校、未校之高低。元抄多薄繭，明抄多棉宣；元抄多古致，明抄多俗書（原註：此就傭書者言之，名人手抄，則一朝有一朝之字體，一時有一時之風氣，明眼人自能辨之）。」

3. 從紙料之種類，簾紋之大小，紙墨之新舊直觀之，亦爲鈔本斷代之一法，其詳見第四章。大致而言，明抄本多用堅韌之白棉紙，竹紙較少；清代鈔本竹紙類居多，棉紙甚少。就墨色以十五倍放大鏡觀之，六朝隋唐五代寫本之墨色呈極乾渴狀；宋元寫本之墨色尚殘存些許墨跡未乾之濕潤狀；明清鈔本之墨色，時代愈晚則濕潤狀愈加鮮明。

4. 明末及清代自康熙後，皆採避諱制度，凡書籍不分鈔刻，遇帝諱（清代兼避孔子諱）皆須避之。故詳考書中避諱，始於某帝，終于何時，即可推定書寫年代。據筆者之經驗，清代鈔本之斷代，大半可運用避諱學解決之。

5. 明清藏書名家之鈔書，多半先刻印匡欄行格，並在版心處或格欄外，標記其齋室名。然後再自鈔或倩人代鈔。有匡欄則有一定之範圍，便於鈔寫及校勘。若能熟識諸家之齋室名及其欄格，即能推定出自何家所鈔也。茲將明清著名鈔書家，及其所用齋室名、格式，附列於本篇之後，以便查檢。

6. 明清內府寫本多用朱絲欄。藍格鈔本多見於明代末期及清代初年之寫本。

7. 鈔本之前後，若有鈔書者之題署、記年、印記者，最爲可靠。通常鈔書者題款之字體，多半用行書，與正文之工整有別。若兩者之工整一致，又無印記可憑，則有時爲輾轉傳鈔者之依樣過錄。過錄者若未加入新的題款，往往使人誤將新鈔作舊鈔，不可不愼。

8. 黃丕烈云：「坊友射利，往往以祖本售人。先於未售之前，錄副以爲別售之計，此其初心。……錄副時豈能纖毫無訛，烏焉帝虎，從此日多。且淵流斷不肯明以示後人。」（註二九）。故審查鈔本須注意祖本與副本之辨。

9. 珍貴鈔本，大半多鈐有藏書家之印記，從藏書者之時代，配合以上諸法，以推定鈔本年代，最爲可靠。

10. 從字體、書風之鑑別，以推斷書寫年代，本爲鑑別鈔本年代的主要方法之一。但非精於此道者，難爲功也。

11. 若明清鈔本而避宋諱，可推斷其源自宋本而來，其價值必貴重。

12. 凡著者手寫稿本曰「手稿本」；他人清寫後經著者手自改訂之本，曰「手定底稿本」；委託他人清寫者曰「清稿本」。凡手稿本必有修改增刪，若塗改之字跡與原書字跡同，可推知爲手稿本。若爲手定底稿本，則兩者之字跡不同。若是清稿本，通常必須以著者之印記爲憑；但清稿本未蓋印者不少，若無題跋等證據，則祇能視爲傳鈔本也。

13. 若仍無法審知鈔寫年代者，一般編目規則有題「舊鈔本」與「鈔本」之分；其時間界限，書林清話以嘉慶年止爲「舊鈔」，道光以後爲「鈔本」。今日圖書館，則凡非近時傳鈔者，皆列爲「舊鈔」。

以上所記，是一般明清寫本之鑑別法，係綜合前人及筆者之經驗談，闕漏之處在所難免也。

附明清著名鈔書家表

姓名	字號	籍貫	齋室名	用紙、格欄、標記	生卒年
葉盛	與中	崑山	賜書樓、菉竹堂	用綠墨二色格紙、版心刻「賜書樓」三字	一四二〇—一四七四
吳寬	匏菴	長洲	叢書堂	紅格、版心刻「叢書堂」三字	一四三五—一五〇四
文徵明	衡山	長洲	玉蘭堂	藍格、格欄外刻「玉蘭堂錄」或版心刻「停雲館」	一四七〇—一五五九
楊儀	夢羽	常熟	七檜山房	版心刻「七檜山房」或「萬卷樓雜錄」	嘉靖進士
范欽	堯卿	鄞縣	天一閣	白棉紙藍格、墨格、紅格	嘉靖進士
呂坤	新吾	寧陵	瞭醒亭	版心刻「瞭醒亭」三字	一五三四—一六一六
趙琦美	元慶	常熟	脈望館	墨格	一五六三—一六二四
趙宧光	凡夫	吳郡	寒山堂、小宛堂	版心刻「寒山堂篆書」五字	?—一六二五
王肯堂	宇泰	金壇	鬱岡齋	墨格、版心刻「鬱岡齋藏書」五字	萬曆進士

姚咨	舜咨	無錫	茶夢齋	藍格、版心刻「茶夢齋鈔」四字	
沈與文	辨之	吳縣	野竹齋	欄外刻「吳縣野竹齋沈辨之製」或「吳郡沈氏野竹齋校錄」	
吳岫	方山	姑蘇	塵外軒	綠格、版心無字	
秦四麟	酉巖	常熟	致爽閣	版心刻「致爽閣」或「玄覽中區」或「又玄齋」或「玄齋」	萬曆間貢生
謝肇淛	在杭	長樂	小草齋	墨格、版心刻「小草齋鈔本」五字	萬曆進士
曹學佺	能始	侯官		墨格、版心刻「曹氏書倉」四字	一五七四—一六四七
祁承㸁	爾光	山陰	淡生堂	用藍格竹紙、版心刻「淡生堂鈔本」	萬曆進士
毛晉	子晉	常熟	汲古閣	毛泰紙、版心有「汲古閣」三字、格欄外有「毛氏正本汲古閣藏」影宋精鈔、古今絕作	一五九八—一六五九
梅鼎祚	禹金	宣城	東璧樓	藍格、版心刻「東璧樓」三字	
錢謙益	牧齋	常熟	絳雲樓	墨格、綠格、版心刻「絳雲樓」三字	一五八二—一六六四
馮舒	己蒼	常熟	空居閣	墨格、格欄外刻「馮氏藏本」四字	一五九三
馮班	定遠	常熟	空居閣	藍格、版心刻「空居閣藏」或格欄外有「馮氏藏本」四字	一六〇二—一六七一
馮知十	彥淵	常熟	空居閣	格欄外刻「馮彥淵藏本」五字	
錢謙貞		常熟	竹深堂	版心刻「竹深堂」三字	
錢曾	遵王	常熟	述古堂	白紙墨格或藍格、欄外刻「虞山錢遵王述古堂藏書」或無「虞山」二字	一六二九—一七〇一
曹溶	潔躬	秀水	靜惕堂	版心刻「檇李曹氏倦圃藏書」八字	一六一三—一六八五

葉樹廉	石君	常熟	樸學齋	格欄外刻「樸學齋」三字	康熙間人
朱彝尊	竹垞	秀水	潛采堂、曝書亭	無格欄、用毛泰紙	一六二九—一七〇九
徐乾學	健菴	崑山	傳是樓	白紙墨格、版心刻「傳是樓」三字	一六三一—一六九四
汪森	晉賢	桐鄉	裘杼樓	版心刻「裘杼樓」三字	一六五三—一七二六
吳焯	尺鳧	錢塘	繡谷亭	有邊匡無行界、版心刻「繡谷亭」或「西冷吳氏繡谷亭鈔書」	一六七六—一七三三
吳城		錢塘	瓶花齋	版心刻「瓶花齋」	吳焯之子
趙昱	功千	仁和	小山堂	墨格、格欄外刻「小山堂鈔本」五字	一六八九—一七四七
厲鶚	太鴻	錢塘	樊榭山房	墨格、八行	一六九二—一七五二
惠棟	定宇	吳縣	紅豆齋	格欄外刻「紅豆齋藏書鈔本」七字	一六九七—一七五八
盧文弨	弨弓	餘姚	抱經堂	墨格、十一行	一七一七—一七九五
汪憲	千陂	仁和	振綺堂	版心刻「振綺堂」三字	一七二一—一七七一
鮑廷博	以文	歙縣	知不足齋	墨格、毛泰紙、有的刻「知不足齋叢書」	一七二八—一八一四
吳騫	槎客	海昌	拜經樓	用毛泰紙無格欄	一七三三—一八一三
吳壽暘	虞臣	海昌	拜經樓	用毛泰紙無格欄	吳騫之子
彭元瑞	掌仍	南昌	知聖道齋	有邊匡無行界版心刻「知聖道齋鈔校書籍」八字	一七三一—一八〇三
孔繼涵	洪谷	曲阜	紅櫚書屋、青檽齋、微波榭	版心刻「青檽書屋」四字	一七三九—一七八三

孔廣陶	昭涵	南海	嶽雪樓	用毛泰紙、紅格或無格欄、卷首鈐有「孔氏嶽雪樓影鈔本」朱長文印記	
吳翌鳳	枚菴	長洲	古歡堂	用毛泰紙、無格欄、卷末多有手跋	一七四三—一八一九
倪模	迂村	望江	經鉏堂	綠格、版心或格欄外刻「經鉏堂重錄」五字	一七五〇—一八二五
袁廷檮	又愷	吳縣	貞節堂	藍格十行、版心刻「袁氏貞節堂鈔本」七字、格欄外刻「貞節堂袁氏鈔」六字	一七六四—一八一〇
瞿鏞	子雍	昭文	鐵琴銅劍樓	紅格、版心刻「海虞瞿氏鐵琴銅劍樓鈔本」，父紹基亦善鈔書	?—一八四六
黃丕烈	蕘圃	吳縣	士禮居	多影鈔本、多有題記。子玉堂亦善鈔書	一七六三—一八二五
張金吾	慎旃	昭文	愛日精廬	墨格十行、版心刻「愛日精廬彙鈔秘册」八字或在格欄外刻「昭文張金吾藏書」七字	一七八七—一八二九
汪遠孫	小米	錢塘	振綺堂	用毛泰紙、無格欄	一七九四—一八三六
錢熙祚	雪枝	金山	守山閣	綠格、十二行、格欄外刻「守山閣鈔本」五字	—一八四四
莫友芝	子偲	獨山	影山草堂	綠格、欄外刻「影山草堂」	一八一一—一八七一
徐時棟	同叔 定宇	鄞縣	城西草堂	墨格、版心刻「城西草堂」四字	一八一四—一八七三
姚覲元	彥侍	歸安	咫進齋	綠格、十三行、版心刻「咫進齋」三字	道光舉人

勞格	季言	仁和	丹鉛精舍	用毛泰紙、墨格或無格欄、多有題記、兄權亦善鈔書	一八二〇—一八六四
顧沅	湘舟	長洲	藝海樓	藍格、八行、版心刻「藝海樓」三字	道光間官教諭
丁丙	松生	錢塘	八千卷樓	清四庫全書江南三閣之文瀾閣經太平軍亂後散佚，多經丁丙與兄申鈔補	一八三三—一八九九
周大輔	左季	常熟	鴿峯草堂 讎書樓	藍格、卷首下端有「虞山周氏鈔藏」或「虞山周氏鴿峯草堂寫本」或加「鈔藏」二字	清末民初間人
繆荃孫	筱珊	江陰	藝風堂	墨格、版心刻「藝風堂」	一八四四—一九一九

備註：

1.以上明清著名鈔書家表，係據中央圖書館慶祝建國七十年「中國歷代圖書展覽參考資料」所載，稍加增補而成。

2.就中央圖書館善本書目所載鈔本中，著有齋室名，及考得鈔寫年代者，計有：明嘉靖間錫山秦氏雁里草堂（三一八三號）；清康熙間之安樂齋（六四）、龍池山房（二四四四）、職思樂（三二三六）、石門呂氏南陽村（四〇八六）；乾隆間之嘉定錢氏潛研室（二一九四）、常熟周氏都公鐘室（二三一九）、怡寄齋（六七三二）、仁和黃易小蓬萊閣（六六九二）、鮑氏困學齋（七一三〇）、杭郡趙氏竹影庵（七三六二）、大興朱氏椒花吟舫（一〇三二〇）、濟南周氏林汲山房（一〇三一九）、武進趙氏亦有生齋（一一二二〇）；嘉慶間之海塩錢氏衎石齋（八六八）、吳縣錢氏萃古齋（四四六七）、元和顧氏思適齋（六九八七）、杭州趙氏星鳳閣（一〇八八〇）；道光間之張氏書種軒（七〇七七）、海寧蔣氏別下齋（六七三三）、蔣氏茹古精舍（九八七三）、綠蘿書屋（一三三四〇）、琴川張氏小瑯嬛閣（一四九八二）；咸豐間之三益齋（四〇九九）、松江韓氏讀有用書齋（六九一二）；同治間之錢塘丁氏當歸草堂（六一〇八）；光緒間之臨清徐氏歸樸堂（三七八）、順德李氏讀五千卷書室（二一七九）、海寧鄒氏師竹友蘭室（二三三七）、巴陵方氏碧琳琅館（五〇〇六）、山陰姚氏快閣師石山房（五〇〇九）、古華仙館（五一三七）、七友齋（五一六九）、江氏靈鶼閣（六七三四）；宣統間之吳興沈氏萬卷樓（二一六九）、烏程沈氏覩秘簃（一一六四〇）、仁和吳氏誦芬室（一四八六五）等；皆爲上表所未列，其中有名鈔，有非名鈔，但因能據諸法考出年代，有益鈔本年代之鑑定，故錄出以供參考。

【附註】

註一　據明覆刊宋乾道二年本「夢溪筆談二十六卷」。原文中凡作「鐵」者，此處皆改作「鐵」。

註二　參見張秀民「清代涇縣翟氏的泥活字印本」一文，載於「文物」第三期，一九六一年。

註三　明嘉靖九年山東布政司刊本「農書三十六卷」，農器圖譜集之二十末。原文有誤字，則改之。

註四　清顧炎武「亭林詩文集」卷三「與公肅甥書」篇云：「竊意此番纂述，止可以邸報爲本，粗具草稿，以待後人，如劉昫之舊唐書可也。憶昔時邸報，至崇禎十一年方有活板，自此以前，幷是寫本。」

註　五　韓國鑄癸未銅字數十萬（一說十萬字）是在明永樂元年（一四〇三）。德國谷騰保創用活字術，約在西元一四五〇年。

註　六　張秀民撰「明代的銅活字」一文。收錄於圖書印刷發展史論文集續編內。

註　七　亦收錄於圖書印刷發展史論文集續編內。

註　八　據張秀民等著「中國印刷術的發明及其影響」頁九二所引。

註　九　明文彭印史云：「𥫗印有二：曰翻砂、曰撥蠟。翻砂以木爲印，覆於砂中，如鑄錢之法……」。清陳克恕篆刻鍼度卷四云：「鑄印有二，翻砂如鑄錢之法。將砂泥鎚熟，做成二方，以已就之印夾合砂泥中間，先印其式在內，留一小孔，以銅鎔化入之。」

註一〇　方苞撰「望溪先生全集」中集外文卷二，頁十三。清咸豐元年至二年戴氏校刊本。中央圖書館藏。

註一一　如明萬曆十六年文肇祉刊本「文氏五家詩」十四卷，自書口側望之，其上邊欄亦近呈一直線，僅少數葉不齊。中央圖書館藏袁氏贈本。

註一二　如韓國諸洪圭編「韓國書誌學辭典」即附載有活字年表，頁二二一，一九七四年景仁文化社出版。

註一三　詳見喬衍琯「套色印本」文，載於「古籍鑑定與維護研習會專集」中

註一四　見張秀民等撰「中國印刷術的發明及其影響」套版的發明篇。

註一五　此據中國版畫史頁一二五所引，謂此「門外偶錄」係手抄本，有殘缺，不能窺獲全豹。

註一六　印刷科學概論，林啓昌、余成添編，民國六十八年香港東亞圖書公司出版。

註一七　申報光緒十三年正月十三日載：「石印書籍，肇自泰西。自英商美查就滬上開點石齋，見者悉驚奇贊歎。既而寧粵各商倣其法，爭相開設。而新印各書，無不鈎心鬥角，各炫所長。大都字跡雖細若蠶絲，無不明同犀理。其裝潢之古雅，校對之精良，更不待焉。」

註一八　參考淨雨「清代印刷史小紀」文，書林雜話收入，世界書局版。及賀聖鼐「三十五年來中國之印刷術」，收入於「中國印刷術的發明及其影響」一書之附錄，文史哲出版社印行

註一九　石印墨水（lithographic ink)之製法，據筆者搜集到之資料，有二法。第一法：取淚滴狀之乳香（mastic）八英兩，蟲膠（shellac)十二英兩，威尼士松香（Venice turpentine）一英兩。溶合以後，加入蜂蠟（wax）一磅，牛油（tallow）六英兩。俟共熔後，再加硬牛油皂（hard tallow soap)切爲片狀者六英兩。俟其完全化合以後，加油煙（lamp black）四英兩，充分攪拌以後，俟其稍冷注入模中或石板上，冷固後，切爲小方塊。第二法：取乾牛油皂，乳香淚狀者，粉狀碳酸鈉（common soda in fine powder）各三〇分，蟲膠一五〇分，油煙十二分。如第一法所示者，混合之。

註二〇　石印紙（lithographic paper)之製法有二。第一法：取澱粉（starch）六英兩，亞剌伯樹膠（gum arabic）二英兩，明礬（alum）一英兩。各分別製爲濃厚溶液，於其熱時混合之。用布濾後，在未冷以前，用一海棉及毛刷塗於紙之一面，俟其乾後，再塗第二層或第三層。最後更壓之，使之光滑。第二法：取白紙上漿三層，再以良質之白色澱粉塗一層，籐黃（gamboge）溶液塗一層，冷時塗之。俟其乾後，再塗第二層。所用溶液均須新製。

石印紙須以石印墨水書之。書後只須以水潤紙背，平置於石上，而以壓力施之，即得一逆轉之文字於石上。印出

時卽得一順轉文字，正如原來之文字或圖畫。由此方法，圖畫或文字不須另製一逆轉方向，以爲上石之用。

註二一　本段錄自賀氏「三十五年來中國之印刷術」文。

註二二　引錄同右賀氏之文。

註二三　如清光緒廿九年上海通文書局石印本「皇朝輿地通攷」（圖版七一）係手工石印，因滲油，遂使白紙之中滿佈著斑黃汚點。各字筆畫四周，多有如黑影般的黃黑色油跡。字愈大油漬愈多。閱之可厭。

註二四　如民國十九年聖恩寺釋中忍影印明崇禎至清康熙間刊本「鄧尉聖恩寺志」，其上下邊欄，乃可見有黃黑色油跡。

（以上二書皆中央圖書館藏本）

註二五　據錢存訓「中國古代書史」頁一一二。西元一九七五年香港中文大學出版。

註二六　中央圖書館所藏敦煌卷子，採用武周新字者有兩卷：一爲敦字。五號「大灌頂經卷六」，聖改作「𨑗」者九字，臣改作「𢘑」者三字，國改作「圀」者一字，正改作「𠙺」者二字。其中國、正二字亦有不改者。一爲敦字四二號「大般若波羅蜜多經卷三一三」，正改作「𠙺」，證改作「𩽬」，地改作「埊」，人改作「𤯔」。但亦有不改者，或字體新創，抄寫者尚不太習慣故也。考武周新字之著錄，首見於新唐書卷七十六后妃傳。云「載初中，又享萬象神宮，以太穆文德二皇后配地祇，引周忠孝太后從配，作曌、𠀑、埊、𡆠、囝、〇、𠁈、𢘑、𠧋、𡔈、𠡦、𠙺十有二文。太后自名曌，改詔書爲制書。」英人翟理斯（Lionel Giles）新編英倫藏敦煌寫本目錄前所附之特殊參考欄，載有武周新字之卷子編號表，凡四十七卷子。（Descriptive Catalogue of the Chinese Manuscripts from Tunhuang in the British Museum. London, 1957.）亦可參考。

註二一七　唐開元二年道士索洞玄寫卷子本「太玄眞一本際經卷五」（敦字一四二號）。

註二一八　日本島田翰古文舊書考引「大唐書儀」云：「寫以黃紙，略以鉛闌」。

註二一九　清道光三年張伯元傳鈔宋淳祐間刊本「詩說」，卷後有黃丕烈手跋。中央圖書館藏本。

主要徵引書目

書目叢編（一至五編）　廣文書局編輯　民國五十六年至六十一年廣文書局印行（影印本）

書目類編（一一四册）　嚴靈峯編輯　民國六十七年成文出版社印行（影印本）

中國訪書志（增訂本）　日本阿部隆一撰　昭和五十八年汲古書院印行

日本國見在宋元版本志經部　日本阿部隆一撰　載於斯道文庫論集第十八輯　昭和五十七年斯道文庫印行

國立中央圖書館宋本圖錄　國立中央圖書館編　民國四十七年該館印行

國立中央圖書館金元本圖錄　國立中央圖書館編　民國五十年該館印行

國立故宮博物院宋本圖錄　國立故宮博物院編　民國六十六年該院印行

寶禮堂宋本書錄　潘宗周撰　民國五十二年文海書局印行

中國版刻圖錄　一九八四年日本朋友書店影印本

經史避名彙考　清周廣業撰　民國七十年明文書局影印清光緒末年吳興張氏適園鈔本

禮部韻略附韻略條式　四部叢刊續編本

史諱學例　陳新會撰　民國六十八年文史哲出版社印行
中國造紙技術史稿　潘吉星撰　一九七九年出版
長澤規矩也著作集　日本長澤規矩也撰　昭和五十八年（一九八三）汲古書院印行
圖書印刷發展史論文集正續編　喬衍琯、張錦郎同編　民國六十四年、六十六年文史哲出版社印行
玉海　宋王應麟撰　元後至元六年慶元路儒學刊本
大明會典　明李東陽等奉敕重校　明翻正德四年司禮監刊本
欽定大清會典　清光緒十二年敕撰　光緒二十五年刊行　光緒三十四年上海商務印書館石印本
宋會要稿　清徐松輯　民國十五年影印本
書林清話・餘話　葉德輝撰　民國五十七年世界書局印行
圖書之歷史與中國　劉國鈞撰　日本松見弘道譯　昭和三十八年理想社印行
圖書版本學要略　屈萬里、昌彼得同撰　民國六十三年中華文化出版事業社印行（四版）
古籍版本鑑定叢談　民國七十三年新文豐出版公司印行

備註：其他偶而徵引之書籍、期刊，均已著錄於各章附註後，不再贅錄。

圖版

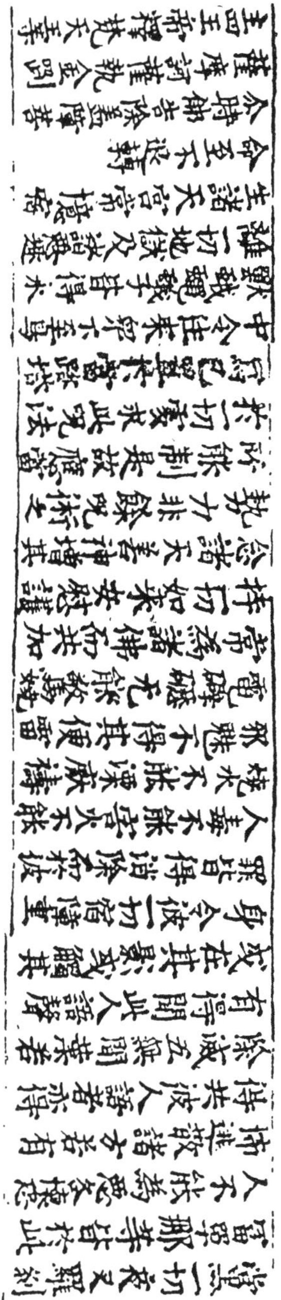

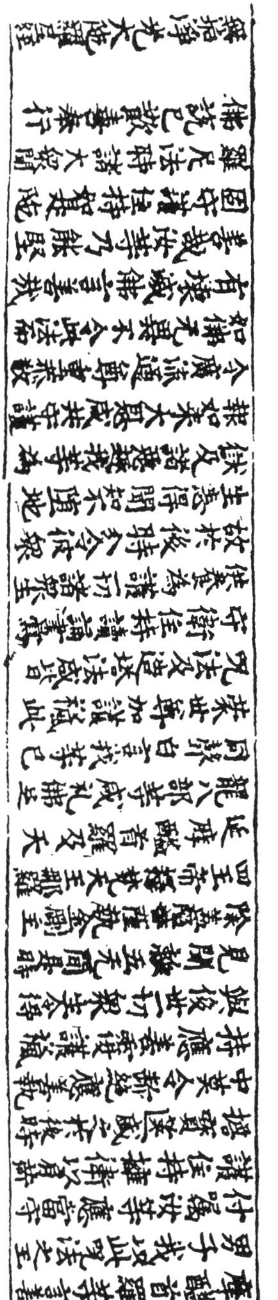

無垢淨光大陀羅尼經　西元七五一年前刊刻，爲世界現存最古印刷品。一九六六年在韓國佛國寺三層石塔補修時發現。

圖版一

歐體顏體柳體字對照表（字帖）

圖版二之一

歐體

顏體

柳體

歐體

顏體

柳體

圖版二之三

宋徽宗的瘦金體「千字文」（字帖）

圖版三

孝經序

御製序并注

朕聞上古其風朴略雖因心之孝已萌而資敬之禮猶簡及

乎仁義既有親譽益著聖人知孝之可以教人也故因嚴以教

敬因親以教愛於是以順移忠之道昭矣立身揚名之義彰矣

子曰吾志在春秋行在孝經是知孝者德之本歟經曰昔者

明王之以孝理天下也不敢遺小國之臣而況於公侯伯子男乎

朕嘗三復斯言景行先哲雖無德教加於百姓庶幾廣愛形

于四海嗟乎夫子沒而微言絕異端起而大義乖況泯絕於秦

得之者皆煨燼之末濫觴於漢傳之者皆糟粕之餘故魯史春

秋學開五傳國風雅頌分為四詩去聖逾遠源流益別近觀

孝經舊注踳駁尤甚至於跡相祖述殆且百家業擅專門猶

將十室希升堂者必自開戶牖攀逸駕者必騁殊軌轍是以

道隱小成言隱浮偽且傳以通經為義義以必當為主至當

歸一精義無二安得不翦其繁蕪而撮其樞要也

御注孝經　北宋天聖明道間刊本

圖版四

進通典表

臣佑言臣聞太上立德不可庶幾其次立功道行當代其次立言見志後學由是往哲遞相祖述將施有政用乂邦家臣本以門資幼登官序仕非遊藝才不逮徒懷自強頗覽墳籍雖履歷叨幸或職劇務殷竊惜光陰未嘗輟廢夫孝經尚書詩禮易傳皆父子君臣之要道十倫五教之宏綱如日月之下臨天地之大德百王是式終古攸遵然率多記言罕存法制愚管窺測豈達精深輒肆荒唐試爲意度每念懵學冀探政經略觀歷代衆賢高論

姓解序

天生蒸民受之以姓姓者所以別婚
倫也或因生以賜之或錫土而命之或
庶或紹世官眇覿前脩率由斯義厥後氏族
至衆人皆著書譜系志原遂有數本靡不廣
引流派窮極枝葉善則善矣而卷帙浩博尤
難傳寫册府仍存於副本儒家殆絕於斯文
于以沿波或見憑愡於撰德幾成閣筆蓋不類
於生知綿是自散羣書纂爲姓解且以歷代
功臣名士布在方册者次第書之啓迪華源

[福]州東禪等覺院住持傳法沙門[illegible]等謹募衆緣雕[illegible]
今上皇帝　太皇太后　皇太后祝延聖壽國泰民安開[illegible]
大藏經印板一副計五百餘函　紹聖元年九月　日謹題

攝大乘論釋卷第五　孝

世親菩薩造　三藏法師　玄奘奉　詔譯

所知相分第三之二

論曰復次云何得知如依他起自性徧計所執自性顯現而非稱體由名前覺無稱體相違故由名有衆多多多體相違故由名不決定雜體相違故此中有二頌

由名前覺無　多名不決定　成稱體多體
雜體相違故　法無而可得　無染而有染

攝大乘論釋　北宋紹聖元年福州東禪等覺院刊大藏經本　圖版七

板數如欲廣覽請自尋檢本文

冥樞會要卷上

黄龍庵主　祖心　集

第一卷〔標〕若欲研究佛乘披尋寶藏一一須消歸自己言言使冥合真心但莫執義上之文隨語生見直須探詮下之旨契會本宗則無師之智現前天真之道不昧如華嚴經云知一切法即心自性成就慧身不由他悟

〔標〕我此無礙廣大法門如虚空非相不拒諸相發揮似法性無身匪礙諸身頓現須以六相義該攝斷常

固字孟堅北地人也年九歲能屬文長遂博貫載籍顯時除蘭臺令史遷爲郎乃上兩都賦大將軍竇憲出征匈奴以固爲中護軍憲敗固坐免官遂死獄中

或曰賦者古詩之流也向曰或者不定之辭善曰毛詩序曰詩有六義焉二曰賦故賦爲古詩之流也諸引文證皆舉先以明後以示作者必有所祖述也他皆類此昔成康沒而頌聲寢王澤竭而詩不作翰曰言成王康王既沒德澤不流詩頌都寢寢息也　善曰周道既微雅頌並廢也史記曰周武王太子誦立是爲成王成王太子釗立是爲康王毛詩序曰頌者以其成功告於神明者也樂稽耀嘉曰仁義所生爲王毛詩序曰止乎禮義先王之澤也然則作詩稟乎先王之澤故王澤竭而詩不作作興也孟子曰王者之跡息而詩亡大漢初定日不暇給翰曰高祖自漢王升爲天子故稱大漢日不暇給言不暇崇文化　善曰漢書曰高祖姓劉氏立爲漢王滅項羽即皇帝位荀悅曰諱邦字季史記曰雖受命而日有不暇給也至於武宣之世乃崇禮官考文章濟曰武帝宣帝始立禮官考校文章　善曰漢書曰孝武皇帝景帝中子荀悅曰諱徹漢書曰孝宣帝武帝曾孫戾太子孫荀悅曰諱詢字次卿內設金馬石渠之署外興樂府協律之事銑曰金馬門官者署漢時有賢良並

列傳第十三　南史二十三

王誕 兄子偃 偃子藻 藻弟子瑩 瑩從弟亮

王華 從弟琨　王惠 從弟球

王彧 子絢 絢弟續 續孫克 彧兄子蘊 奐 奐弟份 份孫銓 錫 僉 通 勱 質 固

王誕字茂世太保弘從祖兄也祖恬晉中軍將軍父混太常卿誕少有才藻晉孝武帝崩從叔尚書令珣爲哀策出本示誕曰猶恨少序節物誕攬筆便益之接其秋冬代變後云霜繁廣除風回高殿珣歎美因而用之襲爵雉鄉侯爲會

見之謂之智百姓日用而不知武之爲法也包四種
籠百家以奇正相生爲變是以謀者見之謂之謀巧
者見之謂之巧三軍由之而莫能知之迨夫九師百
氏之說興而益見大易之義如日月星辰之神徒推
步其輝光之迹而不能考其所以爲神之深十家之
註出而愈見十三篇之法如五聲五色之變惟詳其
耳目之所聞見而不能悉其所以爲變之妙是則武
之意不得謂盡於十家之註也然而學兵之徒非十
家之說亦不能窺武之藩籬尋流而之源由徑而入
戶於武之法不可謂無功矣頃因餘暇摭武之微旨
而出於十家之不解者略有數十事託或者之問具

忘歸

夜過馬當山

獨載詩書趂野航自憐漂泊度時光殘年準擬

歲年首連夜匆忙過馬當古廟荒寒江浸影斷

崖凄慘石凝霜壯懷未分甘衰老回首長淮恨

更長

菊礀小集終

臨安府棚北大街陳宅書籍鋪印行

十二

昌黎先生集卷第二

古詩

北極贈李觀 觀字元賓其先隴西人貞元八年與公同舉進士

北極有羇羽南溟有沈鱗南溟見莊子逍遙篇鯤鵬之說羇羽謂鵬沈鱗謂鯤也以喻己與觀相遇之意川原浩浩隔影響兩無因風雲一朝會變化成一身誰言道里遠里或作理非是陶詩云不怨道里長正作里感激疾如神我年二十五時貞元八年也歲在壬申按李漢集序公生於大曆之戊申三年自壬申逆數至戊

帝紀第一上　　范曄　後漢書一

唐章懷太子賢注

世祖光武皇帝諱秀字文叔禮祖有功而宗有德光武中興故廟稱世祖謚法能紹前業曰光克定禍亂曰武伏侯古今注曰秀之字曰茂伯仲叔季兄弟之次長兄伯升次仲故字文叔焉南陽蔡陽人南陽郡今鄧州縣也蔡陽縣故城在今隨州棗陽縣西南高祖九世之孫也出自景帝生長沙定王發長沙郡今潭州縣也發生舂陵節侯買舂陵鄉名本屬零陵泠道縣在今永州唐興縣北元帝時徙南陽仍號舂陵故城今在隨州棗陽縣東事具宗室四王傳買生鬱林太守外鬱林郡今郴州縣前書曰郡守秦官秩二千石景帝更名太守外生鉅鹿都尉回鉅鹿郡今邢州縣也前書曰都尉本郡尉秦官也掌佐守典武職秩比二千石景帝更名都尉回生南頓令欽南頓縣屬汝南郡故城在今陳州項城縣西前書曰令長皆秦官也萬戶以上爲令秩千石至六百石不滿萬戶爲長秩五百石至三百石欽生光武光武年九歲而孤養於叔父良身長七尺三寸美須眉大口隆準日角隆高也許負云鼻頭爲準鄭玄尚書中候注云日角謂庭中骨起狀如日性勤於稼穡種曰稼斂曰穡而兄伯升好俠養士常非笑光武事田業比之高祖

文選卷第一　京都上

班孟堅兩都賦并序　東都賦　張平子西京賦

兩都賦序

班孟堅　銑曰漢書班固字孟堅扶風安陵人九歲能屬文至明帝時為蘭臺令史遷為郎後竇憲出征匈奴以固為中護軍憲敗坐免官死獄中明帝脩洛陽西土父老怨帝不都長安固作兩都賦以諷之

或曰賦者古詩之流也向曰或者不定之辭昔成康沒而頌聲寢王澤竭而詩不作翰曰言成王康王既沒德澤不流詩頌都寢息也大漢初定日不暇給翰曰高祖自漢王昇為天子故稱大漢日不暇給言不暇崇文化至於武宣之世乃崇禮官考文章濟曰武帝宣帝始立禮官考校文章內設金馬石渠之署外興樂府協律之事銑曰金馬門名漢時有賢良並待詔於此石渠閣名主校秘書蕭何所造署司也樂府聚樂之所協律都尉武帝置之以考校律呂以興廢繼絕潤色鴻業是以眾庶說豫福應尤盛向曰鴻大也言福祥嘉應甚盛白麟赤鴈芝房寶鼎之歌薦於郊廟良曰薦進也所獲祥瑞並令樂府作歌以進郊廟

建陽崇化書坊
陳八郎宅善本

文選

宋紹興三十一年建陽陳八郎崇化書坊刊本

圖版一五

魏本紀第二　　　北史二

世祖太武皇帝諱燾明元皇帝之長子也母曰杜貴嬪天賜五年生於東宮體貌瓌異道武奇之曰成吾業者必此兒也泰常七年四月封太平王五月立爲皇太子及明元帝疾命帝揔攝百揆帝聰明大度意豁如也八年十一月己巳明元帝崩壬申太子即皇帝位大赦天下十二月追尊皇妣爲密皇太后進司徒長孫嵩爵爲北平王司空奚斤爲宜城王藍田公長孫翰爲平陽王其餘普增爵位各有差於是除禁錮釋

本紀第一　唐書一

翰林學士兼龍圖閣學士朝散大夫給事中知制誥充史館脩撰判秘閣臣歐陽脩奉　敕撰

高祖神堯大聖大光孝皇帝諱淵字叔德姓李氏隴西成紀人也其七世祖暠當晉末據秦涼以自王是爲涼武昭王暠生歆歆爲沮渠蒙遜所滅歆生重耳魏弘農太守重耳生熙金門鎮將戍于武川因留家焉熙生天賜爲幢主天賜生虎西魏時賜姓大野氏官至太尉與李弼等八人佐周代魏有功皆爲柱國號八柱國家周閔帝受魏禪虎已

三十三

漢

山水之名稱迹道隨世變易固不可主一據以爲定至於漢之源必爲漾發流之山必名嶓冢入江之地必近大別經營明書以詔後世使無此山此水則已如其有之決不可掇而之它也今桑氏水經曰漢之源爲沔沔出武都沮縣不出嶓冢也已又别出一條始名爲漾漾至隴西氐道有山焉始名嶓冢嶓冢之派又東至武都沮縣始爲漢水而此之漾漢乃絡蜀爲派經葭萌劒閣至巴之江州入江名與經同而其所謂漢非經之漢也此其說之分於經也遠矣經之叙漢曰嶓冢道漾東流爲漢又東爲滄浪之水過三澨至于大別南入于江東滙澤于彭蠡夫嶓冢入滄浪

高帝紀第一上　班固　漢書一

師古曰紀理也統理衆事而繫之於年月者也

正議大夫行秘書少監琅琊縣開國子顏　師古　注

高祖荀悅曰諱邦字季邦之字曰國張晏曰禮謚法無高以爲功最高而爲漢帝之太祖故特起名焉師古曰邦之字曰國者臣下所避以相代也沛豐邑中陽里人也應劭曰沛縣也豐其鄉也孟康曰後沛爲郡而豐爲縣師古曰沛者本秦泗水郡之屬縣豐者沛之聚邑耳方言高祖所生故舉其本稱以說之也此下言縣鄉邑告喻之故知邑繫於縣也●劉攽曰予謂沛豐郡縣名史官用漢事記錄耳姓劉氏師古曰本出劉累而范氏在秦者又爲劉因以爲姓母媼文穎曰幽州及漢中皆謂老嫗爲媼孟康曰媼母別名音烏老反師古曰媼女老稱也孟音是矣史家不詳著高祖母之姓氏無得記之故取當時相呼稱號而言也其下王媼之屬意義皆同至如皇甫謐等妄引讖記好奇騁博彊爲高祖父母名字皆非正史所說蓋無取焉寧有劉媼本姓實存史遷肯不詳載即理而言斷可知矣他

大易粹言上經卷第一

☰☰（乾下乾上）

伊川先生曰上古聖人始畫八卦三才之道備矣因而重之以盡天下之變故六畫而成卦重乾爲乾乾天也天者乾之形體乾者天之性情乾健也健而无息之謂乾夫天專言之則道也天且弗違是也分而言之則以形體謂之天以主宰謂之帝以功用謂之鬼神以妙用（一本无用字）謂之神以性情謂之乾乾者萬物之始故爲天爲陽爲父爲君（易傳）

○後人解易言乾天道也坤地道也便是亂說論其體則天尊地卑論其道豈有異哉（劉元承手編）

○乾坤古无此二字作易者特立此二字以明難明之道（乾坤毀則无以見易須以意明之）以此形容天地間事（語錄）

禮記卷第十五

經解第二十六　鄭氏注

孔子曰入其國其教可知也觀其風俗則知其所以教其爲人也溫柔敦厚詩教也疏通知遠書教也廣博易良樂教也絜靜精微易教也恭儉莊敬禮教也屬辭比事春秋教也屬猶合也春秋多記諸侯朝聘會同有相接之辭罪辯之事故詩之失愚書之失誣樂之失奢易之失賊禮之失煩春秋之失

東都事略卷第一

承議郎新權知龍州軍州兼管內勸農事管界沿邊都巡檢使借紫臣王稱進

本紀一

太祖啓運立極英武睿文神德聖功至明大孝皇帝其先出于帝高陽氏之後造父爲周穆王御破徐偃封趙城因氏焉自漢京兆尹廣漢居涿郡遂爲涿郡人至唐而　高祖僖祖皇帝生焉　僖祖仕至文安令　曾祖順祖皇帝仕歷藩府從事兼御史中丞　皇祖翼祖皇帝少有大志仕至涿州刺史贈左驍衛上將軍　皇考宣祖皇帝少驍勇善騎射而雅好儒素起家事趙王王鎔時梁晉爭天下晉求援於鎔鎔命　宣祖以五百騎赴之莊宗嘉其勇敢因留之命掌禁軍爲飛捷指揮使自同光至開運踰二十年不遷而　宣祖亦未嘗以介意漢乾祐中王

眉山程舍人宅刊行
已申上司不許覆板

東都事略　宋紹熙間眉山程舍人宅刊本

新刊國朝二百家名賢文粹卷第一百八十九

書

上監司帥守書一

上胡運使書　　　　跨鼇先生

某不給往日讀書窮山粟觀古今治乱廢興之迹十年一室千百年事蝇頭鬼名㑳㑳方寸間軒眉高談剛去塵土便謂一日梗貴人不𠜇等差左手持衣衭右手揮松麈吐朝野病利出所著書曼以驚怪入官二年始悟所養並髮不可施設如三日新婦㦧㦧諸叔氣仰視一卅貴人十九器宇潭潭希言無色可望而畏啓齒問士不過邑里姓氏所從來士人執板避席曰某鄉某家子此外吞屏不敢發貴人旦起坐堂偶賓從按程案送歸延來有宴宴有行樂有歌舞俎豆之御有琴音射儀之好白晝酣醼疊疊不窮夜以照眉已爛然困矣孤寒之士貧無才賴獨庸斡畢頭[illegible]所長投貴人几下真沙粒入滄溟其相知無階且方今

張承吉集卷第一

雜詩

觀徐州李司空獵

曉出郡城東分圍淺草中紅旗開向日白馬驟迎風背手抽金鏃翻身控角弓萬人齊指處一鴈落寒空

獵

殘獵渭城東蕭蕭西北風雪花鷹背上冰片馬蹄中臂挂捎荆兔腰懸落箭鴻歸來逞餘勇兒子乱彎弓

鸜鵒

栖栖南越鳥色麗思沉淫暮隔碧雲海春依紅樹林雕籠悲斂翅畫閣豈關心無事能言語人聞悲恨深

再吟鸜鵒

冊府元龜卷第五十六

帝王部

節儉

傳曰儉者國之寶也漢文帝曰吾爲天下守財耳豈可妄用之哉是皆據神器之重託億兆之上在乎約費以足用崇儉以率下故古先哲王無宮室苑囿之飾無珠玉輿馬之玩衣無文繡食無兼味不視奇怪之物不聽淫靡之音急於致理薄於自奉繇是風行草偃家給人足抵俗以之淳厚品物以之茂遂故曰上節用則國富君無欲則民安斯之謂矣

黃帝勤勞心力耳目節用水火材物（日歆治等日考之中不苟年 服日者並史闕文條體此）

帝嚳取地財而節用之

帝堯富而不驕貴而不舒黃收純衣（也一代黻太古冠冕冕夏 名冕曰收禮記曰野夫黃 冠純衣士之 服純黃日緇 黍）堂高三尺土階三等茅茨不翦採椽不斲（曰盝蓋 以茨 茅以茅蓋屋也採 柞名今之櫟木也）飯土簋歠土刑（簋以盛飯刑以盛羹 羹土謂燒土爲之）糲粱之食（糲粗米也一斛 粟七斗米爲糲）藜藿之羹夏曰葛衣冬曰鹿裘其送死桐棺三寸

冊府五十六

帝舜飯土簋無膻而工不以巧獲罪（言工不以工巧 之事獲罪也）

新刊增廣百家詳補註唐柳先生文卷第四

議辯

晉文公問守原議

韓曰唐自德宗懲艾泚賊故以左右神策天威等軍委宦者主之置護軍中尉中護軍分提禁兵威柄下遷政在宦人其視晉文問原守於寺人尤甚公此議雖曰論晉文之失其意實憫當時宦者之禍逮憲宗元和十五年而陳弘志之亂作公之先見至是驗矣

晉文公既受原於王難其守問寺人勃鞮以畀趙衰孫曰左氏僖二十五年傳晉侯朝王王與之陽樊溫原欑茅之田陽樊不服圍之出其民冬晉侯圍原原又不降命去之退一舍而原降晉侯問原守於寺人勃鞮對曰昔趙衰以

重廣眉山三蘇先生文集

御試制科策一道

策問　東坡先生

皇帝若曰朕承　祖宗之大統先帝之休烈深惟寡昧未燭於理志勤道遠治不加進夙興夜寐于茲三紀朕德有所未至教有所未孚闕政尚多和氣或盭田野雖闢民多亡聊邊境雖安兵不得徹利入已浚浮費彌廣軍冗而未練官冗而未澄庠序比興禮樂未具戶罕可封之俗士忽偕讓之節此所以訟未息於虞芮刑未措於成康意在位者不以教化為心治民者多以文法為拘禁防繁多民不知避叙法寬濫吏不知懼纍繫者衆愁歎者多仍歲以來災異數見六月壬子日食于朔淫雨過節煖氣不效江河潰決百川騰溢永思厥咎深切在予變不虛生緣政而起五事之失六沴之作劉向所傳呂氏所紀五行何修而得其性四時何行而順其令非正陽之月伐鼓救變其合於經乎方盛夏之時

資治通鑑卷第七

秦紀二（起閼逢閹茂盡玄黓執徐九十九年）

始皇帝下

二十年（甲戌）荆軻至咸陽因王寵臣蒙嘉卑辭以求見王大喜朝服設九賓而見之荆軻奉圖以進於王圖窮而匕首見（行練切露也）因把王袖而揕之未至身王驚起袖絕荆軻逐王王環柱而走羣臣皆愕卒起不意（卒音猝）盡失其度而秦法羣臣侍殿上者不得操尺寸之兵（操七高切把持）左右以手共搏之且曰王負劒負劒王遂拔以擊荆軻斷其左股荆軻廢乃引匕首擿王中桐柱（擿直炙切搔也與擲通）自知事不就罵曰事

居士集卷第一　歐陽文忠公集一

古詩三十八首

顏跖

顏回飲瓢水陋巷卧曲肱盜跖猒人肝九州恣横行回仁而短命跖壽死免兵愚夫仰天呼禍福豈足憑跖身一腐鼠死朽化無形萬世尚遭戮筆誅甚刀刑思其生所得犲犬飽臭腥顏子聖人徒生知自誠明惟其生之樂豈減跖所榮死也至今在光輝（一作輝光）如日星譬如埋金玉不耗精與英

言宅葬經書之弊名各布列本篇之下總一萬餘言以廣無聞僕恐未能專擅遂誠心修集以俟同道之能者幸改易焉庶幾我輩易爲遵用嘗覩此書之興也始自唐代呂才删定名以地理至于宋朝法曆數王重復詔下有司始終幾有百年方以定用頒行于世今野俗之流而有專執星水之法或只習一家偏見之文又有不經隨代進用頒行傍門小說不根之語或與官書相背者執而行之兼又不能與五姓參用而專排斥五音姓利良可息哉僕今見平陽數家印賣此書雖有益於世竟未見完者恐久墜斯文莫能從善不敢埋隱遂將正文插入又附以亂談舛駁之辭短拙不揆尤甚慚以俗言紀其事迹昔明昌壬子歲古戴鄙夫張謙謹啓

[illegible]新書序

翰林侍讀學士兼侍講學士朝散大夫尚書吏部郎中充史館修撰判國子監提舉集禧觀事上騎都尉賜紫金魚袋臣王洙等奉　勅詳定刪修

臣聞聖人睿明容物謂之聖人書曰睿作聖孔氏傳曰於事無不通謂之聖人又風俗通云聖者聲也聞聲知情故曰聖也又聖者通神之義也包慮民之心其制器大備[illegible]有聖人之道四焉制器者尚其象其示法詳密以事告人曰示言所告示法度詳細周密使民日去不善居而蕃息者也既器物備具法度詳密黎民熙熙安於所居而無不[illegible]之行守仁義之道安居而家庭蕃息也蕃息滋生也父母之於子惟煦濡以養之[illegible]就乾去濕保養赤子又教以水溺火焚[illegible]孩子知[illegible]今知水可沒溺火可焚燒之事弓戟弓長六尺以建於兵車戟一丈六尺有枝兵也虎豹蛇蠆之能害人者丁寧反復然後知而避之在山野則有虎豹在草澤則有蛇蠆[illegible]事能傷人者丁寧子細反覆再三未知者設教而象之或見者指而示之知其為害故避之也人識父母之於己生而養之者也不識安而全之者父母之教也人之於父母知其大而遺其細知擇福而不知避害今人唯知得父母生育之大恩不知保安全身者皆於父母之教也以教令為細事而遺忘不念又但知擇福地求幸事而[illegible]

重校正地理新書

金明昌三年張謙刊本

圖版三〇

以臻此　如僕者寡學陋儒誠不
敢議其髣髴然嘗觀唐史藝文志
至有甘澤謡松窻録雲溪友議戎
幕閑談之類叙述遺事亦見採於
當時僕雖不揆庶可跂而及也故
嘗摭士大夫緒餘之論得清新奇
異之事頗多今編次成集用廣其
傳以資談讌覽者無誚焉政和辛
卯五月八日廩延李獻民彥文序

新雕雲齋廣録卷第一

廩延李　獻民彥文　撰

士林清話

陳文惠公

陳文惠公堯佐閬州人諫議大夫省華之子也與其弟堯叟俱位
至宰相初諫議退居于家惠公兄弟皆在侍下有賓客則衣金紫
立於左右天下以爲榮惠公弟堯咨兄弟精於射天下謂之神射自號
小由基祥符中守荆南回其母馮氏問曰古人居一郡一邑必有
異政汝典名藩有何異効堯咨曰荆州路當衝要郊燕迎送無
虚日然稍精弓矢衆無不服馮氏曰汝父以忠孝補國家今不
務仁政善化而專卒伍一夫之伎豈汝先人之意耶以杖擊之金
魚墜地

王内翰

内翰王禹稱性剛簡傲物嘗對僚屬曰三班奉職其卑賤可知當

大般若波羅蜜多經卷第五百七十二 敎
第六分顯德品第十一 大唐三藏法師玄奘奉 詔譯
介時曼殊室利菩薩摩訶薩從座而
起頂礼佛足偏覆左肩右膝著地合
掌恭敬白言世尊諸菩薩摩訶薩經
幾劫數行深般若波羅蜜多供養幾
佛而能對揚如来所說甚深般若波
羅蜜多如寂勝天王者佛告曼殊室
利菩薩摩訶薩言善男子如此之事
不可思議若非無量百千大劫脩集

趙孟頫書并篆額

妙嚴寺本名東際距吳

興郡城七十里而近曰

徐林東接烏戍南對涵

山西傍洪澤北臨洪城

洛神賦 并序 曹子建

黄初三年余朝京師還濟洛川古人有言斯水之神名曰宓妃感宋玉對楚王神女之事遂作斯賦其詞曰

余從京域言歸東藩背伊闕越轘轅經通谷陵景山日既西傾車殆馬煩爾迺稅駕乎衡皋

趙松雪小楷「洛神賦」（字帖）

圖版三三之二

國朝名臣事略卷第一

趙郡蘇天爵伯脩輯

卷一之一

太師魯國忠武王

王名木華黎札剌兒氏以戚里從討幕北諸部有功歲丙寅拜左萬户進兵討金丁丑封太師國王都行省承制行事癸未薨年五十四

王生於阿難水之東生時白氣充帳有神巫見而異之曰此非常兒也及長身長七尺虎首虬須黑面多謀略雄勇冠時與博爾朮博爾忽赤老温俱以忠勇佐

太祖時號爲掇里班曲律猶言四傑也太常元公撰世家

太祖軍常失利會天大雪失牙帳所在卧草澤中王與博爾朮張氊蔽之自莫及曉竟不移足世家

太祖一日從三十餘騎行谿谷間有群賊突出叢木中列射我

元統乙亥余志安刊于勤有書堂

國朝名臣事略 元元統三年建安余氏勤有堂刊本

註陸宣公奏議卷之四

奉天請罷瓊林大盈二庫狀

（德宗於行宮廡下貯諸道貢獻之物，牓曰瓊林大盈庫。贄以爲戰守之功賞賚未行而遽私別庫，則士卒怨望無復鬬志，乃上此奏。帝悟，即命去其牓。）

右臣聞作法於涼，其弊猶貪；作法於貪，弊將安救。（左昭四年鄭子産作丘賦，渾罕曰：作法於涼，其弊猶貪；作法於貪，敝將若之何。）示人以義，其患猶私；示人以私，患必難弭。故聖人之立教也，賤貨而尊讓，遠利而尚廉。天子不問有無，諸侯不言多少。（此二語出大戴王制篇云）百乘之室，不畜聚斂之臣。（事見大學）夫豈皆能忘其欲賄之心哉？誠懼賄之生人心而開禍端，傷風教而亂邦家耳。是以務鳩斂而厚其帑櫝之積者，匹夫之富也；務散發而收其兆庶之心者，天子之富也。天子所作，與天同方，生之長之而不恃其為，成之收之而不私

道德寶章

紫清真人白 玉蟾註

體道章第一

道◯ 如此而已 可道非常道 可說即不如此 名 强名曰道
可名非常名 謂之道已非也 無◯ 此即是道 名天
地之始 道生一即是天地之初 有 一生二二生三三生萬物故有 名萬物

第一

元豐類藁卷第三

古詩

遊麻姑山九首

軍南古原行數里忽見峻嶺橫千尋誰開一徑破蒼翠對植松栢何森森危根自迸古崖出老色不畏莓苔侵脩竹整整儼朝士下蔭石齒明如金遂登半嶺望城郭但見積靄縈江潯岡陵稍轉露樓閣沙莽忽盡橫園林秋光已逼花草歇寒氣況乘巖谷深我馳輕輿豈知倦倏忽遂覺窮嶔崟龍門誰來此中鑿玉簡不記何年沉泉聲可聽聵眾籟泉意欲寫無瑤琴

周書卷第六　　　　晉孔晁注

周月解第五十一　時訓解第五十二
月令解第五十三　謚法解第五十四
明堂解第五十五　嘗麥解第五十六
本典解第五十七

周月解第五十一

惟一月既南至昏昴畢見日短極基踐長微陽動于黄泉陰慘于萬物是月斗柄建子始昏北指陽氣虧草木萌蕩日月俱起于牽牛之初右回而行月周天起一次而與日合宿日行月一次周天歷舍于十有

大元大一統志卷第七百九十二

奏進

集賢大學士資善大夫同知宣徽院事臣孛蘭肹

昭文館大學士中奉大夫秘書監臣岳鉉等上進

常州路

支郡

宜興州　無錫州

親領

録事司　晉陵縣　武進縣

建置沿革

禹貢揚州之域毗陵志以爲揚之南境於

列傳第二十五　金史八十七

開府儀同三司上柱國錄軍國重事前中書右丞相監修國史領經筵事都總裁臣脫脫奉

勑修

紇石烈志寧　僕散忠義

徒單合喜

紇石烈志寧本名撒曷輦上京胡塔安人自五代祖太尉韓赤以來與國家世爲甥舅父撒八海陵時賜名懷忠爲泰州路顔河世襲謀克轉猛安嘗爲東平尹開遠軍節度使志寧沉毅有大略娶梁王宗弼女永安縣主宗弼於諸壻中最愛之皇統間爲護衛海陵以爲右宣徽使出爲汾

金陵新志卷第三

金陵表總叙

春秋表年以首事然所見異辭所聞異辭所傳聞異辭金陵古稱鉅藩居之者或左纛帝制抗衡中夏跡其君臣言行疆域離合豈若他郡國邈然無預於勝敗之數者哉今仍前志自周元王以來譜而著之經以帝代緯以天時地域官守政事掇其嘗爲都邑史可徵者爲年表不爲都邑徒藩鎮郡縣則爲世表自趙宋以來雖不

宋學士文粹卷第一

皇明寶訓序

皇帝繼天出治御大歷服七綿順度九圍敉寧爰自　龍飛之初以迄今兹金匱之藏歲益月增乃徇翰林詞臣之請纂脩日曆以成　昭代之大典粤洪武癸丑之秋八月甲申帝御東黄閤名臣詹同臣樂韶鳳臣宋濂俾選海内文學之士開局西華門内相與編摩成書而命臣同臣濂為之總裁九月壬寅臣等既涖事發所藏而紬閲之仰窺　神機睿斷遠猶辰告足以明徵定保嘉惠邦家者充牣乎其間臣等因相與言曰日曆之成藏諸天府人欲見之有不可得者盍如太宗貞觀政要之書編集以傳詢謀既同於是輯成四十類自敬天至制蠻夷釐為五卷總四萬五千五百餘言皆從記注之真不敢以己意輕為損益云臣等竊聞之自古開基創業之君其設心也弘其慮事也周一言一動皆可為天下後世法治忽所繫甚為不輕所以大舜有勑天之誡武王有衣鑑之銘垂示于後炳若丹青歷代寶之用為大訓蓋慎之至也肆惟皇上恭膺天命經營四方康濟兆民惟日不足故凡戒飭臣工訓誓將士出經入史亹亹弗勌必欲使其心領神會而後已嗚呼日月之無私

元史節要（上）

臨江張美和編

（元）太祖皇帝（姓奇渥溫氏名鐵木真蒙古部人也其先有孛端叉兒者母阿
阿蘭夜寢帳中夢白光自天窗中入化為神人來趨臥榻驚覺遂有娠生
孛端叉兒狀貌奇異沉默寡言家人謂之癡母曰此兒非癡後世子孫必有
大貴者其後遂世為蒙古部長至也速該併吞諸部落其勢愈大也速該殁
後謚曰烈祖神元皇帝即帝之皇考也　初神元征塔塔兒部獲其部長鐵
木真宣懿太后月倫適生帝手握凝血如赤石神元異之因以所獲鐵木真
名之志武功也帝既立功德日盛諸部皆慕義來降乃蠻部長太陽罕心忌
帝能謂達達部主阿剌忽思曰吾聞東方有稱帝者君能為吾右臂吾將奪
其弧矢也阿剌忽思以其言來告帝會群臣議伐乃蠻皆以方春馬瘦宜俟
秋高為言皇弟斡赤斤曰事所當為斷之在早何可以馬瘦為辭別里古台
亦曰乃蠻欲奪我弧矢是小我也彼恃其國大而言誇我乘其不備而攻之
功當可成也帝悅遂伐乃蠻太陽罕合諸部兵來戰勢頗盛帝以哈撒兒主
中軍大戰至晡禽殺太陽罕諸部兵一時皆潰夜走墜崖死者不可勝計明
日餘衆悉降帝征西夏拔力吉里寨經落思城大掠人民駝馬而還）
元年（丙寅）帝年　會諸王群臣建九游白旗即皇帝位於斡難河之源群臣共

元史節要　明洪武三十年建安書堂刊本　圖版四三

東萊先生史記詳節卷之首

南宋中郎外兵曹叅軍　聞喜　裴　駰　集解

唐諸王侍讀率府長史　高要　張守節　正義

唐朝散大夫弘文館學士　河内　司馬貞　索隱

宋翰林學士門下侍郎　眉山　蘇　轍　古史

宋祕書丞集賢院學士　高安　劉　恕　外紀

皇明正德丙子冬十月　京兆　劉弘毅　刋行

司馬蘇劉增革皇帝紀

小司馬索隱補三皇紀（司馬貞自註曰）太史公作史記闕三皇而以五帝為首旹正以大戴禮有五帝德篇又帝世皆叙自黃帝以下故因以五帝爲首既論古史不合全闕近代徐整作三五曆今採作三皇本紀

太皥庖犧氏風姓代燧人氏繼天而王蛇身人首有聖德仰則觀象於天俯則觀法於地旁觀鳥獸之文與地之宜近取諸身遠取諸物始畫八卦以通神明之德以類萬物之情造書契以代結繩之政於

象山先生文集卷之三

○書

與童伯虞

某秋試幸不爲考官所取得與諸兄諸姪切磨於聖賢之道以滓昔非日有所警易荊棘陷穽以康莊之衢反羈旅乞食而居之於安宅有足自慰者足下往年心期於予兄子壽八年又與僕相覿趨向固不凡近環吾居數百里間前此蓋不多若足下者然僕處足下之館幾半載而不能回足下眷眷聲利之心此誠僕淺陋之罪曾子曰視其庭可以搏鼠烏能與我歌乎仲尼顏子之所樂宗廟之美百官之富金革百萬之衆在其中此豈可以二用其心而期

象山先生文集　明正德十六年建陽劉宗器安正書堂刊本　圖版四五

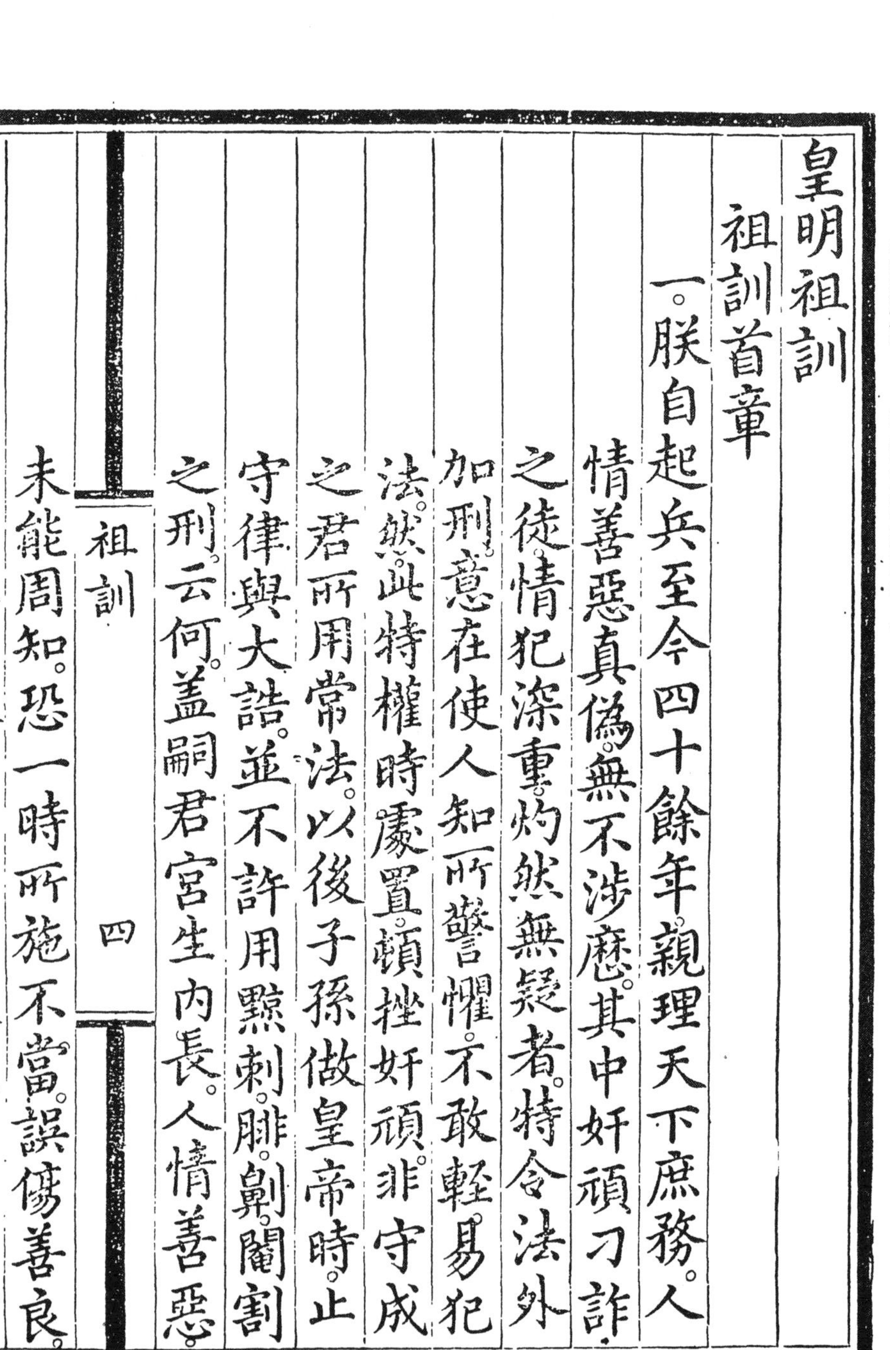

皇明祖訓

祖訓首章

一。朕自起兵至今四十餘年，親理天下庶務。人情善惡真偽，無不涉歷。其中奸頑刁詐之徒，情犯深重，灼然無疑者，特令法外加刑，意在使人知所警懼，不敢輕易犯法。然此特權時處置，頓挫奸頑，非守成之君所用常法。以後子孫做皇帝時，止守律與大誥，並不許用黥刺、剕、劓、閹割之刑。云何？蓋嗣君宮生內長，人情善惡未能周知，恐一時所施不當，誤傷善良。

大方廣佛華嚴經卷第一

唐于闐國三藏沙門實叉難陀譯

世主妙嚴品第一之一

如是我聞一時佛在摩竭提國阿蘭若法菩提場中始成正覺其地堅固金剛所成上妙寶輪及衆寶華清淨摩尼以爲嚴飾諸色相

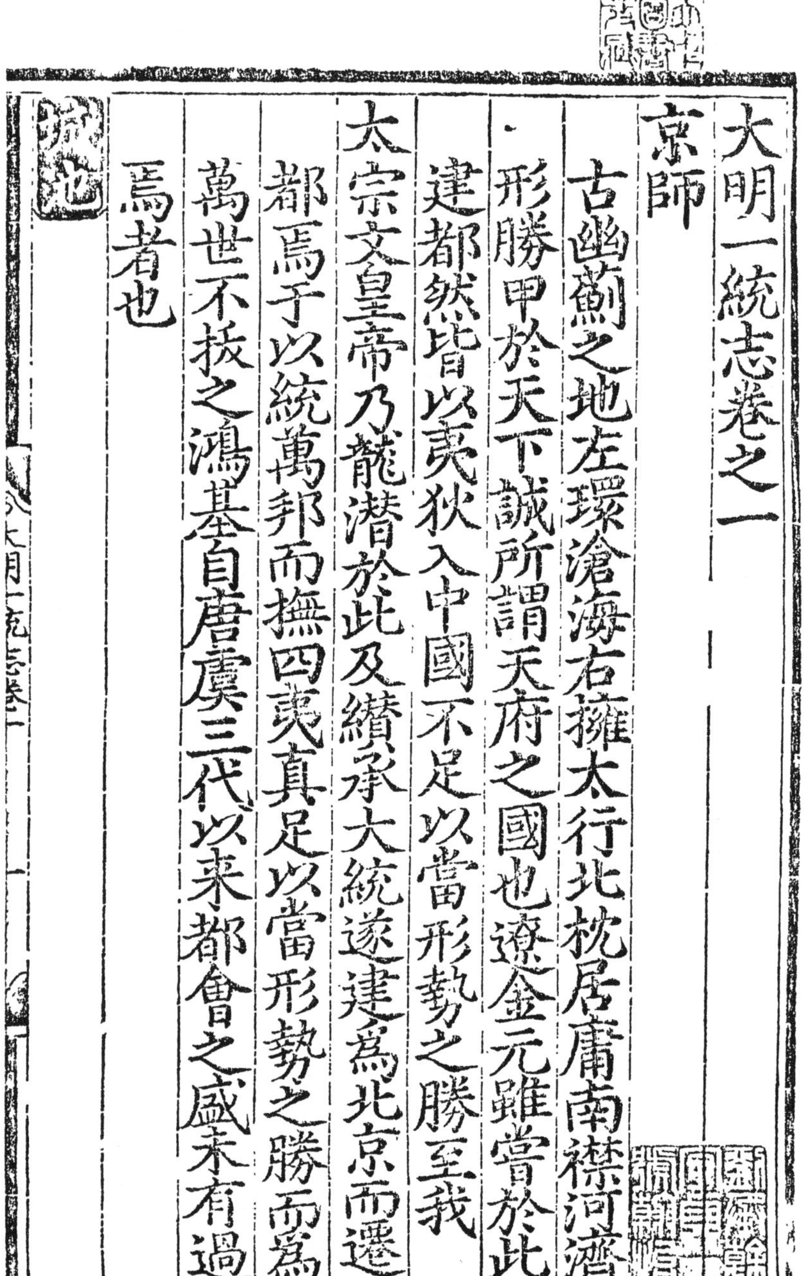

大明一統志卷之一

京師

古幽薊之地左環滄海右擁太行北枕居庸南襟河濟形勝甲於天下誠所謂天府之國也遼金元雖嘗於此建都然皆以夷狄入中國不足以當形勢之勝至我

太宗文皇帝乃龍潛於此及纘承大統遂建爲北京而遷都焉于以統萬邦而撫四夷眞足以當形勢之勝而爲萬世不拔之鴻基自唐虞三代以來都會之盛未有過焉者也

城池

佛說大乘菩薩藏正法經卷第二十　安三

西天譯經三藏銀青光祿大夫試光祿卿慈覺傳梵大師賜紫沙門臣法護等奉　詔譯

忍辱波羅蜜多品第八之餘　廿五廿六同卷

復次舍利子菩薩摩訶薩忍辱波羅蜜多所謂自身畢竟忍辱有我等相非究竟忍何以故若他瞋恚來嬈惱時及能忍受於心境中俱不可得而菩薩作是思惟何者爲瞋何者

安三

匏翁家藏集卷第一

詩四十二首

秋日閒居

委巷寡人蹟杳無塵俗侵虛窗對高樹日午落疎陰玄蟬響方斷好鳥復一唫俯首閱陳編直窺古人心抱沖世味薄處寂佳境深涼風滿衣袖自起彈吾琴琴聲和以暢永日有餘音

觀溪童捕魚

江南五月黃梅雨一夜新添三尺水蓮葉東西蘆葦間斜陽映水魚生子溪童褰裳脫雙屨一見水深心獨喜不須撒網與扳繒捕得魚來多赤鯉鯉魚最短亦盈咫猶有老魚不知止君不見魦鱮魴鰋棄長河去入龍門求大鮪

過南園俞氏書隱次劉祭酒先生韻二首

樊川詩集卷第二

中書舍人杜　牧　牧之

華清宮三十韻

繡嶺明珠殿層巒下繚墻仰窺雕檻影猶想赭袍光昔帝登封後中原自古强一千年際會三萬里農桑几席延堯舜軒墀立禹湯雷霆馳號令星斗煥文章釣築乘時用芝蘭在處芳北扉閑木索南面富循良至道思玄圃平居厭未央鉤陳裏巖谷文陛壓青蒼歌吹千秋節樓臺八月涼神仙

高縹緲環珮碎丁當泉暖涵窻鏡雲嬌惹

樊川詩集　明正德十六年江陰朱承爵文房刊本　圖版五一

論衡卷第一　王充

逢遇篇　累害篇
命祿篇　氣壽篇

逢遇篇

操行有常賢仕宦無常遇賢不賢才也遇不遇時也才高行潔不可保以必尊貴能薄操濁不可保以必卑賤或高才潔行不遇退在下流薄能濁操遇在衆上世各自有以取士士亦各自得以進進在遇退在不遇處尊居顯未必賢遇也位卑在下未必愚不遇也故遇或抱洿行尊於桀之朝不遇或持潔節卑於

新刻臨川王介甫先生詩集卷之一

宋荊公臨川介甫王安石　著

明豐城後學鎮靜李光祚　校

廿二世孫鳳翔率男維鼎繡梓

古詩

元豐行示德逢

四山翛翛映赤日田背坼如龜兆出湖陰先生坐草室看踏溝車望秋實雷蟠電掣雲滔滔夜半載兩輸亭皐旱禾秀發埋牛尻豆死更蘇肥莢毛倒持龍骨挂屋敖買酒澆客追前勞三年五穀賤如水今見西

新刻臨川王介甫先生詩集　明萬曆四十年金陵王氏光啓堂刊本　圖版五三　三三三

古今攷卷之一

宋　鶴山魏了翁華父撰

紫陽方　回萬里續

明　四明謝三賓象三定

高帝紀

鶴山先生曰高帝者何漢五年羣臣上皇帝尊號此有天下之稱也十二年上諡號曰高皇帝此節惠易名之諡也人主自號皇帝自秦政始而漢因之諡曰高皇帝則亦因始皇帝之陋也三皇五帝稱號聖人

容臺文集卷之二

華亭董其昌著　家孫庭輯

序

本草綱目序

郡國立醫學祀三皇神農黃帝是皆有當於醫庖羲氏
則未有知其緜來者也吾聞五帝之書謂之三墳王墳
言大道也道莫大於易近取諸身則爲素問遠取諸物
則爲本草蓋說卦所謂於木爲堅多心科上槁者即本
草之鼻祖也且夫藥不過五行五行之變爲五色爲五
味爲五氣爲五性爲五用而五者之變不可勝窮聖人

容臺文集卷之二

華亭董其昌著　家孫庭輯

序

期贈篇序

期贈篇者吾黨爲陸伯生六十贈言也百年曰期六十
亦稱期吾謂伯生得稱百年期也凡詞人之年不數甲
子昔老氏著不亡之壽太易貴可久之業客養之驪賢
愚同盡惟言立而名成則與天地絜算而日月齊光伯
生其人矣夫大年之不必兼小年往往是也前代勿論
國朝詞人如高子業何大復徐昌穀皆不及下壽顧

生三橫 溟洼漢 日品通 傳力趨

萬曆版宋體字樣之一

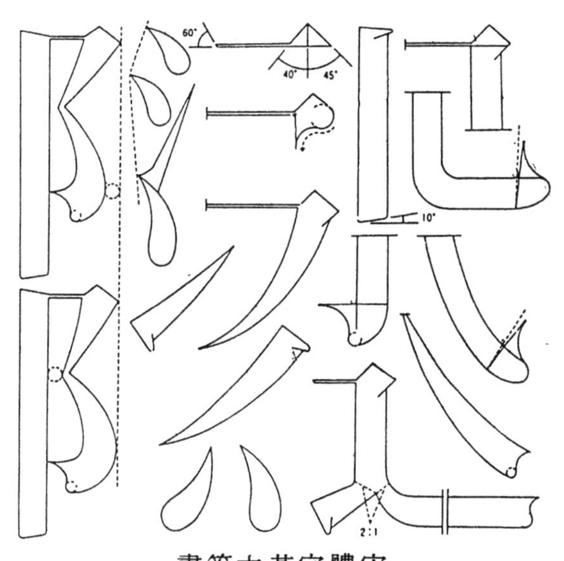

宋體字基本筆畫

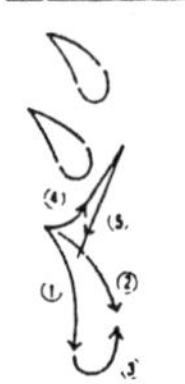

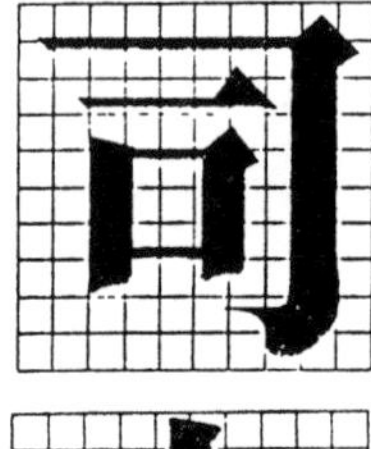

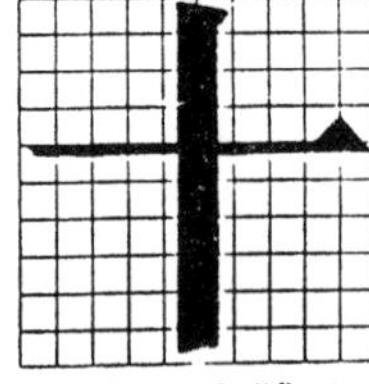

宋體字之特徵

圖版五五之二

相和歌辭

前苦寒行二首 杜甫 以後竝清調曲其器有笙笛下聲弄高弄游弄篪節琴瑟琵琶箏七種歌弦四弦

漢時長安雪一丈牛馬毛寒縮如蝟楚江巫峽冰入懷虎豹哀號又堪記秦城老翁荆揚客慣習炎蒸歲絺綌玄冥祝融氣或交手持白羽未敢釋

去年白帝雪在山今年白帝雪在地凍埋蛟龍南浦縮寒刮肌膚北風利楚人四時皆麻衣楚天萬里無晶輝三足之烏足恐斷羲和送將安集作何所歸

後苦寒行二首 杜甫

南紀巫廬瘴不絶太古已來無尺雪蠻夷長老怨苦寒

西江志卷第五

城池一　疆域附

芒芒九土幅員既長惟王建國經野辨方我泉我池迺城迺隍壯哉嬰堞屹矣女牆下因乎川上陟乎岡胥役民力以爲民防四達之區重湖九江道里衝僻纖悉具詳山高叢叢水流湯湯毋滋伏莽式固圉疆作城池志

南昌府即省城南昌新建二縣附郭

漢潁陰侯灌嬰築豫章城廣十里八十四步闢六門南曰南門松陽門西曰皐門昌門東北二門各以方隅名詳雷次宗豫章記　晉咸寧中林志作太康中豫章太守范甯更闢東北西北二門合八門　唐垂拱元年洪州都督李景嘉更築之凡八門題額皆會稽公徐浩所書元和四年刺史韋丹

觀妙齋藏金石文攷畧弖八

集王右軍書聖教序記

此碑為百代書法模楷今時尤重搨者無虛日風骨鈚鐵俱無存者形似耳然其筆法隱然可尋余曾見舊搨十數本獨長安一田生本為善今已為按察僉事劉公餘澤索去餘皆不及也余所收本乃二十年前物較之今搨猶勝真可寶惜 石墨鐫華

書苑云唐文皇製聖教敘時都城諸釋

集千家註杜工部詩集

卷之一

遊龍門奉先寺〔魯旹曰〕龍門在東都河南縣地志云闕塞山一名伊闕而俗名龍門黃鶴曰唐志河南自龍門山東抵天津有伊水然後漢志唐志俱云馮翊有龍門山按馮翊與河中府爲鄰而河中有龍門縣又有龍門山志云即導河至龍門之地上記云梁山北有龍門並在河中之境故河中有龍門關龍門倉九域志云河南縣有龍門鎮又有闕塞山云即龍門薛仁貴傳云絳州龍門人則絳州亦有龍門公自秦赴同谷道經龍門鎮則秦成間又有龍門旹考絳至河中不滿三百里馮翊至河中不滿百里兩地相接按地理河南即春秋時屬魏地後魏兼置雍州乃屬秦州宜此山之跨數郡是詩乃公開元二十四年後遊東都作

御纂醫宗金鑑卷一

訂正仲景全書傷寒論註

傷寒論後漢張機所著發明內經奧旨者也並不引古經一語皆出心裁理無不該法無不備蓋古經皆有法無方自此始有法有方啓萬世之法程誠醫門之聖書但世遠殘闕多編次傳寫之誤今博集諸家註釋採其精粹正其錯譌刪其駁雜補其闕漏發其餘蘊於以行之天下則大法微言益昭諸萬世矣

故同春撫之〔節彰化縣志〕

六月八日甲辰同知徐夢麟進兵屯大甲

大甲溪兩山對峙南彰北淡中隔一溪迫近牛罵頭葫蘆墩紅圳頭與大里杙脣齒相連時溪南皆賊惟千總袁良熺率兵二百餘人同義民共禦力疲糧匱各懷去志夢麟招集義民倚溪扼險請參贊藍元枚發兵協守元枚委守備潘國材以兵六百赴之鼎士亦領兵千八百人同龍章會於大甲溪與夢麟及番兵數千結營溪口復令工鑄大小礮二百餘位屢用攻賊賊多敗潰淡北恃以無恐〔新修通志參彰化縣志〕

冬十月六日庚子副將徐鼎士同知徐夢麟都司敏祿守備潘國材進兵勦賊

時官兵分為六路進勦至山頂遇賊賈勇逐殺獲賊及軍械無算〔彰化縣志〕

十日甲辰淡水幕賓壽同春勦賊被擄不屈死

同春率義民勦賊駐烏牛欄追殺賊眾抵三十張犂馬麼被擄罵賊不屈賊支解之〔彰化縣志〕

十二日丙午淡水官兵義民攻大肚克之

先是淡北兵民出禦大甲守禦日久謀歸徐夢麟乃與廣東右翼總鎮李　議分兵進攻李約以是日赴大

會通館印正宋諸臣奏議卷第一
龍圖閣直學士開國伯趙汝愚輯
君道門
君道一
論人君之大德有三　司馬光
臣伏蒙聖恩不以臣無似擢臣爲諫官臣
自幼學先王之道意欲有益於當時是以雖
在外爲他官猶願竭其愚心陳國家之
所急況今立陛下之左右以言事爲職
陛下仁聖聰明求諫不倦罄臣雖不狂愚
妄瀆犯忌諱陛下皆含容寬貸未嘗加罪
識備臣千載難逢之際苟不以此時傾瀝肖
腹之所有以副陛下延納之意則不可以
自比於人死有餘罪矣臣竊惟人君之大德
有三曰明曰武仁者非嫗嫗姑息之謂
也興教化修政治養百姓利萬物此人君之
仁也明者非煩苛伺察之謂也知道義識安
危別賢愚辨是非此人君之明也武者非彊

會通館印正宋諸臣奏議　明弘治三年錫山華燧會通館銅活字印小字本　圖版六二

石湖居士集卷五

詩

賀樂丈先生南郭新居

新堂燕雀喜竹籬挂藤蘿崩奔風濤裏得此巢龜荷西山効爽氣南浦供清波會心不在遠容膝何須多先生淮海俊踏地嘗兵戈飄飄萬里道芒鞵厭關河風吹落下邑楚語成吳歌豈不有故國荒垣鞠秋莎無庸說當歸到処皆南柯卜遷不我遐一水明青羅閉戶長獨往柰客剝啄何會令蒼苔石屐齒如蜂窠

歲旱邑人禱第五羅漢得雨樂先生有詩次韻

述行賦　短人賦
飲馬長城窟行　釋誨
篆勢　隸勢

正德乙亥春三月錫山蘭雪堂
華堅允剛活字銅版印行

蔡中郎文集目終

蔡中郎文集卷之一

漢左中郎將蔡邕伯喈撰

故太尉喬公廟碑

光光列考伊漢元公克明克哲
實叡實聰如淵之浚如岳之嵩
威壯虓虎文繁雕龍撫柔疆垂
戎狄率從敷教中夏五教攸通
帝謂我后朕加君功命君三事
詩亮天功公拜稽首翼〻惟恭
左右天子祗厥勳庸庶績既熙
黎民時雍上下謐寧八方和同

太平御覽　明隆慶間閩人饒氏等銅活字印本

圖版六五

太平御覽卷第一

宋翰林學士承旨正奉大夫守工部尚書知制誥上柱
國隴西縣開國伯食邑七百戶賜紫金魚袋　李昉
等奉
勅纂
皇明順天解元海虞　周光宙重校

天部一

元氣　太易　太初　太始
太素　太極　天部上

元氣

三五曆紀曰未有天地之時混沌狀如鷄子溟涬始牙濛

宋板校正閩游氏仝

辯惑續編卷之一

古吳顧亮寅仲採輯

事生

天下有大恩而不能報者子之於父母是也父母恩德猶天也其大無窮雖欲報之亦曷從而報哉故爲人子者惟求盡其分焉耳人同此心心同此理不能然者欲昏之也欲昏之者非因失於教

御製題武英殿聚珍版十韻有序

校讎永樂大典內之散簡零編並蒐訪天下遺籍不下萬餘種彙為四庫全書擇人所罕覯有裨世道人心及足資考鏡者剞劂流傳嘉惠來學第種類多則付雕非易董武英殿事金簡以活字法為請既不濫費棗梨又不久淹歲月用力省而程功速至簡且捷考昔沈括筆談記宋慶歷中有畢昇為活版以膠泥燒成而陸深金臺紀聞則云毗陵人初用鉛字視版印尤巧便斯皆活版之權輿顧埏泥體麤鎔鉛質輭

山谷內集詩注卷一

宋　黃庭堅　撰

任淵　注

古詩二首上蘇子瞻 前篇梅以屬東坡後篇松以屬東坡茯苓以一門下十之賢者蒐緣以自況東坡報山谷書云古風二首託物引類得古詩人之風其推重如此故前編諸篇首云

江梅有佳實託根桃李場 文選古詩云冉冉孤生竹結根太山阿此句倣其體老杜有江梅詩又有詩云欲發照江梅吳淑事類梅賦云亦果中之佳實文選趙景真與嵇茂齊書曰北土之性難以託根場謂場圃寒山子詩昨曉何悠悠場中可憐許上為桃李選下作蘭蓀渚此句並摘其字山谷詩律妙

銅板音論卷上　　　　音學五書一

古曰音今曰韻

詩序曰情發於聲聲成文謂之音箋云聲謂宮商角徵羽也聲成文者宮商上下相應按此所謂音即今之所謂韻也然而古人不言韻

梁劉勰文心雕龍曰異音相從謂之和同聲相應謂之韻元周伯琦六書正譌曰單出爲聲成文爲音音和爲韻

金剛般若波羅蜜經

姚秦三藏法師鳩摩羅什奉　詔譯

梁昭明太子加其分目

汝水香山無聞思聰　註解

金剛

釋曰金剛寶也西天中印土靈鷲山如來寶座金剛所成深八萬四千由旬至金輪水際安立故以金剛也執金剛神寶杵尖三楞三寸之長是金剛餘皆不是堅固不壞能摧銅鐵玉石萬物萬物不可當其鋒也香水海中無邊世

此東亭錯語安石殆未肯便沒

不然作不如自沒作自是與神君語映

意態略似但不成語

桓謂王曰定何如王曰相王作輔自然浩若神君續晉陽秋曰帝美風姿舉止端詳公亦萬夫之望不然僕射何得自沒僕射謝安

海西時諸公每朝朝堂猶暗唯會稽王來軒軒如朝霞舉

謝車騎道謝公遊肆復無乃高唱但恭坐捻鼻顧睞便自有寢處山澤閒儀

謝公云見林公雙眼黯黯明黑孫興公見林公

河南統部表

河南統部表		開封府	歸德府	彰德府
兩漢	司隸及豫州兗州荊州冀州部地	陳留郡 治陳留	梁國 漢五年改秦碭郡置治睢陽	魏郡 治鄴後漢初平改為冀州
三國魏	增置司州	陳留郡	梁郡 黃初中改	魏郡 黃初二年建鄴郡
晉宋附	初分為司豫兗荊四州永嘉後陷義熙末劉裕復司州宋景平初復廢	陳留郡 晉治小黃宋治倉垣城	梁國 宋初復曰梁郡	魏郡
魏齊梁附	初置洛相懷陝豫東豫荊郢襄廣諸州梁置光州西淮西楚南郢南建南朔諸州東魏都鄴增置梁鄭陽蔡析義北豫北荊北揚南襄諸州	梁州陳留郡 孝昌初移治浚儀東魏天平初置州及開封府	梁郡	司州魏尹 天興四年置相州東魏天
齊周	周置東京於洛州	汴州陳留郡 齊廢開封郡周改州名	梁郡	相州魏郡 齊改魏尹為清都尹周建
隋	大業元年建東都二年改為河南滎陽梁郡襄城潁州汝南淮陽弘農淅陽南陽淯陽淮安等郡屬豫州魏郡汲郡河內弋陽等郡屬冀州及揚州	州郡並廢義寧初復置汴州	梁郡 開皇初廢郡尋置宋州大業初復改	魏郡 初廢郡大業初復置
唐	顯慶二年復置東都開元中分屬都畿及河南河北淮南諸道	汴州 屬河南道	宋州 復置州屬河南道	相州 復置州屬河北道
五代	梁都開封改東都以河南為西都唐復以河南為東都晉復都開封天福三年以開封為東京河南為西京	東京開封府 梁建東都升府晉建東京	宋州	相州
宋	西京仍舊又以宋州置南京置京畿京東京西及河北路元豐中又分京東為東西京西為南北等路	東京開封府 建都	應天府 景德二年升府大中祥符七年建南京	相州 屬河北西路
金元	金改西京曰汴京貞元初改置南京路及河北西河東南等路元置河南江北行中書省亦分屬中書省	汴梁路 金改南京貞祐初復建都元改名	歸德府 金更名屬南京路元置京東行省尋罷屬河南行省	彰德府 金升府元屬中書省
明	洪武初建北京旋罷置河南行中書省九年改建河南布政使司	開封府 布政司治	歸德府 初降州屬嘉靖中復升屬布政司	彰德府 屬布政司

數劫能知過去未來際各百萬三千大千世
界微塵數劫事能善入百萬三千大千世界
微塵數法門能變身為百萬三千大千世界
微塵數於一一身能示百萬三千大千世界
微塵數菩薩以為眷屬若以願力自在勝上
菩薩願力過於此數示種々神通或身或光
明或神通或眼或境界或音聲或行或莊嚴
或加或信或業是諸神通乃至無量百千萬
億那由他劫不可數知
論曰從諸佛受教世界光別等清淨明者校
曰相故閻浮檀是真金作莊嚴具解者諸淨
淨地身心明故善根光明勝是明淨示現如
經佛子譬如十世界義大義大乃至令時
清瀆殺餘如前說

十地經論初歡喜地卷之三

一校

十地論　六朝人寫卷子本

圖版七二

生煩惱惱生故不見佛性以不生煩惱故則
見佛性以見佛性則得安住大般涅槃是名
不生是故名為為阿闍世善男子阿闍者名
不生不生者名涅槃世名世法為者名不汙
以世八法所不汙故无量无邊阿僧祇劫不
入涅槃是故我言為阿闍世无量億劫不入
涅槃善男子如來密語不可思議佛法衆僧
亦不可思議菩薩摩訶薩亦不可思議大涅
槃經亦不可思議

大般涅槃經卷第十九

大業四年十月十五日比丘慧休知五衆之易遇嘆二字之難逢謹割
衣資敬造此經一部願乘茲勝福二業清淨四寶圓明慧日增威
果有咸現在尊卑恒怡福慶七世久遠亦悟塵勞者被含生
通治有識同發菩提趣薩婆若

證无上正等菩提復能攝受空解脫門无相
解脫門无願解脫門不墮聲聞及獨覺地疾
證无上正等菩提復能攝受菩薩十地不墮
聲聞及獨覺地疾證无上正等菩提復能攝受
五眼六神通不墮聲聞及獨覺地疾證无
上正等菩提復能攝受佛十力四无所畏四
无礙解大慈大悲大喜大捨十八佛不共法
不墮聲聞及獨覺地疾證无上正等菩提復
能攝受无忘失法恒住捨性不墮聲聞及獨
覺地疾證无上正等菩提復能攝受一切智
道相智一切相智不墮聲聞及獨覺地疾證
无上正等菩提復能攝受一切陁羅尼門一
切三摩地門不墮聲聞及獨覺地疾證无上
正等菩提復能攝受一切菩薩摩訶薩行不
墮聲聞及獨覺地疾證无上正等菩提復能
攝受諸佛无上正等菩提不墮聲聞及獨覺
地疾證無上正等菩提
如

奏

太宗皇帝實錄卷第三十一　起太平興國九年盡雍熙元年

八月戊寅朔詔曰國家撫育黎民哀矜庶獄累降詔勅以儆有司而約束之言猶有未盡更條其事申而明之應兩京及諸道州府有鬬競至杖罪以下本處長吏便可躬親決斷不必更下所司廣有逮捕使獄吏因緣爲姦及遠郡刑獄有無可疑而奏案待報者自今並禁止之初　上謂宰相曰朕於刑獄尤所疚懷今西蜀嶺南皆數千里往來。覆淹延刑禁宜有條約乃降是詔壬午御製四戒字四高字詩各一首賜

書寫人王壽昌　初對訖王良弼　覆對劉

敦交集

李季和 名孝光永嘉人

宿魏仲遠宅

每憶君家好兄弟輕舟遠出踐深期春風吹雨曹娥渡夕照滿山虞舜祠即問寒暄如夢寐各言加飯慰相思重来應記呼鐙處夏蓋山前月上遲

潘子素 名純淮南人

秋日與仲遠昆季飲有懷李季和先生

涵暉軒下重經過覺客情懷久更多晴日上簾分竹色晚風移席近鷗波相看把酒賢兄弟却忄題詩老季和頭白校書天祿閣無由共飲恨如何

嵇康集第一卷

五言古意　贈兄秀才入軍　秀才答　幽憤　述志　遊仙
六言十首　重作四言　思親　郭遐周贈三首　又郭遐叔贈五首
答二郭　與阮德如　阮德如答　酒會詩　雜詩

五言古意一首

雙鸞匿景曜戢翼太山崖抗首嗽朝露晞陽振羽儀
長鳴戲雲中時下息蘭池自謂絕塵埃終始永不虧何
意世多艱虞人來我維（維一作儀）雲罟塞四區高羅正參
差奮迅勢不便六翮無所施隱姿就長纓卒為時所
羈單雄翩獨逝哀吟傷生離徘徊戀儔侶慷慨高山
陂鳥盡良弓藏謀極（極一作損）身必危吉凶雖在己世路
多嶮巇安得反初服抱玉寶六奇逍遙遊太清攜手
相追隨（一作長相隨）

即其本令裒輯排比編為三卷又賦三首序
二首記二首説一首傳一首亦散見永樂大
典中文格雅潔亦不失前民矩矱具冰壺先
生傳一首雖以文為戲然毛穎羅文諸傳載
之韓蘇集中古有是例今併附綴卷末以存
其梗槩焉乾隆五十年四月恭校上

總纂官臣紀昀臣陸錫熊臣孫士毅

總校官臣陸費墀

欽定四庫全書

百正集卷上

宋 連文鳳 撰

五言古詩

秋懷

草木何情榮悴皆有時颯颯涼風至一夕失華滋壯
士撫蕭晨慷慨令人悲流光日以邁西風生別離渺渺
愁予懷此懷誰能知

百正集 清乾隆間寫文瀾閣四庫全書本